科技创新的力量

颠覆性技术
如何引领现代化产业体系建设

中国社会科学院工业经济研究所未来产业研究组　著

中信出版集团 | 北京

图书在版编目（CIP）数据

科技创新的力量 / 中国社会科学院工业经济研究所未来产业研究组著 . -- 北京 : 中信出版社 , 2024. 11.
ISBN 978-7-5217-6805-3

Ⅰ . F124.3

中国国家版本馆 CIP 数据核字第 2024PS8038 号

科技创新的力量

著者： 中国社会科学院工业经济研究所未来产业研究组
出版发行：中信出版集团股份有限公司
（北京市朝阳区东三环北路 27 号嘉铭中心　邮编　100020）
承印者： 嘉业印刷（天津）有限公司

开本：787mm×1092mm 1/16　　印张：22　　　字数：320 千字
版次：2024 年 11 月第 1 版　　　　印次：2024 年 11 月第 1 次印刷
书号：ISBN 978-7-5217-6805-3
定价：79.00 元

版权所有·侵权必究
如有印刷、装订问题，本公司负责调换。
服务热线：400-600-8099
投稿邮箱：author@citicpub.com

目 录

前 言
　　巨变中的全球产业链安全形势 / 01
　　把握大变局中的战略机遇 / 08
　　加快建设现代化产业体系 / 14
　　本书导读 / 16

第一篇　颠覆性创新与新质生产力

第一章　颠覆性技术、场景创新与新质生产力 / 003
　　新质生产力：科学内涵与重要特征 / 004
　　颠覆性创新与新质生产力形成 / 007
　　颠覆性创新及其应用场景 / 015
　　应用场景对新质生产力的培育作用 / 021
　　应用场景供给与政策适配 / 026
　　场景创新赋能新质生产力发展 / 030

第二篇　升级壮大战略性新兴产业

第二章　中国出海"新三样" / 035
　　"新三样"全球格局演化与中国地位 / 036
　　产业链创新与技术演进 / 039

中国的机遇与挑战 / 050

第三章　商业航天 / 057
　　航天商业化 / 057
　　商业航天产业发展态势 / 062
　　大国布局与行业巨头的行动 / 066
　　中国商业航天的未来之路 / 073

第四章　低空经济 / 079
　　低空经济：未来的天空形态 / 079
　　多重因素释放低空空域经济价值 / 083
　　政策助推低空经济发展 / 086
　　各国低空经济发展势头迅猛 / 089
　　低空经济发展面临的问题与应对 / 097

第五章　生物制造 / 099
　　三次生物技术革命 / 099
　　生物制造：未来制造新范式 / 101
　　合成生物学：无尽的创造 / 104
　　大国角力的战略高地 / 110
　　掘金"黄金赛道" / 114

第三篇　提质转型传统产业

第六章　数转：产业数字化的中国实践 / 129
　　数字化浪潮：产业升级的"智能引擎" / 129

中国产业数字化："四张王牌"与五项挑战 / 131

数字中国：产业数字化的典范实践 / 136

智慧出海：中国产业数字化的全球航迹 / 146

第七章 增智：迎接智能制造时代 / 148

生产力进步的引擎：制造业的四次飞跃 / 148

智能制造：模式及实现 / 157

智能制造的中国站位 / 166

第八章 扩绿："双碳"目标下的绿色制造 / 171

绿色制造应运而生 / 172

绿色制造的大国竞合 / 176

中国绿色制造体系构建 / 180

绿色工厂和"零碳"工厂的行业范例 / 185

中国制造的绿色引领 / 189

第四篇 制胜未来产业新赛道

第九章 通用人工智能的前世今生 / 195

概念的诞生与早期探索 / 195

技术的发展与应用 / 199

通用人工智能面临的挑战及应对 / 207

第十章 未来网络：自缘身在最高层 / 214

从 1G 到 5G：移动通信技术的演进与迭代 / 214

6G：开启"万物智联"新时代 / 217

"身临其境"：6G 助推"感知体验革命" / 219

数字孪生：6G打造"产业元宇宙" / 222

　　卫星互联网：新版"星球大战"拉开帷幕 / 227

　　未来网络：大国竞争主战场 / 234

第十一章　量子信息：量力而行与尽力而为 / 239

　　量子计算：算法进展与物理实现 / 239

　　抢占量子计算战略制高点 / 247

　　量子通信：安全性与应用进展 / 253

　　各国争相建设量子通信系统 / 258

第十二章　再生医学：打造"人体4S店" / 262

　　干细胞疗法与组织工程：再生医学的技术实现 / 262

　　从细胞培养到医疗应用：再生医学的产业应用 / 266

　　大国争相布局的探索之路 / 268

　　再生医学研究永远在路上 / 276

第十三章　下一代能源技术：继往开来的能源革命 / 278

　　光伏与动力电池：迭代升级 / 278

　　储能技术与市场：辅助刚需凸显 / 286

　　"氢"启未来：助力能源和化工转型 / 291

　　"人造太阳"：可控核聚变 / 300

　　创新引领能源革命 / 305

第五篇　未来展望

第十四章　以新质生产力推进新型工业化 / 313

　　理论创新与时代贡献 / 313

重大意义与现实紧迫性 / 316
推进路径与政策着力点 / 318
跨越中等收入陷阱，迈向工业强国 / 320

后　记 / 323

前　言

如果要用一个字来刻画我们所处的世界和时代，可能没有比"变"更恰当的了。这一个"变"字所蕴含和折射的，远非分厘毫丝的积微，而是科技、经济、政治、社会等方方面面都在发生世界性、全局性的变化，演化出"世界之变、时代之变、历史之变"交织叠加的百年未有之大变局。变局背后有多股力量推波助澜，其中新一轮科技革命和产业变革的影响无疑是不容忽视的关键因素之一。随着新一轮科技革命和产业变革深入发展，一方面，颠覆性创新催生新科技新产业新业态，为世界经济进入下一个增长周期注入动力和活力；另一方面，也加剧了国家之间、市场主体之间、群体与个体之间的分化，甚至对立。

巨变中的全球产业链安全形势

从日益加剧的气候危机到疫情的"疤痕效应"，从多点频发的地缘冲突到不同经济体之间增长分化，全球经济正在经历过去 30 年来增速最低的 5 年。在宏观层面，世界范围内债务和通胀问题的影响尚未消除，尽管主要经济体整体上表现出了超乎预想的韧性，但这种韧性仍有其脆弱的一面。对于中国而言，很大一部分外部风险来自中美大国竞争的走向以及与之密切关联的全球产业链供应链重构趋势，而从中长期看，新一轮科技革命与全球碳中和既是挑战，也要危中寻机，主动应对布局，从而在变局中把握切入新赛道、塑造新优势的重要机遇。

全球科技和产业竞争加剧

随着新一轮科技革命和产业变革深入发展，全球科技创新总体上进入了活跃期。新技术、新商业模式驱动的产业新赛道不断涌现，对这些新赛道的争夺不仅是大国竞争的焦点，也是领军企业主导产业生态塑造的目标方向。基于这一战略出发点，以未来产业为重点的新兴领域在发展初期并不具备鲜明的成本导向，所谓的"技术反噬"效应或将延续，主要表现为现阶段乃至今后一段时间内，独占创新收益和"利基市场"的内部化动机促使企业寻求研发生产本土化安排，并将在一定程度上弱化研发合作与分工深化的诉求。然而，无论主动抑或被迫中断研发创新的国际合作，其负面影响显而易见。由于新赛道本身就具有不确定性，合作机制失效的隐患在于信息不畅导致对行业技术路线和发展方向失去预判，这有可能致使本已处在并跑乃至领跑位置的企业发展后劲不足甚至快速掉队，这种局面在大语言模型（Large Language Model，LLM）成为人工智能发展主流方向之后变得更加清晰。ChatGPT（生成式预训练大模型应用）的推出进一步刺激了人工智能领域的投资和创新，2023年，全球最大的五笔人工智能投资均出自美国的科技企业。与之形成反差的是，国内人工智能领域融资额同比减少。在此消彼长态势下，中国互联网巨头的市值逐渐与美国科技型领军企业拉开了差距。这表明对于后发赶超者而言，即便某些技术实现突破或在部分赛道取得领先，如果不具备自主迭代能力，则很可能在科技竞赛中途失速偏航。我们必须清醒认识到，当前全球科技和产业竞争不再是单纯的效率比拼，而是正在上演"占道卡位"式的"争先赛"。"技术民族主义"和"资源民族主义"与贸易保护主义、单边主义如影相随，造成产业链不同程度受损断裂。这种"淘汰赛"的"赛制"对技术来源多样性和自主性提出了更为迫切的要求，也意味着中国企业以往通过承接国际技术转移获得先进技术的路径难以为继。如何在维护产业链创新链自主安全的同时，保持与全球前沿科技创新理念、要素和模式的互动？不仅要在国家层面开展更加多样化的机制性探索，更需要发挥各类企业的主体作用。

需要引起高度关注的是，大国竞争和脱钩深化对市场信心和社会预期的影响开始显现，导致国内高科技领域投资和创业活跃度趋弱。近20年来，中国抓住了互联网普及的重大机遇，一批世界级互联网企业相继诞生。这些企业在互联网时代形成的影响力延续到了数字经济时代，通过在电子商务、平台经济、数据中心、云计算、区块链、物联网、人工智能等数字经济细分领域持续投入，助力中国数字经济发展壮大，同时通过大规模投资并购，不仅培育出了美团、拼多多、快手、商汤、旷视、寒武纪和小鹏等新一代科技型企业，而且带动了各类专精特新企业和独角兽企业共同支撑层次丰富的产业生态。2023年初始，ChatGPT引爆了通用人工智能赛道，成为中国互联网大企业投资的新热点。然而，尽管互联网大企业仍在加紧投资开发大模型，但投资规模却出现了收缩势头。LatePost（晚点）的数据显示，2023年国内人工智能领域的融资额同比减少了4.5%，不足2021年的一半，而科技领域的总投资比2016—2018年的平均水平下降了至少40%。尤其需要引起注意的是，头部企业在高科技领域的投资并购活动在2021年达到阶段性顶峰之后出现了较大幅度的下滑。其中，2023年，腾讯投资额约为2021年的1/7，阿里则不足2017年的1/10，字节跳动对外投资不到50亿元人民币，仅占其年度总收入的0.7%。中国互联网企业的发展现状固然受到企业成长规律的影响，但更深层次的原因则在于中国科技创新和产业技术进步路径的局限性。特别是由于美国对中国高科技产业的打压封锁不断升级，导致传感器、芯片等核心技术和关键零部件供给受限，互联网大企业投资意愿的变化不仅是美西方"小院高墙"下市场信心偏弱的又一实证，更集中反映出后发国家技术进步内生化的困境。互联网大企业作为科技创新和未来产业发展的"领头羊"，其投资行为对全社会创新创业氛围塑造具有重要的引领示范作用，一旦这些企业创新投资持续疲软，势必会产生"传染效应"，抑制中国创新创业活动的后劲和效率。

大国竞争升级，持续加剧的地缘冲突导致世界范围内安全问题泛化

中美关系走向无疑是当前乃至未来相当长时期内中国工业外部环境中主要的不确定和风险因素。从对华发起贸易摩擦，到产业、科技全面"脱钩"，再到联合盟友推动所谓供应链"去风险化"，2018年以来美国对华政策经历了多轮调整，美国政府对大国竞争下全球供应链格局采取了不同表述，但其将中国视作最具威胁竞争对手的战略意图并没有发生实质性变化。在策略安排方面，美国推出以《基础设施投资和就业法案》《芯片与科学法案》《通胀削减法案》（简称"三大法案"）为代表，兼具进攻与防御功能的产业政策，针对中国科技创新活动和优势产业实施全方位封锁打压。其中，一些选择性强，甚至带有明显对峙色彩和反制功能的产业政策不仅背离了发达国家推动产业发展的传统逻辑，更对现行多边体制的基本宗旨构成了挑战，进而造成全球化时代一体化的国际贸易体系出现碎裂。要高度警惕的是，美国政府的持续施压已经对其国内投资者的决策产生了实质性影响。种种迹象表明，近年来美国投资者正在加快撤出中国资本市场。2023年，美国资本在中国一级市场的交易额同比大幅缩减，其参与的交易事件降幅高达50%。美国投资者一向偏重财务回报率而鲜有顾忌政府意向和国家利益，其投资行为的变化除了受利差和汇率等因素影响，在很大程度上是美国政府采用立法手段对中美科技和产业竞争进行强力干预、频频加压的直接结果。美国商务部发布的《2023年度出口管制执法报告》强调,"为使最关键技术免遭'敌手',出口管制从未像今天如此重要",欧盟和英国也于2024年伊始分别推出了"欧洲经济安全一揽子计划""关键进口和供应链安全战略",加强外资并购监管审查和供应链安全评估。不容乐观的中美关系前景对各类外资进入的抑制作用显现,美西方强化安全导向的政策法规对中国企业开展科技合作、技术进口、跨国并购设置了制度性障碍,进一步加剧了中国企业海外融资难度,导致多条关键产业链安全形势趋紧。

全球产业链重构的影响不断深化

随着全球安全形势趋紧,国际投资和贸易增长持续低迷,对全球生产体系、贸易秩序和投资布局的影响不断深化。据世界银行统计,2023年全球实际固定资本形成总额增长约为1.9%,明显低于2022年3.3%的水平,更远低于2011—2019年4.0%的世界平均增长率。全球工业生产和商品贸易随之呈现下行态势。2023年,国际贸易增长乏力,增速仅为0.6%,较2022年的5.7%大幅下滑。同时,多项研究发现,越来越多的贸易活动开始偏离其作为分工收益实现渠道的角色和经济增长驱动力的作用,保护主义泛滥倒逼各国寻求更靠近本国的生产布局,与更具相近价值观的"伙伴"深化经贸关系或从更有韧性的地方获得供应链连接,致使所谓近岸外包和友岸外包对全球产业链重构的影响不断凸显(Blanga-Gubbay and Rubínová,2023)。全球产业链供应链重构是近年来备受各国政府、企业界、学术界以及国际机构关注的热点问题,但一些重要的趋势性变化并未充分得到国际贸易和资本流动方面的数据支持。由中美大国竞争引发的国际政治经贸关系紧张局面已然持续数年,中美关系与"逆全球化"之间的相关性却似乎缺少直接证据。然而，这种情况正在改变。以"三大法案"相继出台生效为标志，美国将对华打压封锁的工具升级为步步为营的一揽子国内法，受限的跨国公司主动或被动地做出"中国+1"或"中国+N"的布局调整，对供应链脱钩的影响逐渐有了清晰的表现。WTO（世界贸易组织）的数据显示，2023年中国在美国主要进口国中的排名下滑至第二位，美国从中国进口的中间品和零部件占比由2019年的11.4%上升到2022年的12.8%，到2023年上半年则回落至10.5%。另有研究（Lábaj and Majzlíková，2023）发现，在"再工业化"和制造业回流作用下，2010—2020年，欧盟和美国离岸外包规模均出现了较为明显的收缩。其中，欧盟对中国的外包业务减少了3.7%，而同期美国和欧盟的近岸外包份额分别从83.1%和66.8%提高至89.6%和73.0%。2023年，日本第一大出口对象国也由中国变为美国。不仅与发达国家的产业关联被削弱，在此轮国际生产体系深度调整中，中国企业在全球化程度较高的GVC（全球价值链）上的位置还面临着被制造成本更低的国家和地区取代的风险（Freund et al.，2023）。这种"低端分流与高端回流并行"的全球制造业布局空间特征对中国企业形成了"双向挤压"，加之传统比较优势弱化，导致中国向全球价值链附加值更高环节攀升面临更多挑战。

全球碳中和下工业绿色转型任重道远

近年来在碳中和任务最为艰巨的能源领域，大国能源转型提速。2023年，全球能源领域投资增速快于总投资增速，清洁能源投资则实现了连续三年增长，但现阶段清洁能源的投资规模和增速仍然难以满足全球净零排放的目标要求，而且在现有供求格局下，能源安全、能源价格稳定与低碳转型之间的"能源不可能三角"矛盾始终难以破除，世界各国能源系统不得不在安全、环境和经济三个目标维度之间谋求长期动态平衡。对于中国这样一个发展中的人口和工业大国，统筹确保能源安全、维持能源价格基本稳定与实现"双碳"目标是工业高质量发展的必然要求，但也要为此付出巨大的社会经济成本。在技术减排层面，总体上看，数字技术应用有利于精准识别工业企业节能减排的潜力和痛点，提升绿色创新效率，同时超算中心、人工智能等数字基础设施和智能化设备的能耗占比快速攀升，而以碳捕获利用与封存（CCUS）技术为代表的减碳技术在技术经济性、市场成熟度等方面与产业化应用需求尚有距离，绿色低碳技术难以取得全面、系统突破的困境严重制约了高碳工业部门的减排空间和整体进程。再从制度减排的角度看，即使在有可能形成"竞合"局面的低碳领域，大国博弈同样呈现升级加剧态势，各国不仅加大力度扶持本国低碳产业发展、扩大国内绿色产品市场，还将很大一部分政策工具投入清洁能源、绿色技术产品标准主导权争夺等方面，以欧盟碳边境调节机制为典型的建制性安排对中国钢铁、有色等传统产业出口优势造成冲击。绿色投入和低碳转型的另一个不确定因素出现在微观层面。近年来，发达国家企业对ESG（环境、社会和公司治理）的态度悄然发生了一些"微妙"的变化，与国内企业追随ESG理念及实践热度不减的势头形成了反差。目前，ESG对公司管理层的绩效仍有约束力，但关注度和投入力度却有减弱的迹象。2023年一至三季度，美国各类投资者已从ESG基金中抽撤了超过140亿美元的资金，2024年英、法等多个国家将再度收紧ESG投资标准。这种变化可以理解为产业界对ESG在一些国家被滥用，甚至沦为绑架企业转型意愿的政治口号的反弹，究其根源还是在于不少投资项目被冠以"绿色低碳"之名，但其产出水平却达不到投资回报预期。严峻的气候形势与充满波折的全球碳中和之路给中国企业绿色技术创新增加了不确定性，同时也对探索建立面向"双碳"目标、与现代化产业体系高度兼容、科学自主的工业绿色发展体系提出了更高要求。

把握大变局中的战略机遇

对于充满不确定性的外部环境及复杂影响，要客观辩证地看待。一方面，持续升级的大国博弈和趋于深化的利益脱钩放大了中国在核心技术、关键零部件、基础算法、先进材料、软件系统、标准体系、规则制定等环节被"卡脖子"的短板，暴露出科技原创力、产业链主导力、国际规则塑造力等方面的弱项；另一方面，日益严峻的产业链安全形势产生了倒逼作用，在"自上而下"和"自下而上"两条路径上，政府和企业对强化产业链自主性、安全性形成共识、一致行动，加紧推动核心技术、关键零部件研发投入和产业化进程，自主品牌大型邮轮、燃气轮机等关键领域相继取得重大突破，不断在数字化绿色化融合化的产业变革潮流中形成新质生产力，筑牢中国迈向高收入阶段、建设现代化产业体系的现实基础，增强高质量发展的新优势。

牢牢抓住产业数字化、数字产业化赋予的机遇，加快建设数字经济强国

数字经济发展和数字化转型是 21 世纪全球经济发展与人类社会进步最具标志性的事件和影响最为深远的趋势之一。经过十余年的快速发展，中国在数据资产规模、新型基础设施、数字经济核心产业、数字技术和智能制造应用场景、商业模式创新等方面逐步具备了发展优势。《数字中国发展报告（2022 年）》的数据显示，2022 年，中国数字经济总规模为 50.2 万亿元，是 2012 年的 4.6 倍，占 GDP（国内生产总值）的比重提升至 41.5%，数据产量为 8.1 ZB，全球占比达 10.5%，数字经济总规模和数据产量稳居世界第二位，并已建成全球规模最大、技术领先的网络基础设施，成为真正意义上的数字经济大

国。同时，近年来中国企业凭借发掘平台经济和跨境电商等领域的先发经验，深化商业模式创新，积极拓展海外市场，进一步提升了数字经济领军企业的国际影响力。面向不断高涨的全球数字化大潮，中国企业要在先进智能硬件研发制造、高端人才培养等方面加大投入力度，促使语音识别、经典人工智能、计算机网络、多媒体、可视化等前沿技术和未来产业的战略布局及技术能力在国内、国际两个市场持续释放，为传统产业转型升级提供工业互联网和智能制造解决方案，推动与数字经济相关的交易、安全、公共治理、区域合作等国际议题讨论和规则体系构建，带动中国数字经济转向量质同增的新发展阶段。

强化产业优势，引领全球能源转型和绿色技术创新

近年来，全球能源转型提速为中国新能源、新能源汽车产业发展带来了重要契机，新能源汽车、锂电池和光伏产品"新三样"出口迎来爆发式增长。据海关统计，2023年，中国"新三样"产品合计出口首次突破万亿元大关，达到1.06万亿元，同比大幅增长29.9%，成为外贸增长新引擎。作为产业升级亮点和国际竞争新优势的标志性进展，出口"新三样"是有效产业政策作用下中国科技创新和产业体系整体能力积淀与释放的结果，更是中国工业充沛活力和强劲韧性的集中体现。需要引起注意的是，既有优势仍面临一系列不确定性。一是在供给侧，近些年与"新三样"相关的上下游行业备受资本追捧，各级政府纷纷将其确立为招商引资的重点方向。然而，在火爆的市场表现之下，2023年下半年以来，风光电、储能产品、新能源汽车等领域的隐忧渐显。在供给侧，除了产能过剩的困扰外，行业发展更大的不确定性在于技术路线存在发生颠覆性变革的可能性。从技术路线演进的客观规律出发，这种可能性反映出技术前沿和生产端对现行技术

路线和主导产品性能仍有质疑。尽管行业领军企业不断尝试掌控技术路线的主导权，但是现阶段高强度、大规模投资本身就可以视为在位企业锁定技术路线的策略。一方面，归根结底"新三样"的产业组织特征决定了其进入门槛并非高不可攀，在位企业的市场势力尚不足以阻挡资本投向其他技术路线；另一方面，过早锁定现行技术路线则可能错失技术路线多样化以及由此形成的差异化优势，并产生大量沉没成本。二是在需求侧，目前已经具备规模效应、技术经济性大幅改善的风光发电、电动汽车、锂离子电池等产品，虽然在各种补贴的加持下市场占有率快速攀升，却并未被消费者全面接受。此类产品的市场爆发期能否延续不仅取决于基础设施更新、产品性能迭代以及消费政策，而且在一定程度上受到产品生命周期的影响。经过购置和使用初期性价比"爆棚"之后，产品性能的周期性变化将成为左右中国出口"新三样"的市场口碑和国际声誉的关键因素，对中国企业而言，这也是其持续创新能力和行业发展驾驭能力所要经受的真正考验；再从贸易环境和国际竞争来看，反倾销等传统贸易救济手段附加以美国《通胀削减法案》为代表的、以"强制国产化"为基调的"重/显"型产业政策，对一路在海外市场"攻城略地"的中国出口"新三样"巩固市场势力、保持领先地位构成了极大的风险。①

从历史趋势出发，历次工业革命都伴随着能源革命。习近平总书记强调，"我国风电、光伏等资源丰富，发展新能源潜力巨大。经过持续攻关和积累，我国多项新能源技术和装备制造水平已全球领先，建成了世界上最大的清洁电力供应体系，新能源汽车、锂电池和光伏产品还在国际市场上形成了强大的竞争力，新能源发展已经具备

---

① 也有观点认为，尽管产能过快扩张，但由于新建产能与"旧"产能之间存在技术代差，故而对新建产能的盈利能力影响并不大。实际上，在出口"新三样"等领域，目前中国企业对行业技术迭代的节奏已经具有较强的掌控力，加之国内市场巨大，在竞争激烈的市场环境下，中国相关产业生态进化速度明显快于海外同行企业，这些核心能力有助于化解产能过剩的负面作用，并带来更多海外订单。

了良好基础，我国成为世界能源发展转型和应对气候变化的重要推动者"[1]。尽管近期欧美国家针对电动汽车等产品的政策导向和企业布局出现了一些新变化、新调整，但积极发展清洁能源，推动经济社会绿色低碳转型，已经成为国际社会应对气候变化的普遍共识。在新能源、新能源汽车等战略性新兴产业，中国形成了兼具先发布局与后发优势的独特发展条件，领军企业也已初步掌控行业技术迭代的节奏。今后，要密切追踪全球清洁能源技术路线变化、绿色低碳转型方向及政策体系演进态势，引导国内科研机构和企业在做强优势产品、巩固提升产业链地位的同时，积极投资布局氢能、新型储能、下一代电池技术等能源革命新赛道，为推动新能源高质量可持续发展、共建清洁美丽世界做出中国贡献。

增强战略能力，主导关键矿产产业链重构

随着新一轮科技革命和产业变革深入发展，关键矿产在新一代信息技术、新材料、高端装备、国防军工等领域应用日益广泛。近年来，全球清洁能源转型刺激关键矿产需求急剧增加，关键矿产成为大国竞争的焦点。长期以来，在传统国际分工模式的作用下，稀土等战略资源产业链构成主要受要素禀赋影响，形成了中国优势集中在产业链上中游、发达国家掌控下游高附加值材料环节的全球产业格局。由于关键矿产普遍具有需求弹性大的特征，供求关系不稳定，价格波动频繁，产业链竞争主要表现为定价权争夺。大国博弈升级进一步加剧了关键矿产全球供求格局的不确定性，美西方国家相继更新关键矿产清单。为强化关键矿产领域战略合作，重塑供应链体系，2022年美国领导成立了"矿产安全伙伴关系"，试图建立"金属北约"式的新

---

[1] 习近平在中共中央政治局第十二次集体学习时强调 大力推动我国新能源高质量发展 为共建清洁美丽世界作出更大贡献［N］.人民日报，2024-03-02（1）.

型国际矿产协调机制。美西方关键矿产领域的战略布局显现出两条清晰的主线：技术"去资源化"与供应链"去风险化"，这两条主线都指向旨在降低关键矿产外部依赖的"去中国化"。一方面，关键矿产"去中国化"倾向加大了相关产业高质量、可持续发展的难度，但也将倒逼中国立足资源和产能优势，推动产业链深度延展和均衡发展；另一方面，中国关键矿产品种较为齐全，储量丰富，在资源开采、冶炼分离及原材料加工制造环节拥有显著的产能和成本优势，是名副其实的关键矿产资源生产、消费、出口大国。基于这一禀赋条件，关键矿产也是能够输出大国竞争应对手段的重要领域。以往稀土等关键矿产的资源优势未能上升为产业优势，在很大程度上受制于国外专利保护以及由技术水平、产业结构决定的国内原材料需求和应用状况。迈向高收入阶段、实现现代化对中国工业整体素质提出了更高要求，为加大高端应用研发投入力度，带动工业原材料工艺技术、应用结构和附加值的全方位进步注入了内在动力。同时，相关领域产业链重构还为中国深度参与关键矿产领域全球治理，主导构建"以我为主"的战略资源产业链带来了新机遇，从而为能源转型和产业升级提供了关键原材料安全保障，加快推进中国由关键矿产资源大国发展成为先进材料强国。

拓展新兴市场，推动中国工业化成果全球共享

过去 300 多年，工业化为人类社会创造了前所未有的物质财富。然而，时至今日世界上仍有不少国家和地区尚未完成工业化进程，甚至未能进入工业化发展阶段。随着新兴市场的崛起，在新型交通、信息技术快速发展的牵引下，新工业革命呈现出世界范围内多源并发的空间响应新格局。越来越多的国家和地区工业化发展提速，势必催生出规模庞大的工业品和消费品市场，新兴市场较高的人口增长率和较

大的结构转型潜力将为体系完整、主体丰富、技术适用、产能巨大、产品性价比高的中国工业扩大贸易投资、深化产能合作、整合战略资源、主导产业链布局带来重大机遇。近年来，依托"一带一路"倡议，中国深耕东盟、拉美、非洲等新兴市场，持续取得积极进展。据海关统计，2013—2023年，中国与东盟贸易年均增速为8.8%，高出同期贸易整体年均增速3.8个百分点，双方不仅互为最大贸易伙伴，而且基于各自的比较优势，形成了产业链供应链深度互联。2023年，中国对东盟进出口中间品4.13万亿元人民币，东盟则连续多年保持中国中间品第一大贸易伙伴地位；再从与RCEP（《区域全面经济伙伴关系协定》）其他成员的经贸关系看，RCEP实施两年来，区域贸易成本大幅降低，实际享惠效果显著增强。2023年，中国对东盟之外的RCEP其他成员合计进出口12.6万亿元人民币，相较协定生效前的水平增长了5.3%；而随着"一带一路"不断"走深走实"，中国与共建"一带一路"国家的贸易指数由2013年的100大幅上升至2022年的165.4。2023年，中国与共建"一带一路"国家进出口规模为19.47万亿元人民币，占中国外贸总值的46.6%，规模和占比均达到"一带一路"倡议提出以来的最高水平。可以预见，尽管面临诸多风险和障碍，且新兴经济体在传统劳动密集型产业已经对中国构成了竞争，但总体看，快速成长的新兴市场将为中国企业充分发挥工业体系性优势，投资建设基础设施、开发利用矿产资源、建立清洁能源体系、输出大型成套设备、出口工业制成品、拓展跨境电商平台提供更多互利共赢的机会，进而通过中国工业化成果的全球共享，助推构建人类命运共同体。

需要强调的是，于变化的外部环境之中把握新机遇，政府应在信息畅通、多边合作、地缘关系塑造、国际规则倡导、系统性风险防范等方面做到精准"有为"，更要充分相信在激烈的国际竞争中成长起来的优秀企业家和市场主体，激发企业的主动性和创造力，使其成为新赛道的参赛方、新市场的开拓者、推动工业现代化的主力军。

加快建设现代化产业体系

从历史趋势、发展逻辑和现实条件出发，中国已经具备迈向高收入阶段、建设工业强国的坚实基础和综合实力。当然，也要看到，在现代化产业体系建设取得重要进展的同时，产业高质量发展遭遇了核心技术受制于人、有效需求不足、部分行业产能过剩、企业发展信心偏弱等困难和障碍，这些风险和挑战既有发展阶段和外部环境变化方面的问题，也有政策方向偏差、落地实施效果不理想等原因，并指向中国工业发展的深层次结构性矛盾。实际上，对于后发国家而言，工业化进程中的结构失衡问题似乎始终存在，且在传统产业和高新技术领域有着不同反映。其中，高新技术产业供需失衡是发展性障碍造成的，主要表现在技术供给不足、过度进入、市场培养有限等方面；而传统产业则更多地受限于制度性缺陷，导致落后产能过剩、品牌效应不足等问题。无论从历史经验还是国际比较看，结构调整唯有在持之以恒的创新中寻找答案。基于这一认识，中国经济高质量发展必将是一项长期艰巨的任务，而要素、行业、地区、市场主体、投资与消费、各种政策工具之间不协调、不平衡的矛盾凸显出 2023 年中央经济工作会议强调"统筹经济政策与其他政策"的重要性和紧迫性。

近年来，围绕着建设现代化产业体系的战略目标，针对不同产业面临的问题，主管部门和各级政府密集出台了多样化的政策措施，在创新产业政策方面做出了积极有益的探索，为推进新型工业化、加快工业高质量发展、维护产业自主安全提供了有力支撑。然而，不容忽视的是，现实中部分政策的实施效果并不理想，其中，既有知识更新不到位、调查研究不深入、情况掌握不全面、问题抓取不准确导致政策设计不科学、工具选用不合理的原因，也存在投放时机不恰当、落实执行效率不高、政策协同性不足等偏差。尤其是新兴领域和未来产业，由于新技术、新商业模式自我迭代节奏快，传统监管方式跟不上技术更新和场景拓展的要求，部分行业和领域政策"超前"与"滞后"并存的问题突出。一方面，一些新型业务及其盈利模式游离于市场规范、商业法律和税收体系之外，出现了法律盲点和监管死角；另一方面，游戏、内容等产业以及数据资产确权、数据要素定价、数据安全、隐私保护等领域的治理逻辑尚未充分显现，产业政策和监管制度难免带有盲目性，一些论证不扎实、协同性不足、匆忙出台的政策偏离了制定初衷，引发了一系列始料未及的连带效应，与全球竞争局势、国家战略导向以及行业发展规律、市场主体诉求的贴合度有待提高。

再从国际环境看，全球安全问题泛化不断强化国家层面前瞻性布局与政策应对的必要性和关键性，主要经济体纷纷将产业政策作为推动技术创新、促进结构变革、增强经济韧性、防范安全风险，甚至遏制竞争对手的核心政策工具，政府干预和联盟制衡的触角逐步伸向前沿科技、先进材料、核心零部件，以及与清洁能源转型和国防工业密切相关的关键矿产等高战略性领域，以更大力度的补贴加快基础设施更新和未来产业发展。面对国际竞争格局嬗变与激烈的全球创新比拼，"优惠＋威胁"模式强化了以产业政策应对大国竞争的政策逻辑，产业政策与创新政策紧密结合、深度捆绑的特征进一步增强，但也由此带来了产业政策应用泛化的隐忧。值得注意的是，在大国竞争下趋于泛化的产业政策体系中，基于安全导向和防御性动机，出现了一类与贸易政策相配合，以"封锁打压—反制—再反制"为手段的产业政策，此类产业政策可以称为"对峙型"产业政策，"封锁打压—反制"的反复深度博弈将贸易政策与产业政策工具的交互运用渗透到产业链前端的资源环节及各个细分领域，进一步加剧了对分工交换、效率公平等市场化政策目标的偏移。需要认识到，"自损八百"甚至完全不惜代价的"对峙型"产业政策绝非丧失理性之举，相反，这恰恰是世界大变局下产业政策演进的矛盾特征之一。产业政策泛化及对抗性增强的危害不容忽视。在新一轮科技革命下，突破涉及人类可持续发展的重大科学问题需要各国长期投入和共同努力，现阶段国际科技合作机制却在很多领域难以继续发挥作用。同时，安全和韧性偏好凸显给产业链供应链重构带来了高昂成本，对全球产业分工体系和贸易秩序的冲击逐步显现。

应该看到，大国竞争和地缘冲突引发国际关系变轨与全球产业格局重塑，风险重叠并向危机化发展渐成各国面临的"新常态"。直面大变局带来的多重挑战，统筹发展和安全的意义凸显，大国需储备更具协同性、更丰富有效的政策工具，但现阶段中国应对外部风险的政策工具箱仍不够充实，迫切需要在战略层面加强极往知来的顶层设计，而在战术层面则要"长短并重"，有针对性地推出抢先发力的"先手棋"和环环相扣的"组合拳"。

在迈向现代化的进程中，要将科技创新与制度创新并举作为完善政策支撑体系的根本取向，敢于改革、勇于创新、以进促稳、先立后破，高屋建瓴的战略布局、科学系统的政策设计以及高效有序的执行实施协同配合，不断克服和战胜各种尖锐矛盾、突出问题和重大风险，推动中国工业朝着高质量发展方向"行稳致远"。

本书导读

置身大变局，识时辨势是战略构建的先决条件。2023年中央经济工作会议将"以科技创新引领现代化产业体系建设"列为九项重点任务之首，并提出"以颠覆性技术和前沿技术催生新产业、新模式、新动能""打造生物制造、商业航天、低空经济等若干战略性新兴产业""开辟量子、生命科学等未来产业新赛道""广泛应用数智技术、绿色技术，加快传统产业转型升级"等举措。

面对新一轮科技革命和产业变革带来的机遇和挑战，中央提出"以科技创新引领现代化产业体系建设"，这不仅抓住了我国高质量发展的主要矛盾，更是破解后发国家技术进步内生化难题的现实选择和长期任务。《中共中央关于进一步全面深化改革　推进中国式现代化的决定》要求加强颠覆性技术创新。为此，要以发展新质生产力为理论指引和实践方向，培育壮大国家战略科技力量，加大基础研发投入力度，以"从0到1"自主原始创新推动高水平科技自立自强；推出并动态更新《关键和新兴技术清单》，建设一批服务于前沿科技和未来产业的新型科技创新平台，引导企业和科研机构聚焦科技创新，推动基础研究与应用创新跨界互融共促，将工业高质量发展引向依靠全要素生产率提升的路径；创造条件，打破封锁，维护与世界科技创新前沿的联动和交流，着力突破核心技术、关键零部件、先进原材料对中国工业高质量发展的制约，实现重大技术装备自主可控；以新型工业化为动力，瞄准高端化、智能化、绿色化、融合化方向，开辟新领域、培育新主体、形成新集聚、打造新支柱，做大做强数字经济，加快低碳转型和绿色发展，巩固提升战略性新兴产业，高水平前瞻布局未来产业，数智技术与绿色技术驱动传统产业加快转型升级，抢占全球科技创新和产业竞争制高点，制胜科技革命和产业变革的新赛道。

本书洞悉颠覆性科技创新的全球发展动向及其催生的新理念、新模式、新路径，从升级壮大战略性新兴产业、提质转型传统产业、制胜未来产业新赛道三个维度，深入解读国家科技战略和产业布局，分享现代化产业体系构建的新进展，全景展现全球科技竞争和中国产业发展新变局、新机遇、新赛道。读者还将看到以"数转、增智、扩绿"为导向坚持转型的传统产业，经过十余年的发展，战略性新兴产业已成疾驰的骏马，而前沿科技和未来产业则如晨曦朝露，蓄势待发。这些产业共同支撑着韧性强劲的现代化产业体系，助力新质生产力形成、涌现，引航高质量发展，为建设创新型国家和工业强国贡献智慧。

第一篇
颠覆性创新与新质生产力

第一章　颠覆性技术、场景创新与新质生产力

当前，新一轮科技革命与产业变革深入发展，以人工智能、生物科技、量子信息等为代表的颠覆性技术快速涌现，技术创新成果产业转化周期明显缩短，正在对社会经济的方方面面产生深刻影响。颠覆性创新已经成为世界主要国家推动经济社会发展和提升国家竞争力的重要"利器"。如何在颠覆性技术创新持续涌现的今天，不断提升我国科技创新能力、形成更多颠覆性技术突破，并加快其向新质生产力的转化，对于我国塑造国际竞争新优势、培育发展新质生产力、推动经济高质量发展具有重大现实意义。

我国高度重视科技创新特别是颠覆性创新对新质生产力发展的促进作用。2023年12月中央经济工作会议提出，要以科技创新推动产业创新，特别是以颠覆性技术和前沿技术催生新产业、新模式、新动能，发展新质生产力。习近平总书记在主持中共中央政治局第十一次集体学习时进一步强调，必须加强科技创新特别是原创性、颠覆性科技创新，加快实现高水平科技自立自强，打好关键核心技术攻坚战，使原创性、颠覆性科技创新成果竞相涌现，培育发展新质生产力的新动能。颠覆性创新会从根本上改变社会生产的技术路径、产业模式，产生新业态、创造新产品、引发新需求，淘汰旧产品或服务，改变现有市场格局，驱动生产力向新的能级跃迁。

加快颠覆性创新转化为新质生产力，是新时代推进现代化产业体系建设和赋能高质量发展的重要任务。而颠覆性技术的演化、新兴产业的成长都离不开应用场景的支撑。新兴技术的应用场景具有多样性、规模性、演进性、协同性和不确定性的特征，在颠覆性技术创新"工程化—商业化—产业化"动态演进的过程中发挥着技术验证、需求验证和生态构建的作用。实践中，为了促进一些突破既有法律和政策边界的创新在特定场景中的应用，需要提升政策适配性。为此，应坚持统筹设计，推进包容、审慎的监管；增加场景供给，加大场景示范推广力度；提升场景创新能力，夯实场景创新基础；培育融合创新生态，优化服务保障。最终，以应用场景的创新、构建和发展壮大，加快发展新质生产力。

新质生产力：科学内涵与重要特征

当前，新一轮科技革命和产业变革深入发展，新科技、新产业、新业态、新商业模式正在重塑生产方式，生产力的内涵和外延随之发生深刻变化。2023年9月，习近平总书记在黑龙江考察调研时指出，要"整合科技创新资源，引领发展战略性新兴产业和未来产业，加快形成新质生产力"[1]。2023年12月召开的中央经济工作会议进一步强调要以颠覆性技术和前沿技术催生新产业、新模式、新动能，发展新质生产力。

一、深刻把握科学内涵

生产力是马克思主义理论体系中的基础性概念。新质生产力是由技术革命性突破、生产要素创新性配置、产业深度转型升级而催生的

---

[1] 彭缢.黑龙江：变硬核科技为新质生产力［N］.黑龙江日报，2023-09-20.

当代先进生产力。新质生产力作为新一轮科技革命和产业变革的必然产物，具有高技术、高效能、高质量的特征。

需要强调的是，新质生产力最核心的内涵是创新，这也是新质生产力有别于传统生产力的根本属性。关于科学技术作为生产力内核及发展动力的角色和作用，马克思早有论述，其指出"劳动生产力是随着科学和技术的不断进步而不断发展的"[①]。回溯人类工业化历程，自工业革命发生直至20世纪中叶的200多年中，以蒸汽机、发电机为代表的通用技术更迭都对生产工具和劳动对象产生了革命性影响，机械化、电气化极大地带动了生产力水平提高，但总体来看，世界范围内生产力发展仍在很大程度上依靠劳动投入和资本积累。对于后发国家而言，工业化往往采取赶超式发展模式，在这种发展模式下形成的生产力带有鲜明的"量"的扩张的导向。近十年来，新一轮科技革命和产业变革为生产力发展注入了更加密集、多元化的新知识，科学技术作为第一生产力的影响日益巩固强化，前沿科技和新兴产业所涉及的创新活动与知识传播对生产力再造开始超越传统生产力的范畴，生成了以更新质态、更高质量为本质特征的新质生产力，从而实现生产力发展"量与质"的协调统一。马克思提出的"社会生产力不仅以物质形态存在，而且以知识形态存在，自然科学就是以知识形态为特征的一般社会生产力"[②]的论断才真正彰显出普遍意义和现实价值，逐渐被确立为生产力演进的基本逻辑。

二、新质生产力"新"在哪里

新质生产力是由新型劳动者、新型劳动对象和新型劳动资料共

---

① 马克思.资本论[M].中央编译局，译.北京：人民出版社，2004.
② 马克思，恩格斯.马克思恩格斯全集：第26卷（第1册）[M].中央编译局，译.北京：人民出版社，1972.

同组成的。理解新质生产力要从其区别于传统生产力的"新"和"质"两个维度出发。其中，新能源、新基建、新要素、新产业、新模式是生产资料、劳动对象和生产方式的"新"，高素质人才、高质量发展、高水平开放则构成了劳动者和生产力发展的"质"。具体而言，新质生产力的"新"体现在要素构成、发展动能、产业载体、推进机制等多个层面。

要素构成新。生产要素是人类社会不同发展阶段生产力水平的客观反映。数字经济时代最重要的变化之一就是数据成为新的生产要素。与传统生产要素相比，数据要素具有规模大、非稀缺性、强流动性、非排他性等特征。数据既作为生产资料又作为劳动对象参与生产和交易过程，大大丰富了劳动资料和劳动对象的类型，推动了社会生产方式变革。目前，我国在生产、消费等环节快速积累了海量的数据要素，是名副其实的数字经济大国，为形成新质生产力提供了有力的要素支撑。

发展动能新。科技创新是新质生产力培育发展的最强动力和本质特征。随着经济持续快速增长，我国科技综合实力显著增强，不少领域加快追赶发达国家，处于与世界领先国家同步并跑、比肩竞争的水平，相继在 5G（第五代移动通信技术）、人工智能、量子通信、储能技术、生命科学、航空航天、深海探测等领域取得了一系列标志性、世界领先的科技创新成果，不断突破产业链供应链上"卡脖子"的核心技术和关键原材料，不仅为新质生产力培育提供了源源不断的科技支撑，更是新质生产力自身发展活力的集中体现。

产业载体新。习近平总书记强调将战略性新兴产业和未来产业作为新质生产力的实体支撑。从要素结构和技术路线来看，这两类产业都以重大技术突破和重大发展需求为基础，具有知识技术密集度高、物质资源消耗少、成长潜力大的突出特点。在国家战略规划、各级政府扶持以及各类资本的协同推动下，我国战略性新兴产业逐步转向成熟发展阶段，以新能源汽车、锂电池、光伏产品为代表的出口"新三样"取代了以服装、家电、家具为代表的我国外贸出口的"老三样"，成为中国制造的新名片和经济增长新引擎，对经济社会全局和长远发展的引领带动作用日益凸显，是新质生产力超越传统生产力的力证。中央经济工作会议提出开辟量子、生命科学等未来产业新赛道。未来产业与前沿科技创新互动紧密，更具前瞻性、先导性，数字化、绿色化的产业成长主线日趋清晰，在更大范围和力度上改变了传统生产方式和生产要素构成，带动生产力发展规模和水平由量变到质变，实现能级跃升。

推进机制新。新质生产力的作用不再局限于征服、改造物质世界，而是能够促进人与自然和谐发展，实现由工业文明向生态文明跃升的可持续生产力。以往粗放型、外延式的发展方式造成资源消耗畸高、环境损害严重，资源条件和环境容量难以支撑生产力高质量发展。培育形成新质生产力是对由劳动者、劳动资料、劳动对象所组成的生产力三要素的一次全面而深刻的变革，要求打破旧的发展方式，通过将新质生产力源源不断地投入现代化产业体系之中，从技术创新、理念创新、制度创新三个维度重塑人与自然的关系，从而为应对全球气候变化，维护国家能源和资源安全提供更加绿色、低碳、可持续的生产力保障。同时，改革开放四十余年的经验表明，体制改革和机制创新是生产力空前解放的前提条件和根本动因。发展新质生产力必须坚持全面深化改革，坚定不移地扩大高水平开放，建立全国统一大市场，打造市场化、法治化、国际化一流营商环境，为充分激发各类经营主体的内生动力和创新活力提供制度保障。

颠覆性创新与新质生产力形成

新质生产力是由技术革命性突破、生产要素创新性配置、产业深度转型升级催生的当代先进生产力。科学技术是生产力，而且是第一生产力，科技创新是新质生产力的核心要素。需要强调的是，尽管增量科技创新也是生产力发展的重要推动力量，但是新质生产力是相对于传统生产力的质的跃升，实现这一跃升是增量型的技术创新所不能达到的，需要前沿技术实现重大突破和颠覆性创新的出现。颠覆性创新的理论源头可追溯至熊彼特对创新在现代经济活动中角色的解释，而"颠覆性技术"一词则最早由克里斯坦森在《创新者的窘境》一书中提出。2003年，克里斯坦森和雷纳将"颠覆性技术"扩展为"颠覆性创新"。颠覆性创新意指在主流市场之外的边缘市场的技术创新，基于颠覆性创新的技术通常更便宜、更简单、更小巧，也更便于使用。这之后"颠覆性创新"的概念也被用来指那些创造完全不同的技术路线、产品或商业模式，从而使原有的创新被替代、破坏的技术创新，或者是那些能够创造出世界上不存在的产品或服务、开辟全新领域的技术创新。与新质生产力相关的颠覆性创新应该是后一种含义。推动新质生产力的颠覆性创新是改变程度更大、新颖程度更高、影响程度更深的创新，能够以更高质量的产品、服务、模式等满足人类的需求，同时也开辟了一个全新的"蓝海市场"，使企业能够获得更大利润、产业具有更高附加价值、相关从业人员能够获得更多收入，从而成为促进经济增长、带动人民富裕的关键力量。新质生产力区别于传统生产力的最主要特征，同时也是新质生产力发展最主要的驱动力就是颠覆性技术创新。

一、颠覆性创新趋势及影响

随着新一轮科技革命和产业变革深入演进，前沿技术不断突破，颠覆性创新持续涌现。从《麻省理工科技评论》评出的"十大突破性技术"可见，当前的技术创新活跃，有些颠覆性技术已经进入产业化应用阶段并释放出巨大的价值，有些蓄势待发，有望在未来产生颠覆性影响。世界主要国家高度重视颠覆性创新，纷纷出台发展战略、法律和政策对前沿技术和颠覆性创新加大投入，对颠覆性创新的产业转化加大支持力度，以期引领技术创新和产业发展方向，尽快形成产业新赛道和经济增长新动能，并在创新链、产业链中取得掌控地位，获得更大的价值创造份额。新一轮科技革命和产业变革也使我国第一次有机会和条件全面拥抱科技革命和产业变革带来的发展机遇，有望在多个细分赛道取得领先。实际上，在过去20年，我国通过抓住科技和产业变革机遇，在数字经济、光伏组件和风电设备、动力电池、新能源汽车等新兴产业均取得巨大成就，光伏产品、锂电池、新能源汽车这"新三样"成为我国出口的新亮点。

颠覆性创新之所以能够成为新质生产力涌现的先决条件，在于其蕴含着巨大的颠覆性力量，不仅能够催生全新的产业赛道，而且能够推动传统产业升级，并重构既有的产业链格局。

1. 发现并开辟全新赛道

许多颠覆性技术创新来自基础研究的重大进展或工程技术的重大突破，使得以前无法实现的科学构想得以工程化、产品化。例如，西门子法制多晶硅工艺使利用太阳能发电在工程上成为可能。一项颠覆性技术是否能够产生商业价值、开辟新的产业赛道还受到市场需求的制约，有较大规模市场需求的颠覆性技术才能最终实现产业转化。市场需求包括：一是长期存在但未被有效满足的需求，如人类对健康、长寿的追求；二是企业发现并尝试实现的潜在需求，如智能手机、虚拟现实设备的出现；三是由各国政府人为创造的需求，如为应对气候变化目标需要发展可再生能源、节能、碳储存、碳捕获、碳金融等产品和服务；四是能够以更高的效率（更高质量或更低成本）满足已经存在的需求，如更快捷的运输方式。重大科学发现深化了人类对自然规律的认识，是颠覆性创新的理论基础，但二者并不存在连续递进的关系，从科学发现到颠覆性技术的产业转化常常有一个漫长的时间跨度，比如"光生伏特"效应发现于1839年，但光伏发电到21世纪才实现大规模应用。此外，一些颠覆性的工程化技术内在的科学机理虽然没有被彻底弄清楚，但并不影响其产业化应用。颠覆性创新催生了以更高效率满足现有需求或全新需求的产品或服务，如果这种新产品能够被更多的群体所接受，就会创造出一个蓬勃发展的新兴市场和新兴产业。由于产品的生产需要众多产业提供材料、零部件、设备、仪器、软件等投入品，而且很多投入品还需要根据新产品进行适应性的技术创新或架构调整，因此颠覆性创新的产业化还会带动一个包括广泛产业领域的产业生态的发展，进一步壮大新质生产力的力量。

2. 升级再造传统产业

传统产业是指存在时间比较长、技术比较成熟的产业。由于技术成熟、产业的技术进入门槛低，因此有大量企业在市场中共存，市场竞争非常激烈。成熟的技术虽然能够以很低的成本满足广泛的市场需求，但是也存在产业增速缓慢、附加价值和利润率低等问题。较早建成的产能虽然满足当时的能耗、二氧化碳排放、污染物排放、生产条件和产品质量等方面的监管标准，但是随着人们认识程度的提高、发展理念的升级等，原有的产能可能就不符合当前发展的要求。例如，在碳达峰、碳中和目标的约束下，大幅度提高能源利用效率、使用可再生能源、减少二氧化碳排放，成为钢铁、有色、石化、材料等产业升级的要求。新一轮科技革命和产业变革中涌现的颠覆性创新，往往具有通用目的技术的特点，即能够在广泛的领域应用，并通过深度融合对所应用领域产生深刻的影响。比如，第二次工业革命出现的电力显著改变了各行业的生产方式、组织形态和生产效率。当前，新一轮科技革命和产业变革中的许多通用目的技术特别是数字技术，推动各传统产业在要素结构、产品形态、产业业态、业务流程、商业模式等方面发生变革，推动传统产业提高研发效率、降低生产成本、改进产品质量、增强生产线柔性、加快响应速度、减少能耗排放、拓展增值服务，成为质量变革、效率变革、动力变革的重要力量。传统产业在颠覆性技术的赋能下实现产业升级、重新焕发生机，成为新质生产力的重要组成部分，而传统产业升级过程中赋能技术的使用也拉动了新兴产业需求的快速增长，从而进一步加速了新质生产力的发展。可以看到，移动通信、云计算、人工智能等数字产业的高速增长源自该行业本身创造的新需求拉动，数字技术在其他行业的广泛应用成为数字产业高速增长的重要推动力。

3. 重构、塑造产业格局

在经济全球化时代，世界各国的产业链紧密交联在一起，一个国家某个产业的发展一般不可能离开世界范围内的分工与合作。新质生产力的发展也是在全球分工合作同时又竞争的环境下进行的。颠覆性创新通过两种路径重构世界产业格局。一是在新兴产业形成新的分工格局。尽管先发国家在相对比较成熟的产业领域具有优势，但是在颠覆性创新产业化中形成的新兴产业并不一定能够保持这种优势，换句话说，新兴产业格局常常与原有的产业格局有很大不同。先发国家可能对新出现的技术不敏感、支持力度不够，造成颠覆性技术产业化的进程缓慢。反之，后发国家处于与先发国家相同的起跑线上，如果政策得当，就有可能更早地实现颠覆性技术产业化和换道超车。从历史上看，许多国家的崛起源于抓住了新一轮科技革命和产业变革中主要的颠覆性创新突破和新兴产业涌现的机会。一个国家新质生产力发展得快，它在全球新兴产业中的份额和分工地位就会提高，反之则会下降。二是重构原有产业的格局。颠覆性技术常常会使产品架构、生产工艺流程等方面发生重大变化。比如，新能源汽车相对于燃油汽车，不仅动力从发动机变为动力电池，而且主要部件也从由变速箱、离合器、传动轴承构成的传动系统变为驱动电机、电控系统。颠覆性技术在产业化早期阶段形成的产品在成本、性能、价格等方面相对于既有产品往往处于劣势，由于市场规模相比于成熟产品微不足道，在位企业常常会忽视颠覆性创新燃起的"星星之火"。再加上企业内部既得利益的阻挠、打破供应链长期合作关系的巨大成本等因素，在位企业往往在颠覆性技术上的投资不足，从而使产业"新势力"在颠覆性技术、产业链配套、品牌影响等方面后来居上。这是特斯拉成为全球市值最高的汽车制造企业，以及我国成为新能源汽车最大生产国、消费国和出口国的重要原因。此外，即使是在产品架构不发生颠覆性变革的情况下，在位企业如果对颠覆性技术的应用（如数字技术推动的数智化转型）反应迟钝，其产业地位同样会被削弱。但也要看到，新质生产力的发展不是零和博弈，虽然各国在更大市场份额、技术和产业主导权与控制权上存在竞争，但更主要的目标是要实现颠覆性技术更快发展，将新兴产业加快做大，通过"做大蛋糕"共同分享新质生产力发展创造的财富。

二、颠覆性创新的特点与政策支持方向

长期以来，我国在科技和产业发展等方面都落后于发达国家，我国产业发展的主要任务是建立起现代化的产业体系，特别是工业体系，缩小与发达国家在既有产业方面的差距，因此我国的科技和产业政策也主要围绕缩小差距的"赶超战略"而建立。随着中华人民共和国成立70多年，特别是改革开放40多年来的发展，我国产业技术能力显著提高，许多产业无论生产规模还是技术水平都已处于世界第一梯队。新一轮科技革命和产业变革更是给我国提供了发展新质生产力的历史契机。驱动新质生产力发展的是前沿技术和颠覆性技术，新质生产力的核心构成是由前沿技术突破和颠覆性创新形成的战略性新兴产业和未来产业，在这些方面，我国和世界其他国家处于相同的起跑

线，没有其他国家的经验可以借鉴、教训可以吸取。发展新质生产力，意味着我国科技和产业发展进入"无人区"，产业政策需要根据颠覆性创新和新兴产业的特点做出适应性的转型。

1. 高不确定性

在与先发国家存在较大差距时，后发国家企业引进学习世界范围的先进技术，政府部门通过创新政策和产业政策支持已经被市场证明成功的技术路线，可以加快后发国家的产业发展，以更短的时间缩小与先发国家的差距。这种"选择优胜者"的产业政策在许多后发国家的追赶过程中都发挥了重要作用。但是颠覆性创新和新兴产业在技术路线、应用场景等方面具有很高的不确定性，无论是科研机构、企业还是政府，都无法在事前准确判断技术向什么方向发展、哪种技术能实现工程化以及大规模产业化、具有大规模应用的场景在哪里，因此事先选择优胜者的产业支持政策失灵，政府的作用应由选择型向功能型转型，转向创造更好的科技创新和产业发展环境，弥补科技创新和产业转化早期阶段的"市场失灵"问题，比如，加大基础研究的投入、创造早期应用市场，以及适时进行制度、法律和政策改革以适应新技术、新产品、新模式发展的要求。

2. 市场选择性

通常而言，科学家在发现某个有重大突破的技术方向时就会大量涌入，而企业在看到某个重大的市场机会时也会纷纷进行创业、投资。无论是在科技创新的早期阶段还是新兴产业发展的初期阶段，主导设计尚未形成，同时并存许多条不同的技术路线。至于哪条技术路线能够最终成为主导设计而胜出，需要在市场竞争中、在供给与需求的互动中确定。市场面对不确定性的机制就是让大量的科研机构和企业沿着不同的研究方向、技术路线进行探索，随着时间的推移，各方对技术方向逐步形成共识，实现技术路线的收敛。要让市场选择发挥作用，不仅需要有大量的科技创新主体、市场主体在尽可能多的方向进行探索，还需要市场机制充分发挥作用，通过有效竞争在众多的颠覆性技术中筛选出最可行的方案。因此，在科技政策上，应鼓励科研机构和科学家进行更加自由的科研探索，并改变过去那种"以成败论英雄"的科研考核机制；在产业政策上，应鼓励科技型创业，便利企业的注册、退出，并创造更加宽容失败的社会氛围；在竞争政策上，应建立全国统一大市场和各类企业公平竞争的市场环境，让企业家充分释放才能。

3. 时序关联性

颠覆性技术的主要应用场景在不同的时间段可能会发生显著的改变，具有更大潜力。催生新一代颠覆性创新的场景有可能在未来出现，即颠覆性创新及其应用场景具有时序关联性，这就使得今天一个产业的发展可能会对明天另一个产业产生重要的影响。但是，在影响发生之前，同样无法准确预料，这是颠覆性创新和新兴产业高不确定性的另一种表现。技术的迭代创新必须有市场应用的支持，如果对颠覆性技术应用管得过严，限制它在某些存在一定不合意影响领域的应用，很可能就会使该技术的应用市场发展不起来或规模不够大，从而缺少足够的营收支撑企业的成长。由于缺乏对技术创新的持续支持，该技术的进步也会更加缓慢，甚至停滞乃至消亡，当依赖该技术的新技术出现时，就会由于缺少必要的技术储备而限制新一代颠覆性技术的突破和产业化。特别是在不同国家采取的监管政策存在巨大差异时，之前对颠覆性技术应用的限制可能会造成新一代颠覆性技术发展的落伍。这就意味着产业监管政策的实施应非常谨慎，需要采取包容、审慎的监管原则，给予新技术更大的应用空间，尽可能把限制控制在较低的程度。

4.不可预测性

颠覆性创新并非总能带来积极的影响，对新技术认识的不充分和滥用不仅可能造成经济损失，甚至可能给人类带来毁灭性的后果。例如，核能的武器化存在夺取大量生命，甚至毁灭地球的可能；再如，ChatGPT 出现后，许多科学家和企业家产生了对通用人工智能滥用的破坏力的担忧。同时，政府监管存在滞后性，且跟不上技术和产业快速演进的速度，难以用常规的监管方法及时对技术的有害后果进行治理。但是我们不能因为无法预判技术的负面影响而停止科技创新和产业发展，可以通过科技伦理的事前自我治理、事中社会治理和事后政府治理的协同机制，尽可能早地发现和纠正有可能对人类社会造成巨大损害的科技创新，对科技的负面影响做出更及时的预防。

颠覆性创新及其应用场景

近年来，"场景"一词作为前沿技术和颠覆性技术应用实践的特定载体，频繁出现在促进科技成果转化、产业创新发展的政策文件中，这是因为技术颠覆性突破、新赛道的培育、新产业的成长都离不开应用场景的支撑和市场需求的拉动。其中，《中华人民共和国国民经济和社会发展第十四个五年规划和 2035 年远景目标纲要》提出，要"充分发挥海量数据和丰富应用场景优势，促进数字技术与实体经济深度融合"。《科技部关于支持建设新一代人工智能示范应用场景的通知》明确指出，面向世界科技前沿、面向经济主战场、面向国家重大需求、面向人民生命健康，打造形成一批可复制、可推广的标杆型示范应用场景。国家数据局等相关部门发布的《"数据要素 ×"三年行动计划（2024—2026 年）》也提出，挖掘典型数据要素应用场景，打造 300 个以上示范性强、显示度高、带动性广的典型应用场景。《工业和信息化部等七部门关于推动未来产业创新发展的实施意见》中更是 20 多次提到"场景"一词，提出推动工业元宇宙、生物制造等新兴场景推广，以场景创新带动制造业转型升级；依托载人航天、深海深地等重大工程和项目场景，加速探索未来空间方向的成果创新应用；针对原创性、颠覆性技术，建设早期试验场景，引领未来技术迭代突破。目前，上海、北京、合肥、成都等 10 多个城市先后启动了场景计划。但国内外现有的文献，大多是管理学领域对应用场景与市场营销关系的分析，从经济学视角分析应用场景的文献匮乏，对于应用场景促进颠覆性创新产业转化和新兴产业发展的理论研究十分罕见。本节首先对应用场景的内涵进行界定、对特征进行总结，接着从技术和产业演化的视角探讨应用场景在颠覆性技术创新成果"工程化—商业化—产业化"动态演进过程中的作用及其机制，在分析应用场景类型与制度创新作用的基础上，提出以场景创新驱动我国新质生产力发展的政策建议。

与传统生产力的发展基于渐进型的增量式创新不同，新质生产力的形成源自基础科学研究的重大突破和对原有技术路线的根本性颠覆。由于颠覆性创新的高不确定性，无法在事前准确预测哪个领域会出现技术突破，无法准确判断技术突破的重要性、不同技术路线的前景、应用领域和商业化的时间，在跟随创新、模仿创新阶段所采用的"技术创新—研发试制—规模生产—市场开拓"的线性模式的适应性下降。技术创新只有转化为产品并被市场中的用户购买才能创造价值，产业循环才能持续，发现并壮大应用场景就成为颠覆性创新向产业转化的关键。

一、应用场景的内涵

所谓"场景"，原是文学，特别是影视作品、戏剧中常用的概念，意指事件、故事在小说、戏剧、影视作品中发生的空间或情境，或构成的具体画面。场景包括时间、地点、人物、事件四个基本要素。21世纪初，随着互联网和电子商务的发展，Kenny 和 Marshall 基于互联网无处不在的连接，最早提出了场景营销的概念，其目的在于精准识别消费者的场景化需求并通过场景触发消费行为，为企业获取用户、建立场景认知和使用习惯提供支持。此后，国内外学者主要从商业模式的视角对场景进行了探讨。《即将到来的场景时代》一书将移动设备、社交媒体、大数据、传感器和定位系统定义为构成场景的"五力"；《指尖上的场景革命：打造移动终端的极致体验感》则认为，位置、设备类型、行为状态、天气状况、环境条件、社会角色与社会关系、时间、移动状态和目前的处理状态是构成"场景"的九要素；《场景革命：重构人与商业的连接》一书将互联网下的场景定义为与游戏、社交、购物等互联网行为相关的、通过支付完成闭环的应用形态；《场景时代：构建移动互联网新商业体系》一书指出，人类在不同的环境条件下不断修正自身的行为，并且按照一定的方式来组合自己的行动，最大限度地移除自身存在的不快乐、不舒适的过程就是场景；《场景连接一切：场景思维＋场景构建＋场景营销＋案例实战》认为，场景首先是一种思维方式，人们通过互联网或者移动互联网来不断制作和生产新的场景，连接不同的对象。此外，场景还是一种功能体现，即以人为中心，使用互联网或者移动互联网实现高效连接，用内容来重构产品与用户的连接。《场景方法论》一书则认为，场景即解决方案。

近年来，在科技创新加速的背景下，场景具有了更丰富的内涵。例如，南京市发布了《南京市 2022 年推进应用场景建设 引领产业高质量发展行动方案》，指出应用场景是试验空间、市场需求、弹性政策的复合载体。科技部等六部委联合印发的《关于加快场景创新 以人工智能高水平应用促进经济高质量发展的指导意见》中指出，场景创新是以新技术的创造性应用为导向，以供需联动为路径，实现新技术迭代升级和产业快速增长的过程。莫祯贞等认为，场景是推动创新应用的新孵化平台、寻求改变人类生活方式的新试验空间、推动产业爆发的新生态载体。

结合既有的理论研究和实践探索，可以认为，技术创新和产业发展语境下的应用场景主要是指新技术、新产品、新模式实际应用的具体情境或环境。更具体地说，应用场景是指新技术、新产品应用于什么条件或环境之下、实现什么样的功能、主要由哪些用户构成等。其目标可以是满足用户的产品需求，也可以是改善用户的消费体验，或者为用户在生产、生活中遇到的问题提供技术支持和解决方案。应用场景的实施环境，既可以是工厂、办公室、家庭等现实的物理环境，也可以是网上的虚拟空间。例如，高清视频收看、虚拟现实应用、车间中的万物互联、无人驾驶的车路协同通信等，都是5G的具体应用场景。

二、颠覆性创新下的场景特征

克里斯坦森根据技术创新的不同轨迹、创新程度方式和目标市场的差异，将技术分为持续性创新和颠覆性创新。其中，颠覆性创新是指以新技术替代当前的主流技术，改变或破坏现有产品的性能或服务特征，从边缘市场颠覆主流市场。其后，不同的学者从战略、技术、商业模式、市场等多个角度对颠覆性创新的含义进行了界定，颠覆性创新的内涵也在发生新的变化。按照我国科技部的定义，颠覆性技术创新是"可改变游戏规则"的创新技术，开辟新型技术发展模式，具有独辟蹊径改变技术轨道的演化曲线和颠覆现况的变革性效果。催生新质生产力的颠覆性技术是技术轨道的跃迁，开辟了全新的技术轨道，能够创造新的产业领域或改变主流产品和市场格局，代表着产业发展的方向。

成熟产业中的主导技术比较稳定，技术变化以增量改进型创新为主。与之相对应，技术或产品的用户已经非常熟悉产品的性能和功能，并应用于能够满足消费者需要或为企业创造价值的条件或环境之中。可以说，技术与市场需求已经形成良好的适配，与成熟产业相对应的应用场景具有确定性、稳定性的特征，而且具有较大的规模。但颠覆性创新作为改变现有技术轨道、颠覆市场格局的创新活动，在产业演化过程中存在高不确定性和高失败率的问题，所需要的应用场景也呈现迥异于成熟产业的特征。

1. 多样性

一般情况下应用场景不是唯一的，就智能驾驶来说，除了用于日常出行，还有大量低频次、定制化的长尾场景，如机场里的无人载/卸货车、矿山上的无人挖掘与运输车辆、市政里的环境巡逻与自动垃圾清理车等，而且在产业发展初期，由于技术演进的方向不确定，应用场景就会更多，即使在成熟期也会有多个不同的应用场景。比如，5G除了可以应用于移动通信，还可以用于工业互联网、智能制造、智慧交通、智慧医疗、智慧城市等不同的场景。另外，应用场景的创新主体是多元化的，基于创新主体对场景认识的不同，还可能导致不同技术适合的应用场景有所不同。

2. 规模性

场景要能形成一定规模的市场，有规模才能形成企业的销售收入、为企业创造利润。对于创新企业来说，规模经济性依然是降低成本、吸引更多消费者、提高市场占有率和盈利能力、获得市场竞争优势的关键。如果场景规模很小，难以放大，即使产品定价很高，也难以消化企业的生产和运营成本，使企业不愿意增加投入，扩大再生产难以为继，也就失去了技术、工艺持续改进的机会。

3. 演进性

场景不是一成不变的，而是动态变化的。新产业初期，由于技术不成熟、性能不完善、生产规模小，加上用户对相关技术能够发挥的作用以及能够带来的价值缺乏充分认识，应用需求多呈现碎片化、个性化等特征。随着产业的成长，应用场景也不断扩大。同时，随着技术的进步，实际应用的场景也不断变化。一些被证明没有技术可行性或经济价值的场景被淘汰，还有一些新的场景被开发出来。例如，随着移动互联网和智能手机的普及，固定电话的使用频率大幅下降；数字文件传输和云存储技术的发展，使得传真机逐渐退出历史舞台。而随着物联网（IoT）、云计算、大数据、人工智能等新一代信息技术的发展，刷脸支付、无人货柜零售、智能可穿戴语音交互、虚拟偶像、内容创作、远程运维、远程办公、远程医疗以及智能安防等新的应用场景被源源不断地创造出来，深刻地改变着我们的工作和生活方式。

4. 协同性

应用场景是技术发展和市场需求相结合的产物，其发展是与技术、产业演进动态匹配的过程。随着技术和产业的发展，场景的规模和领域逐步放大。在新技术、新产品或新服务推广和应用时，不是一开始就全面铺开，一般将一个相对较小的、具体的、易于管理和控制的场景作为切入点，也就是所谓的"小切口"，通过小场景内的深入探索和实践，验证技术或产品的可行性、稳定性和市场接受度，然后根据这些经验和数据，优化升级新技术、新产品，并逐步扩大场景应用的规模和范围，最终实现在更大市场的推广和应用。

5. 不确定性

颠覆性创新技术路线演进的高度不确定性，决定了其市场应用也是不确定的，即无法在事先准确知晓有哪些应用场景，越靠近产业发展的初期，越难以判断哪些场景会发展壮大成为主流应用场景。对于一些全新的技术，甚至无法预知其会应用在何处，需要企业和用户在多样化的场景中不断探索、试错。

应用场景对新质生产力的培育作用

颠覆性技术创新是基础研究的重大进展或工程技术的重大突破，只有实现产业转化，带来全要素生产率的提升，形成现实生产力，才能显示出其应有的经济、社会或生态价值。而一项颠覆性技术创新能否产生商业价值、开辟新的产业赛道还受到应用场景的制约，只有那些具有较大规模市场应用需求的颠覆性技术才能成功实现产业转化。

一、颠覆性技术产业化

一项颠覆性创新技术从实验室突破到转化为能被主流市场所接受的新产品、技术或服务，形成新产业、新赛道，不是一蹴而就的，其间充满风险和挫折，包括新产品本身很粗糙、性能不稳定、用户不认可、难以获得辅助技术、宏观政策和制度方面的支持力度不够、基础设施建设及维护跟不上、社会环境难以适应等，这导致许多有潜力的颠覆性技术在初期就夭折。

从战略生态位管理（Strategic Niche Management，SNM）的视角，颠覆性创新形成产业的演化过程可以分为：技术生态位（从基础研究到工程化）、市场生态位（商业化）、范式生态位（产业化）三阶段跃迁，其间还要跨越两次"死亡之谷"。

技术生态位主要是指为有发展前景的颠覆性技术构筑一个保护空间或测试平台，通过生产者、研发者、用户、政府及其他组织执行者渐进的试验和学习，解决新技术本身的问题和缺陷，以及市场化应用中遇到的障碍，从而更好地了解用户需求，孵化和培育新技术，推进其由技术生态位向市场生态位的过渡，使新技术成功跨越技术研发与市场应用（工程化与商业化）之间的"死亡之谷"，实现第一次跃迁。实际上，对传统产业的颠覆或造成企业市场地位剧烈变动的重大发明创造或技术创新都是在技术生态位中孕育的。

市场生态位也就是新技术在进入市场初期所处的市场地位和拥有的市场资源，是在新技术向市场推广的过程中形成的。颠覆性创新具有激进式、非线性的特征，但是市场用户的接受度却是渐进的。因此，新技术在进入市场初期往往不能被大多数用户所接受，只能存在于一些特殊的市场中，即在被主流市场忽略或无视的"边缘市场"中寻找适宜的生态位，逐渐改进和优化产品和技术，积累相对于旧技术的优势。当新技术、新产品性能趋于稳定，通过市场渗透，找到了适宜的生存空间，逐渐显现出一定的产业化前景和商业价值，并通过制度创新，建立了新的技术体制，得到了整个社会、市场的认可时，新技术才得以二次跨越商业化与产业化之间的"死亡之谷"，实现向范式生态位的第二次跃迁。

范式生态位就是指新技术替代旧技术成为市场的主流范式（也称"技术范式"）。进入范式生态位阶段，新产品市场份额开始快速提升，市场主导地位被确立，新产品、新技术进入大规模产业化阶段。

二、应用场景在颠覆性创新产业化不同阶段的作用

在传统技术居市场主导地位的情况下，新技术、新产品的每一步

跃迁，都需要做到产品与市场需求的匹配、契合，而特定的应用场景通过为处于不同成长阶段的新技术、新产品提供创造性应用机会（见图1-1），让技术成果在真实的场景中实现快速优化与迭代，提高新产品的商业价值，从而为新技术快速产业化提供支撑。

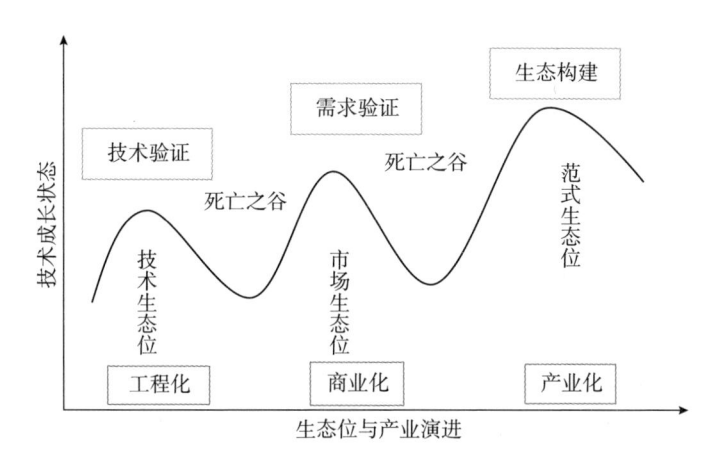

图1-1 应用场景在颠覆性创新产业演化不同阶段的作用

1. 技术验证

颠覆性创新在从实验室进入工厂的产品开发的工程化阶段，在战略生态位视角中对应着技术生态位构建。在实验室阶段固然能够开发出产品的原型，但从严格意义上讲，现实应用环境与实验室环境大相径庭，有许多实验室阶段未曾考虑到的条件和影响因素，而且许多实验室用的原料、设备，在成本等方面并不适合规模生产时使用，因此实验室中的产品还不是真正意义上的商品。而且，在实验室里得到的是理想状态下的产品性能，至于该项技术的实际性能如何，必须在实际应用中加以验证。因此，在这一阶段，应用场景主要是为新技术搭建一个验证平台，为新产品提供"最初始的市场"，验证新产品的实际功能和性能以及是否满足实际的应用需求。创新者在其中可以大胆地尝试，了解新技术和新产品产生的问题、缺陷、遇到的障碍，以及用户的消费偏好与习惯等，通过制造工艺重组，反复试错，一方面淘汰不具有商业可行性的技术，另一方面不断调整、改进生产工艺来实现生产的安全性、经济性，工艺的可操作性以及稳定性，并为大规模生产积累必要的经验和实验数据，深挖对新产品有需求的消费者和适宜的利基市场，直到新产品性能趋于稳定，并逐渐显现出一定的市场化前景和商业价值。

2.需求验证

当新产品进入商业化阶段，也就是市场生态位阶段，尽管可能符合未来技术发展的趋势，但仅凭技术的先进性并不一定能被多数消费者所认可和接受，普通消费者更加关心技术的可靠性、产品的经济性和使用的便捷性，而且由于多数消费者属于风险厌恶型，存在路径依赖性，在对新产品缺乏足够认知的情况下，其市场培育面临着许多障碍。

一是产品成熟度与成本的障碍。工程化阶段的重点是把产品做出来，把产品的主要功能释放出来，但产品还比较粗糙，企业还没有形成批量生产能力，甚至会通过高价委托其他企业以代工的方式完成产品的生产，因此，新产品在上市初期往往成本、价格比较高，与市场上的主流产品相比市场份额与利润水平较低，处于竞争劣势。

二是用户需求对接的障碍。首先，由于一般用户对新技术、新产品的认知度低，在观念上对新技术、新产品的接受程度还不高，再加上初代产品虽然有新的特性，但稳定性、可靠性偏低，性能不够完善，特别是对于产业用户来说，如果由于产品性能上的缺陷导致生产出的产品质量不合格、造成生产事故等，将给企业带来巨大损失；其次，大部分用户习惯于路径依赖，尽管新产品的性能改善了，但是由于用户更换新品牌或产品还要产生时间、精力以及学习成本，因此，新产品在推广过程中存在着老用户不愿用、不敢用等问题，而这又会使工艺、技术、产品丧失优化升级的机会。此外，再加上销售渠道、融资渠道不够畅通等诸多原因，新产品在进入市场初期常常面临着"死亡之谷"。

三是基础设施不配套的障碍。现有的基础设施主要是为传统主流技术服务的，难以适应新技术发展和应用的需求。新产业的成长需要整个技术体系的协同进步，更离不开与之相配套的基础设施。比如，人工智能等技术的推广应用就需要加强数据中心、算力等新型基础设施建设。

这一阶段，应用场景的作用主要包括以下方面。一是市场需求验证。通过在实际场景中的小规模应用，企业可以验证市场对新技术的真实需求，了解用户的接受程度和满意度，并根据用户反馈和使用数据，帮助企业发现产品的优势和不足，进一步改进产品和服务的设计，提升产品性能，更好地满足用户的实际需求。二是市场教育与推广。通过在特定场景下一部分愿意尝试新技术、新产品的领先用户对使用效果的展示，提高一般用户对新技术的认知度和接受度，促进新技术、新产品的普及和推广。三是商业模式的探索。新技术的商业化往往伴随着新商业模式的探索。应用场景可以帮助企业发现和验证可行的商业模式，如一些用户更关注产品的使用效果而非拥有权的应用场景，企业可以通过产品即服务（PaaS），提供按需使用的商业模式；企业还可以根据用户在特定应用场景中的行为和偏好提供定制化的产品和服务等，帮助企业在开拓新市场的过程中，获得持续的收入来源。四是应用示范。在商业化阶段，技术演进的路线已比较明晰，对于符合国家和地方发展需求的创新项目，政府通过推动新技术、新产品或新服务在特定场景中的实际应用，展示其成效和商业价值，并从中总结出可复制、可推广的经验模式，加速新技术的成熟和推广。

3. 生态构建

进入产业化阶段，追求利润最大化的企业只有找到稳定的、规模可观的应用场景，通过大规模生产降低成本，获得足够的回报，才有动力增加生产设备等的投资，采用更先进的技术来提高生产效率，改进生产流程和管理体制，扩充人力资源，进一步扩大生产规模。而生产规模的扩大、专业化分工的深化，带来了企业、供应商、用户、竞争对手、金融机构、科研机构、中介机构等各类主体的集聚，促进了资源、技术和市场信息的共享，推动形成适宜技术扩散和产业成长的共生共荣的产业生态，为产业链上下游企业相互合作，不断探索和开拓新市场，将产品或服务应用到新的领域、行业或环境，实现业务增长和创新创造了新机会。反之，如果不能找到与产业发展相匹配的规模化的应用场景，无法形成支撑产业发展的良好生态，那就将阻碍新技术、新产业的健康发展。以5G产业为例，5G技术具有高速率、低时延、大容量的特点和优势，技术性能远远优于4G（第四代移动通信技术），但是现在的主要应用场景多是从4G时代延续下来的，由于迟迟未能找到大型应用场景，无法形成全产业链协同发展的产业生态和稳定的盈利模式，限制了5G产业及相应服务的发展。

应用场景供给与政策适配

颠覆性创新是开辟发展新领域、新赛道，催生新质生产力的主要动力，但是相关应用场景的建设往往投资巨大，而且具有外部性，是一般企业无力或者不愿承担的。而且，人工智能、生物技术等一些前沿技术、颠覆性技术的场景应用可能会与既有的法律法规相冲突，无论是加快新技术产业化还是防止新技术的滥用等导致的负外部性，都需要新政策、新规范。

一、应用场景供给分类

1. 用户端未被满足的场景需求

这类需求一直存在，但是由于技术发展的限制，往往无法得到有效满足，也即通常所说的"需求痛点"。这类场景的市场价值一般比较明确，一旦技术被突破，往往会出现激烈的市场竞争。比如，就日常出行来看，人们对"更快""更省""更便捷"的需求亘古不变。随着智能手机、移动互联网的普及，利用网络平台以及相应的应用软件，"网约车"连接了消费者和服务者，绕过了传统的租车公司和电话叫车服务，开创了新型的出行模式；"共享单车"则解决了市民"最后一公里"的出行难题。

2. 企业端的场景创新

具有创新精神的企业家对市场高度敏感，善于发现无论是用户还是大多数企业没有意识到的需求。创业企业通过挖掘潜在需求、创造新的应用场景，迅速成长为标杆企业。比如，亚马逊在开发云计算支撑自己的电商业务发展时，意识到富余的云计算能力可以帮助更多企业以更低成本，更快捷地获得和部署算力。我国成功地发展成为世界上无人机产业大国也得益于创业公司应用场景的开拓。深圳市大疆创新科技有限公司创造性地将无人机应用于影视航拍、救灾救援、测绘航测、高压线巡查等场景，打开了无人机商业化的大门，由此快速成长为全球无人机领军企业。

3. 政府端开放、建设、推动的场景

政府端的应用场景可以进一步划分为三类。一是政府通过政策调整、放宽市场准入释放的场景。如低空经济作为新质生产力的代表，已经成为培育发展新动能的重要一环。要拓展通用航空、电动垂直起

降航空器（eVTOL）以及轻小型无人机城市空中交通（UAM）、低空物流、个人消费等领域的应用，就需要政府释放一定的空域资源。二是政府释放的自身需求，既包括政府管理、公共事务领域的应用需求，如智慧城市、智慧医疗、智能交通，也包括一些由国家和地方政府投资建设、运营的工程项目所产生的应用需求场景，如智慧港口等。三是落实国家发展战略，如"双碳"目标下，我国在由工业文明向生态文明转型过程中，对能源、工业、建筑、交通等高耗能、高污染行业绿色低碳发展提出了更加明确的场景需求，如低碳排放、提高资源循环利用率、提高建筑的能源效率、发展新能源汽车等。

二、应用场景供给的政策适配

习近平总书记指出，生产关系必须与生产力发展要求相适应。发展新质生产力，必须进一步全面深化改革，形成与之相适应的新型生产关系。颠覆性创新技术在推动生产力向新能级跃迁的同时，一些新场景的应用，也会对现有的社会结构、就业形态和生活方式产生深刻影响，迫切需要政策转型与调整，在保护创新、促进应用和规范新产业发展之间取得平衡。

1. 产业政策转型与创新

改革开放初期，我国许多产业与发达国家有较大差距，技术和产业发展目标比较明确，主要是缩小与发达国家之间的差距，追赶世界先进水平。相应地，产业政策的着力点主要在供给侧，依托龙头企业、集中资源突破产业化阶段的技术瓶颈，实现产业规模的快速扩张。而随着我国科技创新从跟跑进入并跑，甚至在部分领域进入领跑阶段，迫切需要以原创性、颠覆性技术创新引领产业发展。而原创性、颠覆性创新技术演进不确定性高，政府难以判断技术的发展趋势，准确选择应该支持的产业化技术。市场需求作为创新价值得以实现的最终环节，在促进创新及其产业转化中发挥着越来越重要的导向作用。为此，就需要适时推进产业政策的转型，更多从需求侧发力，根据对技术发展愿景、产业化所能创造价值的预测提出应用需求，推动应用场景建设，通过技术与应用的互动，降低企业创新和产业化的风险。作为世界上颠覆性创新出现最多的国家，美国高度重视研发活动与市场应用的一体化部署，在颠覆性技术发展初期就同步推进应用场景建设，持续推动实验室技术的商业化进程，形成了较为完善的、供需联动的新型研发模式。

此外，由于政府本身掌握着规模庞大的场景资源，因此可以通过体制机制创新，将应用场景作为一种新型的政策工具，根据国家和地区的发展需求，通过主动创造和释放场景，发挥应用导向作用，促进场景需求与企业新技术、新产品供给适配对接，为产业创新提供明确的方向和目标。如开放智慧城市、智能交通、智慧医疗、智慧能源、数字政府等场景资源，政府部门提出具体的应用需求，不仅能够提升政府自身的管理效率，而且有助于加快前沿数字技术的推广应用和相关产业的发展。

2. 完善法律法规体系

就我国来看，现有法律和政策基本上是在过去的经验基础上制定的行为准则，其目的是约束或激励经济主体现有的行为，根据基本原则和判例也能够对其未来发生的行为做出规范和处罚。这些法律法规及政策对于渐进型的变革可以说是相对有效的，但是在面对颠覆性技术时，就可能会出现滞后和不足。由于颠覆性技术往往会突破既有法律和政策制定的边界，如果不能对法律和政策及时做出"立改废释"，那么新技术需要的应用场景就无法出现。就生物技术来说，如果规制、监管过于严格，那么一些生物医药就无法开展临床应用。以细胞药物为例，现在国外上市的品种有 20 多种，尽管国内关于细胞治疗发表的论文数和开展的临床研究都居世界前列，但是国内目前获批上市的细胞药物还为数不多，这限制了我国生物医药技术的进步。人工智能也存在同样的问题。随着人工智能技术的发展，机器"大脑"的某些部分已经超越了人类的智慧，如何界定智能机器人的权利、义务与责任，对相关技术的健康发展也至关重要。此外，无人驾驶汽车上路测试就需要对相关法律法规做出适用无人驾驶的调整，低空经济的发展还需要放松空域管制。

场景创新赋能新质生产力发展

应用场景在颠覆性创新向现实生产力转化的过程中发挥着至关重要的作用，因此加快形成新质生产力需要高度重视应用场景的创新、构建和发展壮大。

一、坚持统筹设计，推进包容、审慎的监管

打造和开放应用场景，涉及企业、政府、高校、研发机构等多个主体，覆盖生产、生活等多个领域，是一个复杂的系统性工程，需要统筹谋划，可以采取"政府主导、企业运营、市场参与"的方式设立"场景创新促进中心"等常态化机构，推进跨部门、跨行业统筹衔接。着手构建全领域、全地域、全流程的场景创新体系，聚焦新质生产力培育、重点产业链发展、城市治理等重点领域，主动释放城市产业发展资源要素，挖掘、征集应用场景，联动全球科创生态资源，积极促进为产品找场景、为场景找产品，推动政府职能由"给政策"向"给机会"转变。基于创新应用场景的运行特点，按照审慎、包容的原

则，可以对前沿技术或新功能新模式试点"沙盒监管"等新型监管制度，这样既有利于及早地将前沿技术可能引发的质量、安全等问题纳入监管范围，提高应急处置能力，防范和化解重大风险，维护消费者合法权益，也有利于为企业技术创新创造健康的发展环境，逐步形成有利于新技术应用的体制机制。

二、增加场景供给，加大场景示范推广力度

一是建立政企联动的场景动态发布机制。围绕重点领域，深入挖掘政府、企业等主体的创新需求，定期发布应用场景能力（供给）清单和需求清单。通过"揭榜挂帅"、场景大赛等形式，推动"发榜方"（场景供给方）与"揭榜方"（技术持有方）通过技术（产品）采购、联合开发新产品等多种方式进行合作。二是开展示范场景遴选。在重点创新应用场景中，择优筛选较为成熟的新技术、新产品、新模式和新解决方案，优先推荐政府部门、国有企业、国资平台开展规模化应用。同时，加大在资金、人才、科研、项目建设等方面的政策支持力度，打造一批可示范、可体验、可推广的科技应用场景样板。三是推进应用场景示范区建设。以国家级、省级自主创新示范区、高新技术开发区、科技企业孵化器、产业基地等为载体，打造一批应用场景示范区，为新技术、新产品的推广应用创造机会，发挥先行先试示范效用。四是围绕亚运会、全运会、进博会、服贸会等重大活动、重大工程和重要会议打造重大场景，发布场景创新成果、场景合作机会，为场景供给方、研究机构、企业、投资机构提供合作交流平台。五是围绕社会治理、产业转型升级等需求，推动场景创新，形成一批具有示范推广性的解决方案。

三、提升场景创新能力，夯实场景创新基础

发挥我国超大规模市场、应用场景丰富的优势，强化企业科技创新主体地位，支持科技领军企业、链主企业参与关系国家发展战略与安全重大场景的任务设计和相关基础设施建设。鼓励大企业向产业链上下游企业、中小企业开放场景资源，合作研发，帮助中小企业提升工艺能力、制造能力，支持大企业先试、首用中小企业创新产品，形成大中小企业融通创新、协同发展的格局。鼓励高校院所、科研机构等主动连接场景资源，打造场景供需联合体，推动优质资源共享。加强多层次场景创新人才培养。以场景创新作为教育教学改革的新引擎，鼓励高校、职业院校围绕场景创新优化学科专业布局，推进教学实践活动，激发人工智能专业学生的场景想象力，提升学生场景创新知识、素养与能力。探索通过开设场景创新研修班、开展场景实践交流、组织场景专题培训等多种形式加快场景创新应用人才培训，推动人才链与创新链、产业链的深度融合。

四、培育融合创新生态，优化服务保障

引导和支持领军企业着眼产业链全局推进场景建设，构建政府、产业界、科技界协同合作的数字化场景创新体系。鼓励行业龙头企业与科研机构联合开展场景创新，推动关键技术、共性技术跨界示范应用，实现不同场景协同联动发展。积极培育场景集成服务企业和第三方中介服务机构，优化场景供需对接等服务，以前沿科技成果交易、转化、应用为导向，引入在线研发设计、在线检验检测等科技服务新业态，鼓励高校、科研院所设立概念验证中心，为前沿技术和基础研究成果提供评估辅导、共享检测等专业化服务。

第二篇
升级壮大战略性新兴产业

第二章　中国出海"新三样"

当前，新一轮技术革命催生了大量的新产业、新赛道，颠覆性技术的不断涌现带来"换道超车"的契机。新兴产业发展时间较短，我国与发达国家处于大致相同的起跑线上，凭借完备的产业链配套，抢先进入大规模产业化应用阶段。以电、锂、光为代表的出口"新三样"正是我国培育新质生产力、制造新优势的代表性领域，也是我国释放外贸新动能的重要发力点。经过持续攻关和积累，我国多项新能源技术和装备制造水平已全球领先，建成了世界上最大的清洁电力供应体系，新能源汽车、锂电池和光伏产品还在国际市场上形成了强大的竞争力，新能源发展已经具备了良好基础，我国成为世界能源发展转型和应对气候变化的重要推动者。

2023年，中国"新三样"产品合计出口1.06万亿元人民币，首次突破万亿元大关，增长了29.9%，成为推动我国外贸增长的关键引擎。习近平主席在二〇二四年新年贺词中指出"新能源汽车、锂电池、光伏产品给中国制造增添了新亮色"。我国工业体系门类齐全，能够提供"新三样"生产所需的各种原材料和零部件，推动这三类产业快速实现大规模生产和技术迭代，成为我国出口"新三样"建立优势的关键基础。

但也需要看到，"新三样"等新兴产业的链条相对较短，产业链的加工环节比较容易转移，产能存在向低成本的东南亚国家外移或回流到发达国家的可能。此外，世界主要经济体为掌控全球科技和产业竞争主导权，出台了一系列干预供应链布局的产业政策、贸易政策，例如美国的《通胀削减法案》、欧盟对我国新能源汽车的反补贴调查等。为尽量规避这些隐性贸易壁垒，我国出口"新三样"需要积极谋求由"产品出口"向"产业链出海"的升级。

"新三样"全球格局演化与中国地位

一、光耀四海："新三样"中的光伏航标

我国光伏产业的飞速发展是制造业转型升级的典型代表，其全球产业格局经历了数个关键阶段演化，我国通过不断提升技术创新能力，逐步向全球光伏生产网络的中心跃升。21世纪初，光伏技术还处于起步阶段，生产成本高昂，未能大规模商业化。这一时期，光伏产业集中在欧美等发达国家，主要以技术创新和环保政策为驱动力。2000年，德国颁布的《可再生能源法案》规定了可再生能源发电的优先权，以及可再生能源的购买和销售机制，为其光伏产业发展奠定了法律基础，再加之德国、意大利、西班牙等国对光伏产业的大规模补贴，较大程度上推动了欧洲光伏装机量提升。随后，随着技术的进步和生产成本的逐步降低，光伏产业开始向亚洲转移，中国、日本和韩国等开始崭露头角。

2008年全球金融危机以后，中国光伏产业迎来了快速发展期，一方面，得益于政府对可再生能源的大力支持，包括财政补贴、税收优惠以及推动光伏科技研发和应用的政策，为光伏产业的发展提供了坚实的基础。另一方面，2009年下半年以来，随着全球经济回暖，光伏市场的需求重现快速增长的势头，欧洲光伏市场甚至出现了"抢装潮"，强劲的外部和内部需求有效拉动了我国光伏产业的发展。但

2011—2012年欧美对我国光伏企业发起"双反"调查，国内产能过剩也较为凸显，我国光伏产业陷入了短暂的低谷期。

2013年以后，受欧债危机爆发的影响，欧盟各国大幅削减了对光伏产业的补贴。2013年我国出台了《国务院关于促进光伏产业健康发展的若干意见》，将国内的装机热潮推向了一个新高点。此消彼长下，中国、日本和美国代替了欧洲，成为全球光伏装机的主要增长区域。

2018年以来，越来越多的国家制定碳排放目标，加之光伏行业的技术进步和成本改善，光伏产业逐渐向市场化、规模化发展，补贴和政策驱动作用减弱。经过多年的发展，中国已成为全球光伏产业的领跑者，彻底改变了"两头在外"模式（原材料和技术进口、产品市场依赖国外）。中国不仅在生产规模上实现了世界领先，更在光伏技术研发和创新方面取得了显著成就。此外，中国在制造业领域的强大竞争力，特别是在材料成本控制、生产效率提高和供应链管理等方面的优势，为光伏产业的规模化生产和成本降低提供了条件。

二、能量潮流："新三样"中的锂电池突破

在锂蓄电池（动力电池）全球产业格局不断演化的过程中，我国积极抓住几个关键阶段机遇，逐渐确立了全球领先地位。20世纪末至21世纪初，锂电池技术尚处于起步和布局阶段，此时锂电池技术主要由日本和韩国企业主导，多应用于移动电话和笔记本电脑等小型电子设备。中国通过引进技术和建立合资企业，积累锂电池制造和研发的初步经验，例如，宁德时代早期与日本企业TDK（东京电气化学工业株式会社）合作密切，比亚迪在早期发展时与松下等公司进行技术交流等，这些都为后续的快速发展奠定了基础。

2010年之后，随着全球对移动设备和电动汽车需求的增长，中国开始加大对锂电池产业的投资。基于庞大的制造业基础和成本控制

能力，中国迅速扩大了锂电池的生产规模。通过政府的支持政策、税收减免和资金补贴，中国企业在全球锂电池市场中的份额逐渐上升。此外，对上游原材料的控制，如锂矿的开发，进一步增强了中国企业在全球锂电池产业链中的竞争力。与此同时，中国锂电池企业开始注重技术研发和创新，逐渐从追赶者转变为行业的领跑者。政府推动的"新能源汽车"计划为锂电池市场提供了巨大的国内需求，同时也促进了技术进步。中国企业通过大量研发投入，取得了在电池能量密度、充放电效率和安全性等方面的突破。此外，中国企业积极参与国际合作，通过海外并购和建立研发中心，提升了其在国际市场的竞争力。

2018年以来，随着新能源汽车产业的迅猛发展和消费级锂电池市场增长的放缓，动力锂电池在锂电池总出货量中的占比持续增加，推动我国成为全球动力锂电池制造的主要国家。到2021年底，我国在全球动力锂电池产能中占据了69%的份额，并且有六家中国企业在2021年全球动力锂电池装机量排行榜中位列前十。

三、疾驰潮头："新三样"中的新能源汽车航向

虽然19世纪电动汽车就已经出现，但由于原材料加工和技术等原因，其性能、稳定性、适用性都不如燃油汽车，当时并没有进入大规模市场应用阶段。直到21世纪初，受到环境保护意识提升和全球变暖问题的影响，以及电池（尤其是锂离子电池）技术的突破，电动汽车开始重新获得关注。在此背景下，各国政府开始推出各种激励措施，支持电动汽车的研发和推广。2000年，电动汽车被列入我国"863计划"重大专项之一，从2001年开始，总计投入20亿元构建了以纯电动、油电混合动力、燃料电池三条技术路线为"三纵"，以动力蓄电池、驱动电机、动力总成控制系统三种共性技术为"三横"的电动汽车研发格局。此时电动汽车的研究开发和示范运行意义大于实

际应用和规模化生产。

2010年以来，电动汽车发展进入快车道，电池技术的不断进步和成本的降低使电动汽车逐渐突破了续航里程的束缚。中国在战略层面提出汽车业电动化技术转型战略，明确新能源汽车产业为战略性新兴产业。2012年中国发布《节能与新能源汽车产业发展规划（2012—2020年）》，给出"我国新能源汽车经过近10年的研究开发和示范运行，基本具备产业化发展基础"的基本判断，并提出应"加快培育和发展节能与新能源汽车产业"。2013年，财政部等部门于9月13日印发了《关于继续开展新能源汽车推广应用工作的通知》，规定2013—2015年继续对消费者购买新能源汽车给予补贴。在中央和地方政府新能源汽车补贴的加持下，我国电动汽车迎来了爆发式发展，2015年我国电动汽车产销量跃居全球第一。

2017年之后，我国电动汽车行业逐渐由政策主导向市场驱动过渡。在政策方面，我国提高了对续航里程、电池能量密度等行业技术门槛的要求，加快降低补贴力度和金额，倒逼行业尾部市场出清，促进了良性市场竞争格局的形成。2020年底，财政部、工信部、科技部、国家发展改革委联合发布的《关于进一步完善新能源汽车推广应用财政补贴政策的通知》提出，"2021年，新能源汽车补贴标准在2020年基础上退坡20%"，标志着我国电动汽车行业全面进入市场化阶段。2023年，我国电动汽车销量达到949.5万辆，同比增长37.9%，占全球比重超过60%，连续九年位居世界第一，电动汽车出口120.3万辆，同比增长77.2%，均创历史新高。

产业链创新与技术演进

产业链各环节技术创新是驱动"新三样"全球格局演化的底层动

力,从原材料提炼到最终产品制造,每一步的技术创新不仅提升了效率和性能,还降低了成本,推动了光伏产品、锂电池和新能源汽车等领域的快速发展。随着这些关键技术的突破和应用,全球产业格局经历了深刻变革,增强了新兴产业的竞争力,并在国际市场中塑造了新的领导者和竞争格局。

一、阳光编织的网络:光伏产业的技术与供应链革新

光伏产业链从上游的原材料提炼(如硅片、钙钛矿等光伏原材料,以及 PVD、CVD 等光伏原材料生产设备),到中游的光伏组件制造,再到下游的系统安装和维护,编织成一个跨越多个国家和地区的生产网络(见图 2-1)。

随着光伏行业的快速发展,对于更高效、更经济、更环保的原材料需求的不断增长,使原材料技术的演进也在不断地适应这些新需求。

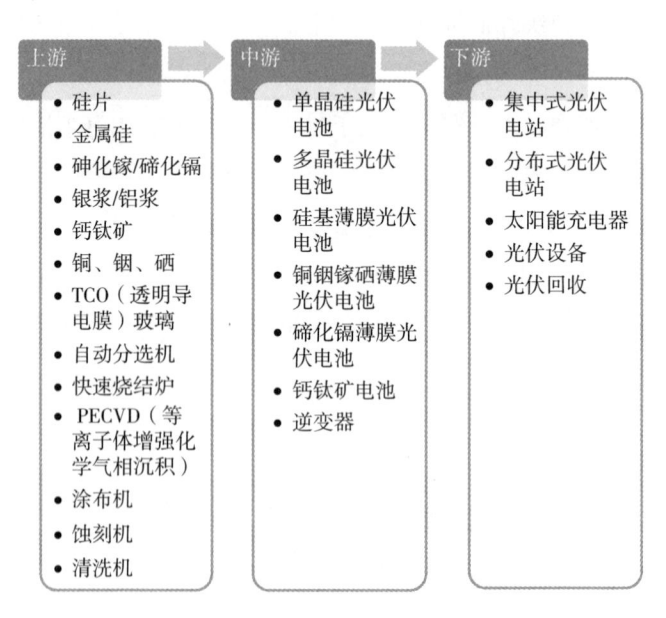

上游	中游	下游
• 硅片 • 金属硅 • 砷化镓/碲化镉 • 银浆/铝浆 • 钙钛矿 • 铜、铟、硒 • TCO(透明导电膜)玻璃 • 自动分选机 • 快速烧结炉 • PECVD(等离子体增强化学气相沉积) • 涂布机 • 蚀刻机 • 清洗机	• 单晶硅光伏电池 • 多晶硅光伏电池 • 硅基薄膜光伏电池 • 铜铟镓硒薄膜光伏电池 • 碲化镉薄膜光伏电池 • 钙钛矿电池 • 逆变器	• 集中式光伏电站 • 分布式光伏电站 • 太阳能充电器 • 光伏设备 • 光伏回收

图 2-1 光伏产业链上中下游主要产品

1. 上游：降低硅耗和能耗水平

基于纯度和应用差异，多晶硅可分为太阳能级和电子级两种类型，太阳能级多晶硅主要用于制造太阳能电池。多晶硅的纯度直接影响到电池的效率，太阳能级多晶硅的纯度需达到 99.999 9% 以上。高纯多晶硅的生产是光伏产业链中技术含量较高的环节，降低硅耗水平和能耗水平是技术演进的主要趋势，我国的通威集团、大全新能源、保利协鑫、新特能源、东方希望等多晶硅制造头部企业的硅耗水平优于行业平均水平，综合耗电量也达到了 60 kWh/kg-Si 的世界先进水平[1]。

2. 中游：发展替代和非硅基材料电池

非硅基光伏材料如钙钛矿（Perovskite）、铜铟镓硒（CIGS）和碲化镉（CdTe）等也在不断发展中。这些材料具有轻质、可弯曲、成本低等特点，可以用于制造柔性光伏电池，为光伏应用提供了更多可能性。特别是钙钛矿光伏电池，因高效率和低成本，被认为是最有希望挑战硅基光伏技术的新材料。我国钙钛矿光伏电池技术水平处于世界前列，2024 年 3 月清华大学团队使用真空蒸镀法制造钙钛矿薄膜的光电转换效率达到了 26.41%，打破了世界纪录[2]。当前，钙钛矿电池已处于商业化的关键节点，随着大规模制备工艺和稳定性不佳两大难题被逐步攻克，有望在未来 3~5 年进入大规模商业应用阶段。钙钛矿太阳能电池的制造流程相较于传统晶硅电池更为简化，其产业链的上游主要包括 TCO 导电玻璃、黏合剂及光伏专用玻璃等原材料及关键设备。在产业链的中游，极电光能、协鑫光电等国内的几家领军企业正

---

[1] 中国光伏行业协会 2022 年的统计数据。
[2] 在 2009 年，日本的研究者 Kojima 和 Miyasaka 首次将钙钛矿材料运用于染料敏化光伏电池，成功达到了 3.8% 的能量转换率。中国科学技术大学于 2023 年 7 月创造的世界纪录为 26.1%。

在建设 100 兆瓦级的试验生产线，标志着我国钙钛矿电池的产业化步伐已进入全球前列。

3. 下游：环保和可回收材料研发

一般而言，光伏组件的寿命在 25 年左右。光伏组件除了玻璃和铝等可回收材料外，还包含可能对环境造成危害的金属，因而如果光伏组件报废之后不进行回收处理，将对生态环境造成极大的污染。可持续性问题促使光伏原材料技术向环保和可回收方向发展。研究人员正在开发新的生产流程和材料，以减少光伏生产过程中有害物质的使用，并提高材料的回收率。例如，铅基钙钛矿太阳能电池含有的铅、镉化镓薄膜太阳能电池含有的镉等都对人体健康和生态环境有害。寻找重金属（如铅）替代物和开发可回收的光伏组件结构，以降低光伏产业对环境的影响是技术发展的重要方向。

此外，寻找更高效、成本更低的材料回收技术日益成为光伏技术研发的重点，例如，通过电解沉积法、电化学浸出法等高效、新型的电化学回收方法对光伏材料中如铜、镍、钴、金、银等金属进行回收。2023 年 8 月，国家发展改革委等部门发布的《关于促进退役风电、光伏设备循环利用的指导意见》，对我国在风能和太阳能领域的退役设备进行全面且系统化的循环再利用规划，为我国光伏产业环保和可回收技术研发以及行业发展提供了制度保障。目前，我国的国家电力投资集团有限公司、晶科能源、英利集团、上海晶环嘉远新能源科技有限公司等十余家企业已经建立了规模化的回收产线，并具备了一定的技术优势，例如，晶环嘉远全自主研发的 GST 绿色分离法结合了物理法和化学法的优势，其前道分离率达到 99.9%[1]。

---

[1] 前道分离率是指在光伏生产过程中，特别是在硅晶圆制造阶段，有效分离和回收硅料的比例，即从硅锭或硅片生产过程中产生的废料中回收高纯度硅的效率。

二、能量核心的脉动：锂电池产业链的技术演进与全球格局

锂电池产业链上游主要为钴、锰、镍、锂、石墨等矿产资源，中游包括正极材料、负极材料、电解液、隔膜、极耳、电芯、电池、电池模组及 PACK 等，下游由消费电子、动力电池、储能、电池回收、回收电池利用等构成（如图 2-2 所示）。

当前，锂电池技术发展呈现出提高能量密度、延长寿命、降低成本、提升安全性等发展趋势。

上游	中游	下游
• 钴 • 锰 • 镍 • 锂 • 石墨	• 正极材料 • 负极材料 • 电解液 • 隔膜 • 极耳 • 电芯 • 电池 • 电池模组及 PACK	• 消费电子 • 动力电池 • 储能 • 电池回收 • 回收电池利用

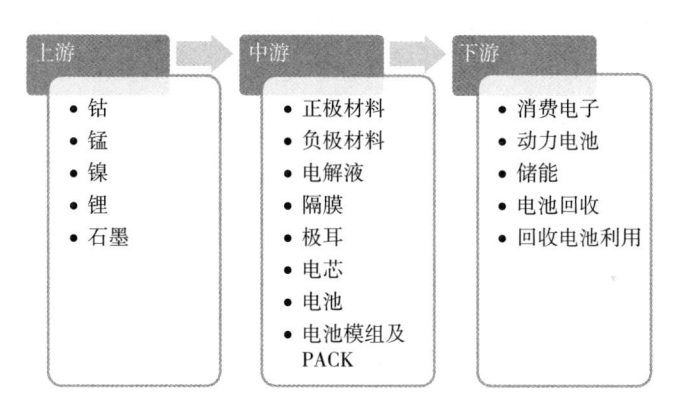

图 2-2　锂电池产业链上中下游主要产品

1. 上游：新材料开发

锂电池产业链上游对钴、锰、镍、锂、石墨等关键矿产资源的依赖程度较高，目前，研发人员正在探索在提高电池整体性能的同时，降低对稀有和有害元素的依赖。一方面，研究开发能量密度更高和稳

定性更好的新材料，如高镍三元正极材料和硅基负极材料[①]，以提高电池的整体性能显得尤为迫切。我国科学家、企业正在积极实现锂电池新型材料的开发及规模化制备。例如，2023年4月，云南大学材料与能源学院研制出新型高镍三元正极材料，有效提高了充放电循环及热失控过程中的结构稳定性。我国的容百科技、天津巴莫、贝特瑞等高镍三元正极龙头企业处于全球领先地位，2023年容百科技高镍三元正极材料全球市场占有率位居行业第一[②]。

另一方面，钠离子电池和锂硫电池等新型电池技术的研究，也提供了对锂、钴、镍等矿产资源依赖减少的可能性，尽管目前仍面临能量密度不足、循环稳定性差等技术挑战，但在未来有潜力替代或补充现有的锂电池技术。我国高度重视钠离子电池的研发应用，2022年，国家能源局、科技部印发的《"十四五"能源领域科技创新规划》提出"支持钠离子电池前沿技术和核心技术装备攻关"。据《日本经济新闻》报道，截至2022年12月，中国在钠离子电池技术方面获得的专利数已经超过了全球有效专利总量的一半，居于全球首位。紧随其后的分别是日本、美国、韩国和法国，它们在该领域内的专利数量位列第二到第五。

2. 中游：制造技术与组件优化

在锂电池产业链上游材料不断发展的同时，电池的生产工艺、内部结构设计也在不断优化和创新，以降低生产成本和提升生产效率，并提高安全性、稳定性。例如，传统的锂电池湿法制造过程使用了大

[①] 高镍三元正极材料是一种锂离子电池正极材料，主要由镍、钴、锰等金属元素组成，其中镍的含量较高，具有高能量密度、长寿命、低自放电率等优点，高镍三元正极镍、锰、钴的比例为8∶1∶1，降低了对钴的依赖；硅基负极材料以硅作为主要成分。通过增加镍的比例并减少钴的含量，理论上硅基材料电池单位质量能够存储的电量远高于传统的石墨负极材料，能够大幅提升电池的存储容量。

[②] 数据来源于鄂州市人民政府网站。

量的有机溶剂来制备电极浆料，这不仅消耗大量能源，还会产生有害的有机废气。干法电极等新工艺通过物理或机械手段直接将活性物质和黏结剂混合，并将其直接涂布到集流体上，从而避免了溶剂的使用。此外，固态电池和薄膜电池是当前新型电池结构技术发展中的两个重要方向，有望在安全性、能量密度以及形式灵活性方面实现突破。2020年国务院印发的《新能源汽车产业发展规划（2021—2035年）》提出"要加快固态动力电池技术研发及产业化"，首次将固态电池研发上升到国家层面。

近年来，我国干法电池、固态电池等新型锂电池技术研发和生产发展迅速。2023年5月，我国企业纳科诺尔与清研电子在中国国际电池技术交流会上联合发布了干法电极成型覆合一体机，标志着我国干法电极设备实现了国内自主生产，行业进入了产业化生产阶段。2023年10月，国内最大的干法电池产业化基地新泰开工，项目建成后，年产超级电容2 500万件、干法电极720万平方米。在固态电池方面，2023年，国内众多新能源汽车企业开始公布其半固态电池的应用计划，标志着2023年成为国内半固态电池开始被装配于车辆中的启动年。东风、蔚来和赛力斯宣布于2023年采用半固态电池，而长安深蓝、智己、广汽埃安和高合等企业计划在2025年前实现装配。同时，宝马、奔驰、大众和丰田等国际大厂也计划在2025年前后推出配备固态电池的电动车型。

需要注意的是，尽管我国在固态电池关键技术专利方面的进步很快，但在一些领域与发达国家仍有差距。例如，日本调查和分析机构Patent Result的数据显示，全固态电池[①]的专利申请数量前十名中有六家日本企业、四家韩国企业，没有中国企业进入榜单。虽然全固态电

---

① 固态电池中的"固态"指的就是电解质的形态。按照电解液的占比，可分为半固态电池（电解液含量低于10%）、固态电池（电解液含量低于5%）以及全固态电池（不含有任何液态电解质）。

池受到电解质工艺复杂、稳定性差、短期内降低成本难度大等因素制约，但在安全性、能量密度、使用寿命等方面更具优势。

3. 下游：应用场景拓展

锂电池技术在消费电子、电动汽车、储能系统等领域的应用不断深化，同时也在不断探索航空航天、海洋探测等新的应用领域。例如，随着可穿戴设备的兴起，柔性锂电池技术也得到了发展，在世界经济论坛第十四届新领军者年会发布的《2023年十大新兴技术报告》中，柔性电池被列为"十大新兴技术"之首。柔性电池可以弯曲或折叠，这使其能够更好地被集成到智能手表、健康监测设备和柔性屏幕等产品中。我国目前正积极探索柔性、耐低温、防水的新型电池的应用场景，2022年北京冬奥会上，为国家队和志愿者提供的发热雪地运动鞋、加热护膝、袜子等配套物品，正是采用了柔性电池技术，取得了不错的应用效果。

此外，随着固态电池和其他高性能锂电池技术在高压环境、极端温度条件下工作稳定性的不断提高，锂电池在卫星和航天器电源、无人机、水下无人潜航器、水下遥控操作车、海洋浮标和传感器网络等航空航天和海洋探测领域的应用不断拓宽。2023年10月，镍镉蓄电池在中国航天器领域的应用随着神舟十七号的成功发射而画上圆满的句号，这种电池曾在神舟系列飞船上经历了16次任务考验。由于其出色的安全性和可靠性，特别是在耐过充和耐过放方面的卓越表现，镍镉电池被认为非常符合神舟飞船等在高安全标准环境方面的需求。

三、疾速前行的轨迹：电动汽车产业技术创新与供应链优化

电动汽车产业链上游主要为"三电"产品，即动力电池、电机、

电控系统，以及汽车零部件、电子电力元器件等零部件；中游包括纯电动汽车、燃料电池汽车、增程式电池汽车、油电混合动力汽车等类型的整车制造；下游由充电桩、换电站、电池回收等汽车服务配套构成（见图2-3）。电动汽车当前技术的演化趋势主要集中在提高能量密度、降低成本、增强安全性、加快充电速度、推进车辆智能化与网联化，以及优化电动系统的整体性能和效率等方面。

上游	中游	下游
• 动力电池 • 电机 • 电控系统 • 汽车零部件 • 电子电力元器件	• 纯电动汽车 • 燃料电池汽车 • 增程式电动汽车 • 油电混合动力汽车	• 充电桩 • 换电站 • 电池回收

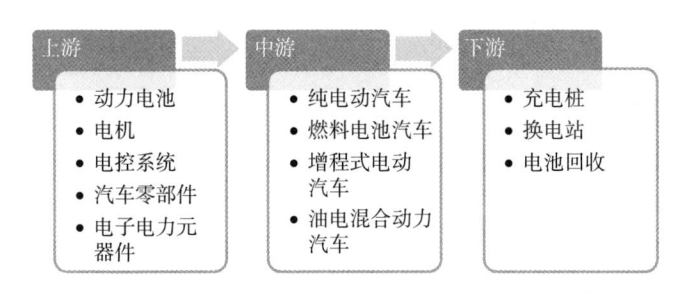

图2-3 电动汽车产业链上中下游主要产品

1. 上游：提高效能与降低成本

提高电机、电控系统、电子电力元器件的响应效率和精度，降低动力电池的生产成本是当前电动汽车上游技术研发的焦点[①]。作为"动力心脏"，电机是电动汽车产业链上游最关键的环节之一，永磁化、扁平化是电动汽车电机的未来发展趋势。研发新型永磁材料或改善现有材料的磁性能，如提高磁能积和耐高温性能，是提升电机效率的关键方向。我国采纳的永磁同步电机技术路径主要依赖于钕铁硼磁体，该材料虽然使用广泛，但面临着在高温环境下性能下降和稳定性不足的挑战，这些因素在一定程度上限制了电机的效能。

此外，相同体积下，由于扁线占用空间小，在电机整体空间不变的情况下，可以在槽内填充更多线材，即电机槽满率提高，功率密度

---

① 动力电池的技术演化已在锂电池部分较为详细地介绍过，这里不再赘述。

增大的电机也将增加。我国主流新能源汽车品牌正在加速推进扁线电机，华域电动、方正电机、大洋电机、松正电机等多家国内企业具备扁线电机的量产能力，据 NE 时代（New Energy Times）统计，2022年我国新能源乘用车电机搭载量为 578 万套，其中扁线电机出货量达到 276.2 万套，占比约为 48%。需要注意的是，由于国内驱动电机行业的发展相对较晚，电机在产品性能上与国际先进水平相比还有差距，尽管国内的驱动电机在功率上与国际标准相匹配，但在相同功率下的重量方面却处于不利地位，导致功率密度存在一定的差异。因此，需通过材料和制造工艺的双重优化来弥补这一差距。

电控系统被视为新能源汽车的"大脑"，它的主要职责是监控和调节电动汽车的各项功能，确保车辆运行的高效与协调。其中，IGBT（绝缘栅双极型晶体管）是整车控制器的核心零配件，我国与全球前沿技术仍有较大差距，三菱电机等全球头部企业已发展到 7.5 代技术，而我国最高技术产品仅达到第 5 代。

2. 中游：网联化和智能化

得益于先进的电子架构、高度的电气化，电动汽车相比于传统的燃油车更容易搭载网联化和智能化技术。随着 5G 技术进入商用阶段，商用车的车联网行业面临新的成长机会。5G 的快速传输和低延迟特点为商用车联网系统赋予了增强的数据处理和传递功能，促进了自动驾驶和远程操控等先进应用的进步。近年来，我国车联网产业在多方面取得了积极进展，但在智能网联汽车核心电子器件和车载智能化软硬件平台等领域，仍需进一步增强对关键技术的控制和掌握能力，例如，车载 MCU（Microcontroller Unit，微控制器单元）等硬件仍依赖海外进口。

此外，网联化也让电动汽车变得更"聪明"。电动汽车网联化通过实时数据交换和云端计算，为高级驾驶辅助系统和自动驾驶技术提供支持，从而推动车辆智能化的发展。我国在 5G 通信技术、大数据处理和人工智能方面的优势为高级驾驶辅助系统和自动驾驶技术创造了有利条件。2024 年 2 月，上海金桥智能网联汽车示范区开通了全球首条 5G-A[①] 车联网示范路线，通过车、路、网、云、图全要素验证，为自动驾驶车辆保驾护航，实现道路和城市交通的智能升级。但需要注意的是，电动汽车相比于传统燃油车对芯片的需求、依赖更大，智能化更需要算力，AI 芯片是自动驾驶算法训练的必要条件，而我国的高性能 GPU（图形处理单元）和专用 AI 处理器等产品仍依赖于进口。

3. 下游：快速充电与回收利用

随着电动汽车的普及，充电成了大家越来越关心的问题。更多的车需要充电，意味着充电排队的时间也更长了。一般而言，电动汽车充满电需要 60 分钟，但高功率直流快充、无线充电等技术的发展和应用使"充电比加油快"成为可能。高功率直流快充会产生严重的析锂副反应和产热效应，可能会降低电池的安全性，这对电池性能提出了更高要求。同时，现有的公共充电桩大部分还是 120 kW 以上的直流设备，需要对老旧直流充电桩进行大规模的改造和替换，达到 800 kW。2023 年 8 月，宁德时代发布的神行超充电池实现了"充电 10 分钟、续航 800 里"。2023 年 9 月，工业和信息化部发布的《电动汽车传导充电用连接装置 第 3 部分：直流充电接口》将最大充电功率提升至 800 kW。此外，无线充电技术也有助于缓解高峰时段电动汽车的"一桩难求"。2023 年 5 月，工业和信息化部发布《无线充电（电力传输）设备无线电管理暂行规定》，成为我国首部无线充电领域的规范性文件，为无线充电系统开发设计提供了基础支撑。在此基础上，国

---

① 5G-A 是在速率、时延、连接数方面更优化的 5G "进阶版"。从应用能力上看，5G-A 实现了从千兆到万兆的十倍能力提升。

内各大车企加速了无线充电的专利布局，上汽、一汽等国内车企已推出了无线充电的量产车型。

新能源电池回收利用专业委员会估算，到2027年，中国新能源汽车的动力电池退役总量预计将达到114万吨。面对这一巨大的退役电池总量，采取有效的回收和再利用措施将成为应对资源消耗、降低成本和减少碳排放挑战的关键路径。动力电池回收处理技术主要包括梯次利用和拆解利用。当前，电池种类多样、兼容性差、使用状态不一给退役电池的梯次利用和拆解带来了挑战，特别是目前主要采用的人工拆解面临触电风险。利用人工智能、物联网和大数据等先进信息技术，将动力电池回收过程从目前的手工和机械化拆卸转向自动化和智能化拆卸，已成为动力电池回收行业发展和升级的未来趋势。"十三五"以来，我国已发布了动力电池编码规则、退役电池拆解规范、余能检测、材料回收要求、放电规范等十余项国家标准，为动力电池的智能化回收提供了机制保障。除干法回收、湿法回收和生物回收等技术外，中国科学院院士成会明还提出直接修复电池正负材料的回收法，有望提升电池回收的环境效益和经济效益。

中国的机遇与挑战

全球能源转型给中国出口"新三样"创造了广阔的发展空间和机遇，但同时也带来了前所未有的挑战。这些挑战一方面源于未来能源技术路线的不确定性，另一方面则源于世界主要国家为争夺科技、产业、规则标准的主导权所展开的战略博弈，以及在此过程中不断涌现的地缘政治风险。为应对纷繁多变的国际国内挑战，保持和提高"新三样"的竞争优势，我国需要以更广阔的视野利用全球创新资源，积极谋划"新三样"的全球产业链供应链布局，主动引领全球相关规则标准制定，深入学习贯彻习近平总书记关于"在危机中育新机、于变局中开新局"的重要论述。

一、挑战浪尖：颠覆性创新涌现

尽管我国在"新三样"产业链众多环节处于技术领先地位，但不断涌现的颠覆性技术可能对我国的优势造成冲击。例如，相比光伏发电，可控核聚变技术具有能源密度高、供应稳定性好、环境影响小、资源易获取和转化效率高等优点。虽然，可控核聚变技术仍存在高温高压环境、材料耐受性、能量捕获等技术难题，从实验室到实际应用的距离仍然较远，但可控核聚变被视为长期能源解决方案，不排除颠覆性技术加速其产业化应用进程的可能。在锂电池方面，我国主推的是半固态电池的技术路线。相比全固态电池，半固态电池由于能够利用现有的液态电池生产线和材料，从而能以更低的成本实现大规模生产，成为一个过渡性的解决方案，并有望在近年内率先实现市场突破。但需要密切关注日本、韩国等企业在全固态电池领域的优势，防范激进型全固态技术路线带来的颠覆性风险。

目前，我国在未来能源技术领域也积极布局。例如，2023年，国务院国有资产监督管理委员会启动实施未来产业启航行动，明确可控核聚变领域为未来能源的重要方向。2024年1月，中国全固态电池产学研协同创新平台成立。这些积极的举措有利于我国应对新技术颠覆我国"新三样"领先地位的风险，助力我国从"新三样"优势迈向"新新三样"优势。

二、破浪前行：掌握关键技术之钥

"新三样"技术较新、产业链条较短，但仍需要传统的、技术路线成熟的产业作为支撑基础，我国在关联产业的"卡脖子"堵点可能掣肘"新三样"产业的发展。例如，电动汽车自动驾驶、辅助驾驶技术离不开高性能GPU（图形处理单元）芯片加速人工智能任务，美国对我国GPU计算芯片出口的限制在一定程度上制约了我国电动汽车的智能化发展。例如，整车控制器的核心零配件IGBT对欧美进口的依赖，也使电动汽车的供应链风险陡增。

近年来，我国已通过自主研发打通了众多技术堵点。同时，关键技术、产品的进口限制也一定程度加速了国产替代进程。例如，我国的车载激光雷达曾长期依赖进口。2016年以来，在国务院、国家发展改革委、工业和信息化部等国家部委的政策支持下，大量国内企业加入车载激光雷达赛道，经过多年发展，国产激光雷达在探测范围、测量精确度和安全性等方面表现出了更高的稳定性和可靠性，其关键组件的技术标准也有了显著提升。早在2006年国务院发布的《国家中长期科学和技术发展规划纲要（2006—2020年）》就已将IGBT列为重大技术突破专项中的重点扶持项目，我国的IGBT自给率不断提高，至2023年已达到32.90%。

三、逆流而上：美西方歧视性产业贸易政策及应对

为争夺全球绿色化转型主导优势，发达国家开始重新认识产业政策在科技和产业竞争中的角色和作用，纷纷推出了针对特定领域的产业政策，这些政策以"公平竞争""削减通胀"等为名，行"保护本国产业、打压竞争对手"之实，具有典型的泛政治化色彩。美国《通胀削减法案》、欧盟《净零工业法案》基本认可对太阳能光伏、电动汽车等清洁能源领域给予生产、技术补贴，但需满足产地限制原则。例如，美国《通胀削减法案》要求在2023年关键矿产、电池组件从美国或与美国签订自贸协定国家的增值获取量要分别大于40%

和50%才能获得补贴，并以每年10%的幅度递增，在其细则中还要求中国锂电企业海外建厂需满足低于25%的股权要求才能获得补贴。这些歧视性产业政策背离了发达国家推动产业发展的传统逻辑和路径，在一定程度上抑制了全球化上升时期国际分工体系对分散生产和长距离贸易的布局偏好，尤其是"新三样"等对绿色化转型至关重要的领域，密集投放的产业政策有可能导致头部企业进一步收紧关键技术和核心零部件供给，对我国产业链供应链安全形成负面扰动。

需要看到的是，欧美国家歧视性产业贸易政策也在一定程度上倒逼了我国"新三样"的海外供应链布局，越来越多的国内企业在欧洲、东南亚等地设立研发中心、生产基地，我国"新三样"技术优势明显，有望以此为契机转变为上游核心技术、关键中间品供应国，通过技术授权等方式突破投资限制。此外，随着我国的产品和服务销往全球，其中内嵌的"中国标准"也在不断向国际输出，我国在出口"新三样"等新技术赛道占据的国际市场份额不断增大、中间品出口显著提高，有望以此为契机增强对国际标准的主导能力，并通过积极参与低碳领域国际规则和标准的制定，增强我国产品在国际市场上的"碳竞争力"。

四、资源博弈：全球关键矿产资源格局变化与风险

我国"新三样"生产制造对部分矿产资源的进口依赖度较高，随着全球能源转型、新一轮科技革命和产业变革向纵深推进，关键矿产已成为全球主要大国战略博弈的新领域。以锂电池为例，其对锂、钴、镍等关键矿产具有高度依赖性，而全球的镍、钴等矿产资源主要集中于俄罗斯、印度尼西亚、刚果（金）、澳大利亚和南美洲的"锂三角"等地（见表2-1）。从资源禀赋条件看，我国的镍矿、锂矿储量分别列全球第七位和第四位，然而，相对于国内下游的产能而言，锂电池所需关键矿产的国内供给严重不足，镍、钴、锂的自给率分别只有5%、2%和20%。

表 2-1　2020 年锂电池行业重要矿产资源储量及占比分布

单位：万吨，%

位次	镍 国家	镍 储量	镍 占比	钴 国家	钴 储量	钴 占比	锂 国家	锂 储量	锂 占比
1	印度尼西亚	2 875	31.72	刚果（金）	297	44.46	智利	5 267	41.06
2	澳大利亚	1 265	13.96	印度尼西亚	107	16.02	澳大利亚	1 839	14.34
3	俄罗斯	770	8.50	澳大利亚	65	9.73	阿根廷	1 693	13.20
4	古巴	647	7.14	古巴	25	3.74	中国	810	6.31
5	巴西	567	6.26	加拿大	19	2.84	美国	570	4.44

资料来源：根据中国地质调查局全球矿产资源战略研究中心发布的《全球锂、钴、镍、锡、钾盐矿产资源储量评估报告（2021）》数据整理。

近年来，随着我国新能源电池行业规模快速扩张，以宁德时代、比亚迪为代表的链主企业对产业链供应链的整体掌控能力不断增强，但上游原材料对外依赖及价格频繁波动导致产业链供应链安全存在一定的隐患。一方面，非洲、南美洲部分国家政局动荡，武装冲突频发，危及关键金属稳定供给。另一方面，美西方不断抹黑我国对外投资活动，将中国企业正常的国际化发展视为"资源掠夺""新殖民主义"，中国对欠发达国家和地区的投资、贷款被贴上"债务陷阱"的标签，间接诱发了当地针对中国公民、中资企业的武装劫掠和袭击绑架等恶性案件。此外，运输通道的安全畅通对战略性矿产资源的供应也至关重要，大规模、长距离、长周期的运输特点使得海运成为矿产品最主要的运输方式。目前，我国从非洲进口高度依赖马六甲航线，从南美洲进口的航线运输距离长，放大了地缘性突发事件、国际政治经济秩序变动、海上风险等不确定因素对供应链安全的冲击。此外，2023 年 8 月新的《欧盟电池与废电池法规》正式生效，提出了"谁生产谁回收、谁进口谁回收"，客观上限制了电池矿产资源的全球流动。

近年来，我国对关键矿产资源回收利用的关注度日益提高，能够在一定程度上缓解对新能源关键矿产资源的进口依赖。例如，合肥国轩循环科技有限公司估算，通过加强动力电池回收，每年可满足国内新能源汽车20%的锂、25%的钴、11%的镍的资源需求，降低新能源关键原材料的对外依存度。同时，我国回收企业也在加速全球布局，例如，格林美、中伟股份、邦普循环等中国电池回收头部企业正积极拓展在欧洲的回收业务，寻求与当地供应链合作，以满足《欧盟电池与废电池法规》的要求。

五、绿色竞逐：欧美新能源战略转向与中国前行的方向

当前，欧美国家新能源市场热度有所消退，欧洲多国拟重启燃煤电厂，奔驰、福特、通用等欧美头部汽车企业延缓了其新能源汽车战略布局，这给全球能源转型的进程和方向带来了不确定性。2024年1月，德国终止了多年来的"环境奖金"购置补贴计划，不再对电动车型提供财政支持。此外，欧盟目前正在审议一项潜在的政策调整，可能会推迟原定于2035年开始在整个联盟范围内全面禁止销售新型燃油汽车的规定。一方面，欧美的新能源生产和使用成本居高不下。例如，福特汽车2023年的财报显示，其电动汽车业务亏损高达47亿美元，亏损额是2022年的两倍。由于能源价格上涨，"欧洲电比油贵"成为民众担忧的一个重要因素。另一方面，中国企业在光伏、风电、锂电池和新能源汽车等领域优势明显，技术、产品、市场全面快速跃升，欧美国家意图限制中国新能源产品出口，以保护本国燃油车等传统能源产业链。

需要高度警惕的是，美西方针对我国出口"新三样"的打压有持续升级的态势。2024年5月14日，美国公布了对华301关税四年期复审结果，在原有对华301关税措施的基础上，进一步对自中国进口

的新能源汽车、锂电池及光伏产品等实施加征关税。此轮加征关税力度大、立场明确，直指中国最具资源优势、制造优势和出口优势的领域和产品。其中，对于中国进口电动汽车的关税提高到102.5%，锂电池的关税提升至25%，太阳能电池的关税增至50%，半导体的关税亦达到50%，其力度之大，前所未见。考虑到此前相关领域已有拜登政府出台的"三大法案"的重压，并且在2024年2月，拜登政府以"数据安全"为由，对中国汽车进行全面审查，美国将气候治理和全球能源转型政治化的倾向不断加强。

需看清的是，美国运用关税、供应链、数据安全三重手段，针对中国"新三样"出口发起全面打压，不仅无助于本国产业的繁荣发展，而且对全球应对气候变化的共识造成损害。然而，美西方能源转型政策调整的负面影响不容忽视，短期内欧美能源战略的转向可能会造成我国"新三样"产能过剩，给我国企业带来经营压力，但从长期来看绿色转型是全球产业变革、技术发展的大势所趋。而且，我国原油等传统能源对外依存度较高，新能源发展关乎我国能源战略安全。因此，欧美国家的新能源战略变化不仅不会扰动我国的全局目标，在"新三样"等领域，中国还形成了兼具先发布局与后发优势的独特发展条件。未来要进一步探索多元化技术路线，巩固提升全产业链优势，促使中国"新三样"的发展实绩更好地服务全球清洁能源转型，推动"双碳"目标的实现。

第三章　商业航天

航空航天产业是战略性新兴产业的重要组成部分。从技术特征来看，航天产业属于典型的兼具知识密集型、技术密集型和资本密集型的产业，其最突出的表现是高度复杂性，并由高度的技术复杂性决定了行业较高的进入门槛。与其他战略性新兴产业相比，航空航天产业的总体规模并不突出，但近年来，随着新一轮科技革命和产业变革的不断深入发展，商业航天作为航空航天产业的重要组成部分开始展现出日益活跃的投资和市场化前景。

航天商业化

一、当商业化遇到航天

航空航天系统作为复杂产品，其典型性主要体现在两个方面：一是火箭、卫星、飞船研发成本高、技术含量高、集成度高；二是该领域的技术经济特征和组织结构决定了航天产品和服务的生产范式，一般为定制或小批量生产，难以形成规模效应。具体而言，研发环节是航天产业的重中之重，不仅包括一般意义上零部件、产品子系统、产品整体的研发设计，还需要针对航天独特的需求开发专门的材料，既包括金属、合金材料，也包括特种玻璃、黏合剂、耐热材料等非金属材料的开发，还包括推进剂和专用电子元器件的研发，以及姿态控制系统等编程算法的开发等。上述任何一个环节的研发活动取得突破，都会带来颠覆式的进步；而任何一个环节出现问题，都会阻碍航天产业成长。

实际上，人类早在1957年就开启了"航天时代"，而人类的第一次商业航天实践发生在1962年，距今已逾半个世纪。在航天产业出现之后的几十年间，投资和发展航天产业一直是资源需求极大、风险水平极高、回报周期极长、前景极不确定的行为。到20世纪末为止，各国航天事业的发展都必须以国家力量作为支持和保证，以计划和行政手段调配人员、资金等资源，协调信息和物流，才能保证其进行下去。在以美国为代表的发达国家，私人资本和企业以商业合作的方式参与了航天活动，并尝试开展卫星通信服务等业务，但私人企业主导的航天项目以及商业发射活动则无从谈起。

进入21世纪，人类太空探索技术逐渐走向阶段性成熟，在卫星制造、火箭制造、发射控制技术等关键环节基本形成了技术框架和产品标准，并产生了较为细致的产业链分工。商业公司和初创公司从事航天活动的前景逐渐可预测，自身在产业链上的定位逐渐明晰，成本和潜在风险逐渐可控。在太空探索技术发展的同时，其他产业也不断发展成熟，人类社会开始对开发和利用宇宙空间独特的环境条件，乃至直接利用宇宙空间资源，产生实际需求和未来的遐想，这加速了航天商业市场的形成。航天产业的商业逻辑开始成立，商业航天进入首个发展"黄金时期"。据多家研究机构预测，2024年，全球商业航天市场规模将达到约2.4万亿元，年均增长率保持在20%左右。

专栏 3.1

商业航天史上的那些"第一"

第一颗商业卫星：1962年7月，美国国家航空航天局（NASA）

将属于 AT&T（美国电话电报公司）贝尔电话实验室（现诺基亚贝尔实验室）的商业通信卫星"电星 1"（Telstar-1）送入轨道，在美国和欧洲之间提供商业电视转播和通信服务。这是人类第一次将航天与商业活动结合，但这颗卫星仅在太空中运行了四个月，其象征意义大于商业意义。

第一家商业化运营的航天运输服务公司：1980 年 3 月，欧洲数十家公司、银行和欧洲航天局（ESA）等机构联合创立了阿丽亚娜航天公司（Arianespace），专门负责经营阿丽亚娜系列运载火箭及太空运输业务。1981 年 11 月，阿丽亚娜航天公司与美国 GTE Spacenet 公司签订了首批商业发射服务合同。

第一次由私人公司将有效载荷送入太空：2009 年 7 月，美国太空探索技术公司（SpaceX）的猎鹰 1 号火箭将马来西亚的观测卫星 RazakSAT 送入地球轨道。

第一次商业载人航天：2020 年 5 月，两名宇航员乘坐 SpaceX 的"龙"飞船抵达国际空间站。这是一次测试任务，但实际上开创了商业载人航天的历史。值得一提的是，2021 年 9 月，SpaceX 执行了第一次全商业化载人航天任务，四名宇航员均不具有官方背景。

第一次商业探测器降落地外天体：2024 年 2 月，美国直觉机器公司（Intuitive Machines）的奥德修斯（Odysseus）着陆器成功降落在月球表面，成为第一个软着陆地外天体的商业探测器。

二、商业航天 vs. "国有航天"

商业航天指以商业原则、商业逻辑、商业手段发展航天产业，即以获取商业利润为目标，利用市场化运作机制参与航天事业。商业航天的重点在于调配、组织资源进行航天活动的方式，而不要求企业的性质。商业航天活动的承担者既可以是私人企业，也可以是政府航天机构或国有企业。商业航天需要满足至少一个特征：

- 航天项目发起方或组织方参与市场化竞争；
- 航天项目资金来自市场化运作所得，而非政府专款；
- 进行航天活动所需设备和工具来自市场化交易；
- 航天项目的收益按照市场化规则进行分配；
- 航天发射载荷依据市场化原则开放竞争。

商业航天活动明确指以营利为目的，从太空提供商业服务，或直接从事火箭、卫星、航天器的研发、设计、制造活动，或经营航天发射业务。根据离地距离，商业航天可分为近地空间商业航天、太空商业航天及深空商业航天。

在商业航天出现后，由政府机构和以国防为目的组织的航天活动相对地被称为"国有航天"。"国有航天"尚无严格定义，可以泛指在国家层面以计划手段组织的，或借助国家体制调配资源进行的航天活动。"国有航天"一般具有以下特征：

- 通过国家力量和计划手段调配研发、生产资源，组织物流和信息的协调，以保证航天项目的实施；
- 航天项目首先追求实现特定的目标，不直接追求商业利润；
- 航天项目载荷的确定原则是非市场化的。

三、商业航天的"商机"

1. 航天业务的市场化发展逻辑

"国有航天"对人类航天事业的贡献无疑是重要的，甚至在民营公司介入该领域之前，航天被视为不适宜市场化、"天然"应由国有资本或机构主导的部门。然而，"国有航天"有其自身的局限性，一是无法避免国有体制的固有弊端，二是对资源的调度、利用水平受到国有体制的限制，难以最大化利用一切有利的条件发展航天事业，因而产生了对航天产业进行分工的需求，由国有航天机构主攻基础研究和核心技术研发，从事重大科学研究、技术试验等活动，由商业航天企业探索旁支技术路线和前沿应用场景，探索如何使航天活动规模化、产业化、大众化。

商业航天采取市场化的运作方式，将商业逻辑纳入航天产业发展过程，成本与收益成为商业航天业务的首要考量因素。商业航天企业必须在保证产品性能和可靠性的同时，降低航天活动的成本，探索更多应用场景，从而吸引"顾客"，创造规模效应。商业航天不受国家体制限制，在企业发展战略、技术路线、航天产品与服务开发等多方面具有决策上的灵活性和敏捷性。在商业逻辑的推动下，商业航天企业又不得不保持对前沿技术和应用的敏感性，并尝试调动一切市场上可以调动的资源以取得竞争优势，进而激发商业航天企业的主动性、积极性和创造力。通过市场化机制，商业航天企业得以最大化配置和利用资源，不仅弥补了"国有航天"的固有弊端，为航天事业发展创造了新的机遇，还能带动一批相关产业发展，创造经济新增长点。

2. 商业航天的主要模式

当前，商业公司参与航天事业的模式主要有三种。第一种模式即"商业化参与航天"，私人企业在国家航天机构的航天项目中承包航天系统产品，但不管理航天发射项目，也不直接从事航天发射活动和太空服务业务。这种模式在美国最为典型，形成了"以NASA为代表的政府机构负责制定标准，企业在划定的框架内发挥有限的自主性"的商业公司参与模式，航空航天公司和防务企业面向政府和军方提供产品和服务，签订商业合同，承担指定的航天器分系统的研发和制造等工作。波音、雷神、洛克希德·马丁、格鲁曼、通用动力等企业均是

NASA 的长期合作伙伴。这一模式延续至今，2022年2月，NASA宣布将与洛克希德·马丁公司签署合同，由后者负责研发、制造"火星上升飞行器"，用于从火星发射岩石、沉积物和大气样本返回地球。

第二种模式是使用航天和卫星技术向用户提供商业服务，主要涉及卫星服务业和地面设备制造业。卫星服务业的成熟业务主要包括卫星通信、移动定位和科学观测等，企业使用基于通信技术、遥感技术等专业技术，以自身的商业运营能力作为辅助，利用外层空间为客户提供服务。这种模式对航天技术要求较低，从事卫星服务业的企业可以将卫星制造外包，甚至直接借用已建成的卫星网络，而不需要发射自己的卫星。从事地面设备制造业的企业主要负责地面监控系统及相关设备和地面应用系统及相关设备，前者主要包括地面遥测系统、跟踪测量系统、遥控系统、通信系统等分系统及设备，后者主要包括卫星导航设备、卫星网络设备和大众消费设备三大领域。

第三种模式是从事火箭、卫星、飞船的研发、制造、发射等活动，主要盈利模式是从事商业发射和太空运输业务。这是商业航天的"硬核"模式。企业可以只从事产业链上的单一或数个环节的业务，也可以布局从制造到发射的全产业链条。该模式属于国有航天机构的传统优势领域，但近年来，从事商业发射相关业务的私人企业数量快速增长，新型火箭研发和试射不断取得突破。

商业航天产业发展态势

一、产业规模

美国卫星产业协会（SIA）《卫星产业状况报告》数据显示，2022年全球太空经济规模约为3 840亿美元，其中卫星产业规模约为2 810

亿美元（见图3-1）。

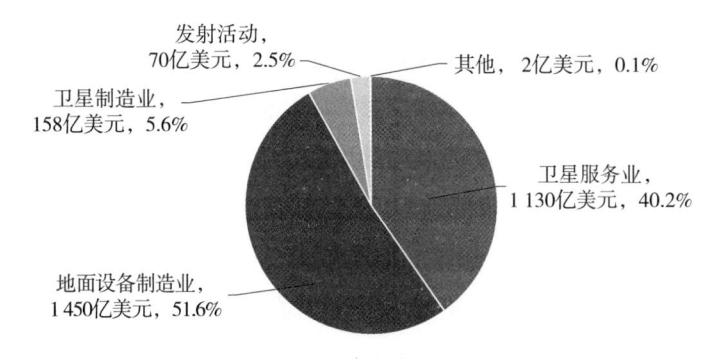

图3-1 2022年全球太空经济领域中卫星产业规模及占比

发射活动，70亿美元，2.5%
其他，2亿美元，0.1%
卫星制造业，158亿美元，5.6%
卫星服务业，1 130亿美元，40.2%
地面设备制造业，1 450亿美元，51.6%

数据来源：Satellite Industry Association, State of the Satellite Industry Report, June 2023。

二、主要业务与细分领域

1. 卫星定位与商业卫星导航

卫星定位与导航已经成为现代社会必不可少的服务。借助全球已有的四大卫星导航系统，从事商业卫星定位与导航服务的企业主要集中在中下游应用环节开展业务，如应用软件开发、软件增值服务等。近年来，在单纯导航服务之外，还发展出"卫星遥感＋卫星导航""卫星导航＋无人驾驶"等复合应用业务。截至2023年末，我国北斗终端应用规模已达千万量级；而高德地图宣布，基于北斗卫星导航系统等多种前沿技术的车道级导航服务已覆盖全国99%以上的城市和乡镇道路。根据中国卫星导航定位协会发布的《2024中国卫星导航与位置服务产业发展白皮书》，2023年，我国卫星导航与位置服务产业总体产值达到5 362亿元，显现出快速释放的市场前景，成为现代化产业体系的重要组成部分。

2. 商业卫星通信与广播

卫星通信与广播的传输范围广、可靠性高、开通灵活，可在地面基础设施建设落后的地区提供固定式通信、电视转播和网络服务，或用于应急救灾、野外作业、远洋船只等可移动场景。早期通信卫星主要部署在高度较高的地球静止轨道，但受传输距离影响，高空通信卫星传输速度、传输带宽和稳定性有限。近年来，美国、中国以及部分欧洲国家相继发展低轨卫星星座网络，提供通过卫星接入互联网服务，其目标场所既包括卫星通信的传统场景，也包括家庭或办公楼。SpaceX 正在开发使卫星能够直连移动智能终端的第二代星链星座，投入使用后，客户不需要额外购买和安装专门的卫星信号发射、接收、转码设备就可以直接使用星链，或将使卫星通信与地面移动网络展开正面竞争。

3. 商业卫星遥感与测控

卫星运行环境不受地理条件和大气环境影响，可以短周期、长时间在轨运行，是遥感技术应用的优秀平台。卫星遥感在国土资源开发、防灾减灾救灾、农作物估产、应急处理、城市精细化管理等方面有重要应用场景。随着遥感技术进步和卫星密度增加，获取遥感数据的成本不断降低，数据质量不断提高，未来在提供科学研究素材、辅助精准治理、发展"遥感+"产业等方面大有可为。我国长光卫星技术股份公司正在建设"吉林一号"商业遥感卫星星座，建成后可全天时、全天候提供商业遥感服务。2022 年 8 月，长光公司上线了"共生地球"，这是一款面向大众的遥感应用信息服务平台，能够通过卫星图像从多角度俯瞰地球，并具有多种地理探索与测绘规划功能。

4. 地面设备制造

地面设备制造主要包括地面遥感跟踪设备等卫星地面站设备和卫

星导航设备、卫星信号接收器、卫星电视天线、卫星新闻采集设备、卫星网络接收设备等卫星应用地面设备。因其技术相对简单，用户规模庞大，功能必不可少，地面设备制造业在商业航天产业中占有较大市场份额。2022年，欧盟空间计划局（EUSPA）发布的《"地球观测"和"全球卫星导航系统"市场报告》显示，2021年，全球导航卫星系统（GNSS）设备出货量超过18亿台套，预计到2031年，GNSS设备安装数将超过100亿台套，主要应用场景是智能手机、车载和船载导航系统。

5. 卫星制造

卫星是开展太空服务的主要载体，卫星制造是商业航天产业链的关键环节之一，已经出现产品通用化、生产工业化的趋势。卫星制造企业的产品可大致分为卫星平台和有效载荷两类，卫星平台的作用是为有效载荷提供全套辅助服务，包括保护、供电、温控、姿态控制、动力控制、数据传输等功能，有效载荷则根据卫星的功能相应安装，如多光谱相机、合成孔径雷达、相控阵天线、通信转发器等。在产能上，欧洲 Eutelsat OneWeb 公司在美国的工厂已达日产两颗卫星；而 SpaceX 能日产四颗卫星，卫星制造成本已低至约每颗50万美元，这是其建设动辄以万颗卫星计的低轨卫星通信网络的底气。近年来，还出现了一种研制周期短、灵活性强、性价比高的微、纳卫星"立方星"（CubeSats），因其体积单位为立方分米（10cm×10cm×10cm）而得名。立方星已被广泛应用于研究、教育、遥感、技术试验等领域。

6. 火箭制造与发射

火箭制造与发射是商业航天产业链的关键环节之一，同时也是产品工作条件最苛刻、可靠性要求最高、技术难度最大的环节。由于卫星工业化量产已经基本实现，如果能够再实现火箭发射的低成本和高频次，航天活动的总成本将大幅降低，对商业航天是重大利好。当前商业火箭的研发方向是使用液体发动机的可复用火箭，并尝试采用模块化、系列化和通用化设计。目前，美、中等国商业发射企业回收第一级火箭的技术逐渐成熟，下一个研发目标是同时回收两级火箭。在发射场地方面，大多数商业发射活动需租用国有发射场，中国、日本等国家已提出建设商业航天发射场。

综上，商业航天应用场景如图3-2所示。

图3-2　商业航天应用场景

资料来源：NASA。

大国布局与行业巨头的行动

一、大国布局

由于航天产业技术难度高、需求投资大、收回周期长的特点，国家支持对商业航天初期发展至关重要。太空竞赛时期，美国最早进行了商业航天的尝试，但受制于《美国国家航空暨太空法案》，所有私人企业的发明与航空航天相关权利均收归政府所有，私人企业只负责承包航天子系统或产品的制造环节。转机出现在1984年，美国政府颁布《商业太空发射法案》，允许并鼓励私人企业从事空间发射活动，并相应规定了政府支持的方式。美国的商业航天政策大致经历了"管制—放开—支持—合作"四个阶段，特点是延续并强化了太空竞赛时期NASA与私人企业的合作模式，具有鲜明的"美国特色"。

与美国以政策体系支持商业航天发展不同，欧洲国家、俄罗斯的商业航天事业主要由国家支持的航天机构亲自下场。欧洲是最早开展商业发射活动的地区，1980年，欧洲航天局与众多商业公司联合成立阿丽亚娜航天公司经营商业发射业务，主要经营太空载荷发射任务和向国际空间站运输补给的任务，一度占领世界商业航天发射市场50%的份额，并于2021年12月发射了詹姆斯·韦伯太空望远镜。2015年后，随着国际航天形势发生变化，欧洲各国开始重视私人商业航天企业的发展，欧盟委员会出台"商业航天发展网络"一揽子计划，英国、法国、卢森堡等国家和政治实体先后颁布政策。

俄罗斯的航天技术一度领先，但商业航天发展缓慢。1992年，俄罗斯航天局成立后，由于缺乏资金经费，立即将发展商业航天作为首要任务之一。俄罗斯开展商业航天业务主要依靠苏联遗留的火箭技术和空间站技术，主要航天载具是"联盟"号火箭、"联盟"号载人飞船和"进步"号货运飞船，主要经营的业务是商业发射和太空运输。

我国在1990年进行了第一次国际商业发射，商业发射是较长时期内我国经营的主要商业航天业务，社会资本参与航天事业则要等到2005年《国务院关于鼓励支持和引导个体私营等非公有制经济发展的若干意见》公布。2014年10月，国务院印发《关于创新重点领域投融资机制鼓励社会投资的指导意见》，首次提出"鼓励民间资本参与国家民用空间基础设施建设",并"鼓励民间资本研制、发射和运营商业遥感卫星"。2015年10月发布的《国家民用空间基础设施中长期发展规划（2015—2025年）》中明确提出，"探索国家民用空间基础设施市场化、商业化发展新机制，支持和引导社会资本参与国家民用空间基础设施建设和应用开发，积极开展区域、产业化、国际化及科技发展等多层面的遥感、通信、导航综合应用示范"。同年10月，第一届中国（国际）商业航天高峰论坛在武汉召开。2015年被称为中国商业航天的"破冰元年"。我国航天政策体系的发展趋势是从模糊到精准，覆盖面从以空间基础设施建设为主到商业航天产业链多环节。

综上，中美商业航天相关政策文件见表3-1。

表3-1 中美商业航天相关政策文件

政策文件	年份	相关内容
美国		
《美国国家航空暨太空法案》	1958	所有私人企业的发明与航空航天相关权利均收归政府所有，私人企业只负责承包航天子系统或产品的制造环节
《商业太空发射法案》	1984	允许并鼓励私人企业从事空间发射活动，并相应规定了政府支持的方式
《发射服务公司购买法案》	1990	NASA可以向私人企业购买太空发射服务
NASA"技术转移计划"	1994	NASA出资支持其商业合作伙伴协助研发新技术
《航天投资法》	2003	对商业航天创新进行奖励
《美国国家航天政策》	2010	政府将使用商业航天产品和服务从事空间活动
NASA《商业航天发展蓝图》	2010	将商业航天作为未来发展的重点，进一步鼓励私人公司参与太空探索和科学研究，加大资金、技术支持力度
《商业太空发射竞争法案》	2015	允许私人企业开发太空资源
《商业航天发射的地面许可、运营与贸易规则》	2018	美国第一部正式的商业航天法规

续表

政策文件	年份	相关内容
《国家航天运输政策》、《国家太空战略》、《国家太空政策》、《国防太空战略》、NASA 授权法案、NASA 年度战略计划等	2010—2023	强调尽可能采用商业航天的重要性
中国		
《关于深化国防科技工业投资体制改革的若干意见》	2007	扩大社会对国防科技工业投资的领域，分为放开类、限制类、禁止类
《国防科技工业社会投资领域指导目录（放开类2010年版）》	2009	将民用卫星、载人飞船、空间站分系统、运载火箭部分项目列为放开类
《国家卫星导航产业中长期发展规划的通知》	2013	提出充分发挥市场在卫星导航产业中的资源配置作用
《关于创新重点领域投融资机制鼓励社会投资的指导意见》	2014	鼓励民间资本参与国家民用空间基础设施建设
《国家民用空间基础设施中长期发展规划（2015—2025年）》	2015	探索国家民用空间基础设施市场化、商业化发展新机制，鼓励民间资本多层次、多领域开展航天产业化探索
《关于促进商业运载火箭规范有序发展的通知》	2019	引导商业运载火箭健康有序发展和促进创新
《中国的航天》系列白皮书、《加快推进"一带一路"空间信息走廊建设与应用的指导意见》、《中华人民共和国国民经济和社会发展第十四个五年规划和2035年远景目标纲要》、2024年《政府工作报告》	2016—2024	提出从发展模式、投资、产业化、航天基础设施建设等方面支持商业航天发展，推动政府、研发机构与民间资本和商业航天企业合作

除上述国家和地区外，日本、印度等国也相继宣布开展商业航天事业。日本自2018年起出台了一系列支持商业航天初创企业的政策；印度于2020年宣布政府将支持私营企业参与太空活动并向其开放印度空间研究组织（ISRO）的技术和数据，于2023年发布《印度太空

政策 2023》，允许私人企业全面参与太空活动。

二、SpaceX 崛起及影响

SpaceX 注定会成为创造历史的企业，也是当今备受全球瞩目的明星企业。2023 年，SpaceX 总共完成 98 次火箭发射，占全球发射总次数约 44%，其中包含了 63 次星链发射；将 12 名宇航员和约 1 600 吨有效载荷送入太空，据估算占当年全球全部有效载荷的 70% 以上。也是在 2023 年，SpaceX 宣布开始盈利，这标志着 SpaceX 不仅在航天产品上，而且在商业模式上也取得了成功。SpaceX 的航天业务已经涵盖商业发射、太空运输、卫星服务、地面设备制造等商业航天主要领域，在近地轨道上已有近 6 000 颗卫星，超过太空已有卫星总数的一半，并计划到 2024 年底前总共部署 12 000 颗卫星。SpaceX 还间接带动了数百家中小企业的发展和美国商业航天市场的繁荣。

SpaceX 历年发射次数及主力火箭型号见表 3-2。

表 3-2　SpaceX 历年发射次数及主力火箭型号

年份	发射次数	发射星链卫星个数	主力火箭型号
2008	1		猎鹰 1 号
2009	1		
2010	2		猎鹰 9 号（1.0）
2011	0		
2012	2		
2013	3	—	猎鹰 9 号（1.1）
2014	6		
2015	7（失败 1 次）		猎鹰 9 号（FFT）
2016	9（地面爆炸 1 次）		
2017	18		猎鹰 9 号（Block 4）
2018	20		
2019	11	120	猎鹰 9 号（Block 5）
2020	26	833	

续表

年份	发射次数	发射星链卫星个数	主力火箭型号
2021	31	989	
2022	61	1 722	猎鹰9号（Block 5）
2023	98	1 984	
2024	144（计划数）	—	

专栏 3.2

SpaceX 的"天时""地利""人为"

SpaceX 的成功可谓"天时""地利""人为"缺一不可，其中"地利""人为"更加重要。

所谓"天时"，是 SpaceX 进军商业航天产业时，此地尚处于一片"蓝海"。2006 年，猎鹰 1 号进行了首次发射试验，当年全球发射次数为 66 次，其中商业发射次数 21 次，主要由俄罗斯和欧洲国家完成，美国国内商业发射市场几乎空白，仅一家联合发射联盟公司承接政府和军方订单。缺少国内竞争对手使航天资源向 SpaceX 集中。

所谓"地利"，是 SpaceX 作为一家美国企业，得到了 NASA 和美国军方的大力支持。在 SpaceX 创立的同一时期，NASA 开始计划培养数家美国商业航天公司，与俄欧争夺商业航天发射市场。NASA 最终押宝 SpaceX。2006 年，SpaceX 获得了 NASA 商业轨道运输服务计划接近 4 亿美元的资金。2008 年，猎鹰 1 号火箭发射成功，SpaceX 在当年年底获得 NASA 16 亿美元的商业货运订单，于破产前被挽救回来。2014 年 9 月，NASA 又宣布由 SpaceX 和波音公司提供国际空间站乘务人员的运输服务，SpaceX 获得了 26 亿美元的订单。2006—2018 年，SpaceX 从 NASA 和美国军方得到的各类项目订单合计超过 80 亿美元，在 2018—2021 年又获得了超过 70 亿美元的订单。在长期合作中，除提供订单外，NASA 还向 SpaceX 开放了"阿波罗"登月和航天飞机研发的大量技术报告，派驻技术骨干，出租火箭测试场地和航天发射工位，提供发射支持服务，使SpaceX可以专注于火箭研发、制造和发射业务，极大地加快了SpaceX的研发进程。

所谓"人为"，是SpaceX选择了符合商业逻辑的技术路线，即可回收火箭。当需要考虑成本与收益时，商业航天活动所需直面的第一个问题就是发射活动的高成本。高成本对商业航天公司可运作的资金规模提出了要求，而如果把高成本向商业发射服务购买者转嫁，则会降低客户的积极性。SpaceX从创立之初就将制造可回收重复使用的火箭和降低制造过程中的成本作为研发目标。一方面，猎鹰9号火箭在设计之初就提出以"平衡成本及运载能力"为导向，2024年4月，一台猎鹰9号火箭创造了复用20次的世界纪录。另一方面，在研发和制造过程中，SpaceX大量使用通用元器件替代航天级专用元器件。例如，SpaceX在制造货运"龙"飞船时，使用由特殊算法控制的英特尔通用处理器，而非航天级处理器，将硬件成本降低到了原成本约1/5 000。

在猎鹰9号技术成熟后，SpaceX依靠价格优势，迅速占领了世界上大部分商业航天发射市场。在总载荷不落下风的同时，可回收型猎鹰9号的每千克载荷报价约为3 000美元，远低于阿丽亚娜5火箭的每千克载荷约10 000美元、日本H-IIB运载火箭的每千克载荷约7 100美元和我国长征三号乙的每千克载荷约5 800美元，而未来星舰的每千克载荷报价可能低至数百美元。SpaceX在拿到第一笔订单后仅一年多，就占据了新签订商业卫星发射订单的"半壁江山"，并保持了迅猛的发射势头。依靠火箭发射成本的优势，SpaceX进一步布局"星链"等卫星应用场景，逐渐覆盖商业航天产业链主要环节。

在商业发射领域，SpaceX的对手主要有美国联合发射联盟公司、火箭实验室、蓝色起源、欧洲阿丽亚娜航天公司、俄罗斯"能源"火箭航天公司等；在低轨卫星通信网络领域，主要竞争者是Eutelsat

OneWeb 和亚马逊。美国联合发射联盟公司由波音公司和洛克希德·马丁公司联合组建，代表美国传统商业航天势力，但由于其发射成本居高不下，新型火箭又迟迟未能投入使用，在商业发射市场节节败退。

中国商业航天的未来之路

一、中国商业航天新势力

我国国内商业航天发展较晚，但追赶速度较快，目前整体水平相当于发达国家第二梯队，在遥感、导航等应用领域接近国际一流水平。2023 年，我国共完成 26 次商业发射（其中失败 1 次），占全年发射次数约 39%；发射 120 颗商业卫星，占全年研制发射卫星数量约 54%。北京是目前国内商业航天企业最集中的地区，仅北京经济技术开发区就聚集了 50 余家航天企业，火箭研制、卫星制造、卫星应用、地面设备等产业均有涉及。"国家队"在我国商业航天中占有重要地位，主要包括中国航天科技集团有限公司、中国航天科工集团有限公司和中国科学院系企业，覆盖商业航天产业链主要环节。民营企业以初创企业和配套中小企业为主，在数量上占优。近年来，在较为热点的商业发射领域，星际荣耀、星河动力、蓝箭航天、天兵科技、中科宇航、东方空间等国内企业已实现火箭成功发射，载荷入轨。蓝箭航天研发的朱雀二号遥二火箭是全球首枚将载荷送入轨道的液氧甲烷火箭，也是国内首款由具有商业化运营能力的民营企业自研的液体火箭；星际荣耀研发的双曲线二号小型运载火箭搭载了液氧甲烷可重复使用火箭发动机，已于 2023 年 11 月试验成功，达到国际先进水平。

二、产业生态：不止于航天

商业航天产业进一步发展的关键问题在于如何降低航天活动成本。一旦商业模式和关键技术取得突破，商业航天活动的成本将大大降低，大量"商业航天+"产业将出现，利用太空升级地球产业将变得触手可及，其前景不可估量。

1. 空间基础设施升级与"航班化"商业发射

目前，全球空间基础设施建设进入加速发展阶段；同时，经济社会快速发展对空间服务提出了更迫切的需要和更高的要求。未来一段时间，在遥感、通信广播、导航定位等商业航天成熟产业中进行升级换代，并相应升级地面设施，建设数据分析中心，进一步开发卫星服务应用场景和服务模式，是商业航天发展的稳定方向。2020年4月，卫星互联网建设被国家发展改革委划定为"新基建"信息基础设施之一，在未来一段时间将是商业航天的重要发展领域。随着卫星应用需求的增加，发射需求相应出现爆发式增长，定时、批量、短发射间隔的"航班化"商业发射将成为未来商业航天的热点领域。

2. 空间在轨服务

空间在轨服务指在太空中对航天器进行维护和修理，延长航天器使用寿命，从而最大化航天器效能。1993年，美国进行了哈勃太空望远镜的首次在轨服务，通过安装光学矫正装置成功解决了主镜缺陷问题。随着在轨航天器执行的任务愈加复杂，高轨道卫星出现集成化、大型化发展趋势，空间在轨服务产生了商业化前景。2016年，我国首次将空间在轨服务写入《中国的航天》系列白皮书。

3. 太空碎片清理

随着太空中航天器数量的不断积累,加之发射卫星的频繁化、低轨卫星制造的小型化,太空垃圾泛滥成为愈加不可忽视的问题,清理太空垃圾将成为航天产业进一步发展的迫切需求。2020年,欧洲空间局与瑞士初创公司 ClearSpace("清洁太空")签署了合同,计划于2025年发射首颗捕获和处理轨道太空垃圾的卫星。虽然相关技术逐渐成熟,但清理太空垃圾具有公共产品性质,主要客户锁定为航天管理机构,市场前景尚不明朗。

4. 在轨实验

太空的微重力环境和宇宙辐射环境提供了不同于地球的实验条件,也提供了一片基础科学发展的未知领域。随着商业发射日益航班化和卫星日益小型化,进行太空实验的成本进一步降低,商业太空实验室将为生物制药、材料科学、营养学等产业提供一条颠覆性的新赛道。2021年12月,火箭派公司研制的"火种一号"发射升空,这是国内首个由民营企业设计研制的空间微重力生物实验装置。

5. 太空体验

商业太空旅游已成为现实,SpaceX 已搭载游客到访国际空间站,美国维珍银河、蓝色起源等私人公司已多次开展亚轨道太空旅行业务,多家商业航天公司提出建设太空旅馆,国内中科宇航公司也提出到2030年实现亚轨道太空旅行。虽然太空旅行听起来美好,但在短期内,太空体验的"船票"价格居高不下,所提供的产品与大众旅行消费需求差异较大,难以实现产业化。

6. 太空产业

人类的航天活动将外层空间纳入"地球产业圈",蕴含着无数产业升级与产业结合的可能性。2018年，中国科学院提出"建成地月空间运输、探测和基础设施体系，全面形成地月空间经济区新业态"，该业态主要由航班化地月空间运输体系、空间资源探测与开发体系、空间基础设施体系三大体系组成，到2046年预估年产值达到10万亿美元规模。商业航天在宇宙空间资源开发、空间太阳能电站、在轨制造等领域大有可为。

三、发展前景与未来挑战

航天产业技术辐射面广、产业带动力强、关联产业多，各类测算结果显示，航天产业的直接投入产出比约为1∶2，对国民经济的直接拉动作用约为原始投入的十倍，具有较为显著的溢出效应。

目前，商业航天已经进入快速发展期，世界范围内呈现出业务范围拓展、产业链条延伸、投资经营多元化的发展态势，但不可否认的是，商业航天整体上仍是一个高投入、长周期的高风险行业。中国商业航天未来的道路究竟如何，还需要各方共同努力，并经受时间的检验。

1. 技术研发与工程实现：必须又好又快

无论如何强调技术对于商业航天产业的重要性都不为过。来自"国有航天"的技术分享和支持对商业航天发展功不可没，但商业航天能否实现可持续发展，关键是能否形成独立的研发体系。随着商业航天领域向更大范围和产业链上更多环节拓展，技术复杂度和工程难度越来越高，研发难度和风险也相应提高。例如，商业发射的高度从近地轨道达到地球同步轨道，再到地月转移轨道、地火转移轨道，在控制成本的前提下，对火箭发动机推进效率、箭体材料和控制系统提出了更高的要求。商业航天企业必须选对技术路线，研究技术方案，并将其在工程上实现。随着行业内企业数量的增加和分工的精细，企业研发还需要加快节奏。技术领先者将占领市场、积累声誉、获得利润，并开启新一轮技术迭代，而落后者只能望尘莫及，SpaceX 占领国际商业发射市场的过程已经证明了这一点。商业航天企业若想揽下"瓷器活"，技术研发能力和工程实现能力是必须拥有的"金刚钻"。

2. 轨道资源：日渐稀缺，竞争加剧

在当前的航天技术下，卫星所能达到的有性价比的轨道高度和通信频段资源均有限，商业航天在加速航天产业发展的同时，也加剧了太空资源的稀缺性。赛迪顾问测算，轨道高度低于 2 000 千米的地球近地轨道卫星容纳量约为 6 万颗，而按照当前规划，到 2030 年，仅中、美所拥有的近地卫星数量就将达到约 5.5 万颗，后续发射的近地轨道卫星将"无处可去"。在通信频段方面，当前技术成熟的频段主要包括 Ku、Ka 和 Q/V 三种，其中 Ku 频段已近饱和，Ka 频段日趋拥挤，而 Q/V 频段距离大规模商业化应用还有距离，后续卫星将"无频可用"。轨道和频谱资源拥挤不仅会压缩后发者开展商业航天活动的空间，而且会使在轨卫星之间相互干扰，带来种种风险。也因为如此，各航天大国竞相加速布局卫星发射和应用。

3. 太空治理：规则与乱局并存

目前，太空治理主要依据联合国和平利用外层空间委员会于 20 世纪 60—70 年代制定的《关于各国探索和利用外层空间包括月球与其他天体活动所应遵守原则的条约》及四项附属法律文书。但总体来看，这五大公约的内容过于宽泛，部分条款被各方根据需要进行更深入的解读，其中部分内容及其蕴含的发展方向和治理理念显然已经落后于时代，跟不上技术和商业模式的创新迭代，未能覆盖航天发展进程中的新形势、新问题，对卫星服务开展、航天器近距离会合等活动缺少明确的规制，难以形成国际约束和有效的太空准则。

面对商业航天发展催生的治理需求，欧盟自 2008 年起讨论制定"太空活动国际行为准则"，但该文件由欧洲主导，在国际上不具有法律约束力，亦未能在欧洲之外得到广泛认可。2022 年，NASA 与 SpaceX 签订协议，要求星链卫星主动避让其他美国航天器或国际空间站，但对于非美国航天器则未进行规定。在此之前的 2021 年，美国卫星多次主动接近实验中的中国卫星和"天宫"空间站，试图截获通信数据，试探中方反应，造成人为危险。如何适应规则与乱局并存的太空治理环境，以及如何妥善对待太空治理过程中的政策变动风险，是商业航天企业不得不直面的问题。这也为中国参与全球商业航天治理带来了机遇和挑战。

第四章　低空经济

2023年中央经济工作会议提出"打造生物制造、商业航天、低空经济等若干战略性新兴产业"，2024年国务院《政府工作报告》提出"积极打造生物制造、商业航天、低空经济等新增长引擎"，一大批省、市级地方政府也将低空经济写入其政府工作报告中，低空经济成为全国关注的热点。包裹和外卖从天而降、搭乘观光直升机欣赏风光、无人机进行电网巡检……这些低空经济场景正逐步走进现实。低空经济的快速发展，将改变我们的生产和日常生活，塑造未来的天空形态。

低空经济：未来的天空形态

在低空空域开展的经济活动早已存在，但将低空空域经济活动作为一个整体，甚至看作一种经济形态加以关注和推进发展则是近年来的事情。低空经济具有不同于传统航空产业的内涵，构成低空经济的活动涉及非常广泛的领域。

一、低空经济的内涵

低空经济是指在低空空域范围内，以低空飞行为牵引开展的各种商业或公共服务活动的总和。2010年国务院、中央军委印发的《关于深化我国低空空域管理改革的意见》指出："各类低空空域垂直范围原则为真高1 000米以下，可根据不同地区特点和实际需要，具体划设低空空域高度范围，报批后严格掌握执行。"随着航空等相关技术的发展和应用领域的拓展，现在普遍接受的低空经济空域范围为垂直高度1 000米以内，最高不超过3 000米。

与低空经济密切相关的一个概念是通用航空，但二者划分的维度不同。通用航空是从飞行活动的用途属性进行的界定，中华人民共和国民用航空行业标准《通用航空术语》（MH/T 1039—2011）将通用航空定义为"除军事、警务、海关缉私飞行和公共航空运输飞行以外的航空活动"，相应地将通用航空器界定为"用于除军事、警务、海关缉私飞行和公共航空运输飞行以外航空活动的民用航空器"。而低空经济则是从飞行活动的空域范围进行的界定。通用航空中的低空有人机、通航无人机及其相关飞行服务活动属低空经济的范畴，而低空经济中的民用低空飞行活动属于通用航空的范畴。

二、低空经济的四大产业

低空经济包括低空制造、低空飞行、低空保障和低空综合服务四个细分领域，每个细分领域又包括很长的产业链条，涉及诸多相关产业。

低空制造产业。由于低空飞行活动需要依托于新型的交通工具，因此低空飞行器是低空经济发展的关键载体，低空飞行技术的成熟和低空飞行器的发展是低空经济发展的重要推动力。低空制造业包括低空航空器及其零部件、机载设备的研发与制造。低空飞行器既包括传统的通航飞机，如直升机、通用固定翼飞机，也包括当前快速发展并形成巨大规模的无人机，还有正在兴起且成为各界关注焦点的eVTOL。无人机可以划分为工业级无人机与消费级无人机，工业级无人机包括多旋翼无人机、垂直起降固定翼无人机、固定翼无人机和无人直升机整机。eVTOL的种类众多，根据动力形式有油电混动、电动、氢燃料电池、氢内燃机、太阳能等，按整机构型可分为矢量推进/倾转、升力+巡航/复合翼、多旋翼等。[①] eVTOL具有成本低、噪声小、安全性高、无污染等特点，因此成为理想的城市空中交通服务载具。2023年10月，工业和信息化部等四部门印发的《绿色航空制造业发展纲要（2023—2035年）》提出，鼓励开展绿色航空示范运营，推动轻小型固定翼电动飞机、eVTOL实现商业运营，其中eVTOL到2025年实现试点运行，加快融入综合立体交通网络；到2035年，建成具有完整性、先进性、安全性的绿色航空制造体系，新能源航空器成为发展主流。具体低空飞行器的比较见表4-1。

表4-1 低空飞行器的比较

飞行器类型	特点
传统固定翼飞机	需要专业跑道（距离居民区遥远）、造价成本高昂、专业性要求高、噪声较大
直升机（多旋翼飞机）	造价成本高昂、专业性要求高、噪声较大
无人机	续航里程较短、运量载重有限、飞行速度较慢、飞行高度有限，通常适用于快递物流、城市管理等场景
eVTOL	垂直起降而无须滑跑和专业跑道，成本较低，纯电驱动更环保，噪声较小，续航里程、飞行高度、飞行速度和载重能力较好

资料来源：中泰证券.低空经济专题报告：值得重视的新质生产力代表——元年或至[R].2024。

低空飞行产业。低空飞行是低空经济的核心，包括面向航空消费、生产作业、公共服务等领域的低空飞行服务活动。在农业领域，主要包括耕地的播种、施肥、灭虫，森林的植被保护、火情监控等；

[①] 中国无人机产业创新联盟，腾讯智慧交通，腾讯研究院.中国eVTOL产业发展报告[R].2024.

在物流领域，主要包括城市和社区快递、外卖、生鲜的配送，乡村地区应急物品、小型商品的运输配送；在旅游领域，包括观光、运动、探险、空中摄影等；在巡检领域，包括电力电网、高速公路、化工厂等的巡检、故障排查和修复、超速监测、防爆监测等；在消防领域，包括火情探查、火情定位等。此外，应用领域还有应急救援、航空测绘、海事监察、气象监测等（见表4-2）。①

表4-2 低空飞行活动的应用场景

		城市场景		非城市场景
300~1 000米 E类空域	低空经济+旅游 低空经济+消防	传统通用固定翼飞机（量少） 载人eVTOL（量大）	低空经济+旅游	传统通用固定翼飞机（量少） 载物eVTOL（量少，海岛、偏远地区） 直升机（量少，旅游市场）
120~300米 G类空域	低空经济+物流 低空经济+巡检	专用多旋翼飞机（量少）	低空经济+消防 低空经济+巡检	工业无人机（量大，巡逻、巡检、测绘） 载物SVTOL（量中，跨城物流）
0~120米 W类空域	低空经济+物流	消费级无人机（量大） 小物流无人机（量大） 限定类载人eVTOL（量小）	低空经济+旅游 低空经济+农业	限定类载人eVTOL（量大，旅游景区） 植保无人机（量大）

低空保障产业。包括通用机场、直升机起降点、飞行服务站、维修、通信、导航、气象、低空空域管理等为低空飞行提供保障的基础设施运营和服务活动。

低空综合服务产业。包括航空会展、租赁、保险、中介代理等支撑和辅助低空经济发展的综合服务活动。

---

① 前瞻产业研究院. 2024年中国低空经济报告——蓄势待飞，展翅万亿新赛道［R］. 2024.

多重因素释放低空空域经济价值

低空经济的发展是经济、社会、技术等各种因素共同推动的结果，对于开辟经济新赛道、带动经济发展、促进产业升级具有重要作用，也是新质生产力的重要组成部分。

一、低空经济发展动力十足

低空经济之所以呈现出蓬勃发展的势头，是因为适应了市场需求变化，而技术突破和产业应用显著增强了人类开展低空飞行的能力，为低空经济发展提供了物质和技术基础。

一是有效解决交通拥堵等"城市病"。现代城市人口的集聚、规模的扩张在推动资源集聚、经济增长的同时，也带来了日益严重的"大城市病"，其中交通拥堵已经成为许多城市的"痼疾"。交通拥堵不仅给城市居民带来了大量的时间成本，而且还增加了能源消耗、废气和温室气体的排放。有学者和机构估算，每名美国司机每年平均有41个小时被困在拥堵的车流中，平均每名司机的拥堵成本达到1 445美元，而美国每部乘用车平均每年排放约4.7吨二氧化碳。[①] 低空飞行通过对以往"闲置"的低空立体空间的利用，规避了地面条件和地面交通基础设施状况的限制，显著提高了交通运输的效率、缩短了运输时间。低空空域是一个尚未被开发的空间，对低空空域的利用可以解决对高速、安全、便捷的运输服务需要。

二是满足消费者多样化的升级需求。随着经济发展和收入水平的提高，消费需求从排浪式、模仿型和同质性转向个性化、多样化，更

[①] 亿航.未来交通：城市空中交通系统白皮书［R］.2020.

加追求绿色、健康、安全、品质和个人的发展。与低空经济相关的，消费级无人机拓展了消费者的"视域"，而且通过拍摄更精彩的视频，也适应了视频社交、分享经济发展的趋势。低空飞行器的"点对点直达方式"可以让城市内和城际的通勤更快捷，节省居民的大量在途时间，同时 eVTOL 还有清洁、环保的特点；在物流配送领域，物流无人机可以抵达人员难以到达的地点，使偏远地区的居民能够获得更丰富的商品。

三是科技进步使低空经济的广泛发展成为可能。低空飞行器及其运营需要多种先进技术的集成，包括动力电池、电控、卫星导航和通信、人工智能等，相关产业的发展已推动这些技术进入商业化、大规模应用阶段，为低空经济的发展奠定了技术基础。新能源汽车与 eVTOL 的产业链有很大的重合度，特别是电池和电机系统。近年来，新能源汽车产业规模的快速扩张带动动力电池技术越发成熟，成本也显著降低，使 eVTOL 的低成本制造成为可能。基于大数据和深度学习的人工智能技术被广泛应用，其中机器视觉已经非常成熟，以 ChatGPT 为代表的多模态大模型的发布更是推动人工智能向通用化方向发展，为低空飞行器的无人化、智能化筑牢技术基础。低空飞行器与人工智能等技术结合后，还能以更低的成本、更高的准确度代替人类从事如电力巡检等工作。卫星导航技术获得广泛应用，卫星通信日渐成熟，为低空飞行器的安全运行提供了保障。而且我国在动力电池、人工智能（包括大模型）、北斗卫星导航和卫星通信等领域都处于世界前列，为我国低空制造和低空飞行产业的发展提供了技术和产业配套条件。

二、低空经济发展意义非凡

从宏观层面看，我国正处于经济增速换挡期，传统的以要素投入推动的增长方式动能减弱，亟待培育壮大由科技创新驱动的新增长引擎。低空经济的技术水平高、发展潜力大、带动作用强，是新质生产力的重要组成部分。

低空经济有望成为经济增长新引擎。战略性新兴产业是指以重大技术突破和重大发展需求为基础，对经济社会全局和长远发展具有重大引领带动作用，知识技术密集、物质资源消耗少、成长潜力大、综合效益好的产业。战略性新兴产业的关键特征在于重大技术突破驱动和巨大增长潜力。低空经济包括的产业领域广泛，应用前景广阔，有望成为规模大、带动强的战略性新兴产业。Precedence Research 的数据显示，2022 年全球 eVTOL 的市场规模为 111.5 亿美元，2032 年将达到 357.9 亿美元。罗兰贝格预测，2050 年城市空中交通（UAM）客运产业的收入将达到 900 亿美元，运营中的商业客运无人机数量达到 16 万架。2017 年工业和信息化部印发《关于促进和规范民用无人机制造业发展的指导意见》，提出到 2025 年，我国民用无人机产值达到 1 800 亿元人民币。前瞻产业研究院预测，2029 年中国无人机市场规模将达 6 000 亿元人民币。

低空经济具有广泛的外溢效应。低空经济市场规模大、涉及的产业链条长、辐射带动面广，对国民经济发展具有重要的推动作用。一是低空经济的发展在根本上需要科技创新，其中一些技术具有较强的通用性，低空经济发展成熟后可以应用于国民经济的其他产业部门。二是低空经济的发展需要配套技术的支持，进而为其他领域新技术的创新和产业化提供了市场拉动力。三是低空经济的产业链带动作用强。以低空飞行器制造为例，其快速发展能带动集成电路、电池、板卡、电机、摄像机、云台、各种传感器等零部件，以及上下游相关产业的发展。

低空经济能够助推其他行业升级。当前企业面临着激烈的竞争，降低成本、提高效率从而增强市场竞争力、增加效益的需求非常强烈。

低空经济融合其他产业所形成的"低空+"，通过更充分地利用立体空间和人工智能等新技术，以及低空飞行器通过实现运载、拍摄照片和影像、接收遥感和卫星信号、高效数据分析和决策，有助于其他产业丰富产品内容、提高生产效率、降低生产成本。例如，低空经济与旅游业的结合形成低空旅游业，eVTOL与交通相结合形成更加便捷的运输模式，无人机用于电网巡检、农作物监测、喷洒农药和施肥，不仅可以将劳动力从艰苦、危险的工作中解放出来，而且能够极大地提高生产效率。

政策助推低空经济发展

空域与领土、领海一样，是国家经济社会发展的重要战略资源，也是一种稀缺性资源，与航空安全、国防安全密切相关，因此是各国重点监管的领域。低空经济的发展需要空域管理法律和政策的调整，并通过政府的支持更好地释放市场活力。

一、法律和监管政策

近年来，我国政府通过一系列政策改革，释放低空空域空间，不断完善与低空经济发展配套的法律法规体系。2010年，国务院、中央军委发布的《关于深化我国低空空域管理改革的意见》就提出分类划设低空空域，"各类低空空域垂直范围原则为真高1 000米以下，可根据不同地区特点和实际需要，具体划设低空空域高度范围，报批后严格掌握执行"，加快推进深化低空空域管理改革试点。2016年，国务院办公厅发布的《关于促进通用航空业发展的指导意见》提出要扩大低空空域开放，"及时总结推广低空空域管理改革试点经验，实现真高 3 000 米以下监视空域和报告空域无缝衔接，划设低空目视飞行航线，方便通用航空器快捷机动飞行"。为促进通用航空业发展，保证低空空域安全高效使用，中国民用航空局研究制定了《低空飞行服务保障体系建设总体方案》并于 2018 年印发，提出了由全国低空飞行服务国家信息管理系统、区域低空飞行服务区域信息处理系统和飞行服务站组成的低空飞行服务保障体系。2023 年，中国民用航空局发布了《国家空域基础分类方法》，依据航空器飞行规则和性能要求、空域环境、空管服务内容等要素，将空域划分为 A、B、C、D、E、G、W 七类，其中，A、B、C、D、E 类为管制空域，G、W 类为非管制空域。G 类空域范围包括 B、C 类空域以外真高 300 米以下空域（W 类空域除外），或者平均海平面高度低于 6 000 米、对民航公共运输飞行无影响的空域；W 类空域更具体的指"G 类空域内真高 120 米以下的部分空域"。2023 年 5 月，国务院、中央军委公布《无人驾驶航空器飞行管理暂行条例》并于 2024 年 1 月 1 日起施行，该条例对空域和飞行活动进行了规定，明确了"管制空域范围以外的空域为微型、轻型、小型无人驾驶航空器的适飞空域"。在地方层面，四川、海南、湖南、江西、安徽成为全国首批低空空域管理改革试点省份，深圳在 2023 年率先开展低空经济立法，《深圳经济特区低空经济产业促进条例》于 2023 年 12 月经深圳市人大常委会通过并于 2024 年 2 月 1 日起施行。该条例对基础设施、飞行服务、产业应用、产业支持、技术创新、安全管理等方面做出规定，为深圳加快低空产业发展提供了法治层面的保障。

二、产业促进政策

我国政府高度重视低空空间的开发和利用，并在近年来正式将低空经济确定为战略性新兴产业，引发各界对低空经济的重视和投资热情。2010 年，国务院、中央军委发布《关于深化我国低空空域管理改革的意见》，提出"积极稳妥推进低空空域管理改革，最大限度盘活低空空域资源，促进通用航空事业健康有序发展"。2017年，工业和信息化部印发《关于促进和规范民用无人机制造业发展的指导意见》，在技术创新、产品质量性能、优势企业培育、服务应用领域拓展、标准体系、频率规范使用、管控平台建设、产品检测认证等方面做出部署。2019年，中国民用航空局发布《促进民用无人驾驶航空发展的指导意见（征求意见稿）》，提出"以低空、隔离运行为起点，逐步积累实践经验和运行数据，不断提高面向国家、行业、社会及大众的航空服务能力"。2021年，中共中央、国务院印发《国家综合立体交通网规划纲要》，提出"发展交通运输平台经济、枢纽经济、通道经济、低空经济"，首次将低空经济写入国家级规划。2022年，中国民用航空局等三部门发布了《"十四五"民用航空发展规划》《"十四五"通用航空发展专项规划》等政策，提出"深化无人机在路政巡查、信息通信、环境保护、工程建设、消防安全、防灾减灾、应急救援、医疗卫生等领域应用，以构建无人机产业生态为导向，支持以无人机全产业链发展为重点的低空经济区建设，发挥集聚带动作用，引领产业向价值链高端迈进"。特别是2023年中央经济工作会议提出"打造生物制造、商业航天、低空经济等若干战略性新兴产业，开辟量子、生命科学等未来产业新赛道"，以及2024年《政府工作报告》提出"加快前沿新兴氢能、新材料、创新药等产业发展，积极打造生物制造、商业航天、低空经济等新增长引擎"，引爆了地方政府和民间资本对低空经济的热情。2024年1月，工业和信息化部等七部门印发的《关于推动未来产业创新发展的实施意见》也提出，"围绕未来智慧空中交通需求，加快电动垂直起降航空器、智能高效航空物流装备等研制及应用"。

地方政府高度重视，低空经济成为各地发展新热点。深圳作为世界"无人机之都"对低空经济的发展尤为重视，提出建设低空经济中心的目标。2022年，深圳市出台《深圳市低空经济产业创新发展实施方案（2022—2025年）》，2023年出台《深圳市支持低空经济高质量发展的若干措施》，宝安、南山、福田、盐田、龙岗、龙华等区也出台了各自促进低空经济发展的政策。2024年，北京、重庆、四川、山东、江苏、安徽、福建、辽宁、广东等20多个省（自治区、直辖市）将"低空经济"写入政府工作报告。在城市层面，除深圳外，广州、珠海、苏州、成都、合肥、芜湖等地也出台了有关低空经济发展的政策，主要包括关键技术研发支持、基础设施建设补贴、产品销售奖励、运营补贴、人才引进等方面。

各国低空经济发展势头迅猛

全球低空经济整体呈现快速增长态势，已经形成成熟的低空航空器制造、低空飞行服务、飞行保障等完整的产业体系，低空经济在风光游览、城市安防、医疗救护、应急救援、农林植保、电力巡检等领域已有成熟应用，成为各国经济增长的新动能。我国低空经济虽然起步晚，但起点高、增速快，在一些领域已形成领先优势。赛迪智库发布的《中国低空经济发展研究报告（2024）》指出，2023年低空经济规模达5 059.5亿元，增速达33.8%，预计到2026年有望突破万亿元。根据东吴证券的数据，2022年我国低空经济市场规模为2.5万亿元，预计2035年达到6万亿元。

一、低空制造业已形成较大规模

低空经济虽然以低空飞行为核心，但离不开低空飞行器的发展。低空飞行器制造业是创新最活跃、最集中的环节，其产业发展规模和水平直接决定着低空飞行的范围和规模。根据前瞻产业研究院的数据，2013—2022 年，全球无人机投资规模从 1.21 亿美元增长到 48.06 亿美元（2021 年为 79.15 亿美元），全球通用飞机交付量和订单交付额相对较为平稳，2022 年交付量 2 818 架，订单交付额 229 亿美元。① 根据 Frost & Sullivan 和中商产业研究院的数据，2022 年我国民用无人机市场规模达 1 196 亿元，其中工业级无人机市场规模达 727 亿元，占比 61%，消费级无人机市场规模 469 亿元，占比 39%。前瞻产业研究院估算，2024—2029 年我国工业级无人机市场规模复合增速将达到 32%。② 消费级无人机产业发展相对成熟，市场集中度高。我国是全球消费级无人机的最大生产国，在技术、生产规模和国际市场份额上都具有优势，大疆创新 2023 年占据全球超过 70% 的市场份额，引领消费级无人机的发展。

二、各国加强对 eVTOL 的投资布局

eVTOL 凭借其垂直起降、低成本、低噪声、零排放、易维护、高安全、智能化的特点，成为世界各国重点发展的一种新型低空飞行器，一批企业加紧布局，目前已有包括传统飞机和汽车制造企业、初创企业在内的全球近 350 家企业设计了约 700 种 eVTOL。参与方既包括低空经济初创企业，也包括物流、配送企业以及飞机制造企业、汽车企业。国外 eVTOL 企业有 Volocopter、Beta Technologies、Joby Aviation、Archer、Lilium、Vertical Aerospace 等，国内 eVTOL 企业有亿航智能、小鹏汇天、峰飞航空、沃兰特、沃飞长空、时的科技、御风未来、零重力飞机工业等。航空飞行器的生产、应用需要获得单

---

① 前瞻产业研究院. 2024 年中国低空经济报告——蓄势待飞，展翅万亿新赛道［R］. 2024.
② 前瞻产业研究院. 2024—2029 年中国工业无人机行业市场前瞻与投资战略规划分析报告［R］. 2024.

机适航证（AC）、生产许可证（PC）、型号合格证（TC）。目前尚无eVTOL获得美国联邦航空管理局或欧洲航空安全局的完全认证，国外的Joby Aviation、Archer的eVTOL已获得美国联邦航空管理局颁发的特殊适航证，国内的亿航智能的EH216-S（载人）已经取得三证，峰飞航空的V2000CG（货运）已取得TC证，沃飞长空、时的科技、沃兰特、小鹏汇天、御风未来等公司的eVTOL产品也正在申请TC证。[①] SMG咨询公司从资金、团队、技术、认证进度、生产准备等方面构建了对航空器研制企业进行综合评价的先进空中交通实现指数（Advanced Air Mobility Reality Index，ARI），2024年4月发布的AAM实现指数显示，27家公司中有亿航智能、沃飞长空、峰飞航空、时的科技四家中国企业，分别排在第1位、第9位、第12位、第19位（见表4-3）。

三、低空飞行产业呈较快发展势头

低空飞行器在农业、工业、旅游业、物流配送、电力巡检、人员运输、医疗卫生、应急救援、气象探测、科学实验等领域获得广泛应用。以顺丰、美团、菜鸟为代表的快递或配送企业很早就开始布局无人机物流。例如，顺风早在2015年就组建了无人机研发团队，先后成立丰翼科技、丰鸟科技研发无人机，2018年获得中国民用航空局颁发的全球首张无人机航空运营（试点）许可证，2020年开始无人机物流配送试点和试运行并逐步扩大覆盖城市范围；京东物流2016年在西安和宿迁分别完成首单无人机配送，2018年经中国民航西北地区管理局批准成为"山西省无人机航空物流多式联运创新试点"企业，自主研发"京蜓"自转旋翼支线物流无人机；美团2023年获得中国民

---

① 中泰证券.低空经济专题报告：值得重视的新质生产力代表——元年或至[R].2024.

表 4-3 先进空中交通实现指数（2024 年 4 月）

排名	制造商	ARI	资金投入（百万美元）	应用实例	航空器类型	动力	驾驶类型	首飞	进入运营阶段（EIS）	监管机构	国别
1	Ehang（亿航智能）	8.5	185.0	旅游、快递、消防、空中出租车	多旋翼/升力+巡航	电动	无人	2018	2023	CAAC	中国
2	Volocopter	8.4	761.0	空中出租车	多旋翼/升力+巡航	电动	有人	2021	2024	EASA	德国
3	Beta Technologies	8.0	985.0	货运、区域、空中出租车	常规型/升力+巡航	电动	有人	2020	2025	FAA	美国
4	Joby Aviation	7.9	2 261.1	空中出租车	矢量推进	电动	有人	2018	2025	FAA	美国
5	Archer	7.8	1 096.3	空中出租车	矢量推进	电动	有人	2023	2025	FAA	美国
6	Wisk（Boeing）	7.4	集团支持	空中出租车	升力+巡航	电动	无人	—	—	FAA	美国
7	Airbus	7.2	集团支持	空中出租车	升力+巡航	电动	有人	2024	—	EASA	法国
8	Eve Air Mobility	7.2	377.4	空中出租车	升力+巡航	电动	有人	2024	2026	ANAC	巴西
9	Aerofugia（沃飞长空）	7.1	52.0	空中出租车、货运、旅游	矢量推进	电动	有人	2023	2026	CAAC	中国
10	Vertical Aerospace	7.1	372.8	空中出租车、货运、快递	矢量推进	电动	有人	2024	2026	EASA	德国
11	Lilium	7.0	1 342.3	区域、货运、公务航空	矢量推进	电动	有人	2024	2026	EASA	德国

续表

排名	制造商	ARI	资金投入（百万美元）	应用实例	航空器类型	动力	驾驶类型	首飞	进入运营阶段（EIS）	监管机构	国别
12	AutoFlight（峰飞航空）	6.8	200.0	货运、空中出租车	升力+巡航	电动	有人	2022	2027	CAAC	中国
13	SkyDrive	6.7	249.8	空中出租车、旅游、快递	多旋翼	电动	有人	2024	2026	JCAB	日本
14	Supernal	6.5	集团支持	空中出租车、货运	矢量推进	电动	有人	2024	2028	FAA	韩国
15	Alaka'i Technologies	6.3	60.0	空中出租车、货运、快递	多旋翼	氢燃料电池	有人	2022	2026	FAA	美国
16	Eviation	6.2	200	区域、货运、公务航空	常规型	电动	有人	2022	2027	FAA	美国
17	Ascendance	6.2	71.3	区域、货运	升力+巡航	混合动力	有人	2025	2027	EASA	法国
18	Overair	6.2	170.0	空中出租车、货运、快递、旅游	矢量推进	电动	有人	2024	2028	FAA	美国
19	TCab Tech（时的科技）	6.2	44.7	空中出租车、旅游	矢量推进	电动	有人	2023	2027	CAAC	中国
20	REGENT	6.1	90.0	区域	增强升力	电动	有人	2024	2027	US Coast Guard	美国

续表

排名	制造商	ARI	资金投入（百万美元）	应用实例	航空器类型	动力	驾驶类型	首飞	进入运营阶段（EIS）	监管机构	国别
21	eAviation（Textron）	5.9	集团支持	快递、空中出租车、货运	矢量推进	电动	有人	2025	2030	FAA	美国
22	Dufour Aeraspace	5.7	11.0	快递、区域	矢量推进	混合动力	有人	—	—	EASA	瑞士
23	Honda Motor Company	5.5	集团支持	空中出租车	升力+巡航	混合动力	有人	—	2024	FAA	日本
24	Electra	5.3	134.0	区域、货运	增强升力	混合动力	有人	2023	2028	FAA	美国
25	Heart Aerospace	5.1	149.7	区域	常规型	电动/混合动力	有人	2026	2028	EASA	瑞典
26	Jaunt Air Mobility	4.4	3.1	空中出租车、货运	升力+巡航	电动	有人	2025	2028	Transport Canada	美国
27	Volkswagen	3.7	集团支持	空中出租车	升力+巡航	电动	无人	2023	2027	CAAC	德国/中国

注：CAAC 为中国民用航空局，EASA 为欧洲航空安全局，FAA 为美国联邦航空管理局，ANAC 为巴西国家民航局，JCAB 为日本民航局，US Coast Guard 为美国海岸警卫队，Transport Canada 为加拿大运输部。

资料来源：SMG 咨询公司。

用航空局许可证,可在深圳人口密集区120米以下空域开展无人机物流配送,2024年在上海金山开通首条商业化商用航线。[①] 2018—2023年,我国颁证通用机场从202座增加到449座,通用航空企业从422家增加到690家,在册通用航空器从2 495架增加到3 303架,通用航空生产飞行时长从93.71万小时增长到137.1万小时。无人机的增长尤为迅速,2018—2023年,无人机拥有者注册用户从27.1万个增加到92.9万个,无人机有效驾驶员执照从4.46万本增加到19.44万本,注册无人机数量从28.7万架增加到126.7万架;到2023年底,获得通用航空经营许可证的无人机通用航空企业19 825家,全年无人机累计飞行2 311万小时(详见表4-4)。前瞻产业研究院数据显示,我国无人机累计飞行时长从2018年的1 578.4万小时增加到2022年的2 067万小时;通用航空生产飞行时长从2017年的83.8万小时增加到2022年的121.9万小时。[②]

表4-4 2018—2023年我国通用航空和无人机发展情况

	2018	2019	2020	2021	2022	2023
获得通用航空经营许可证的通用航空企业(家)	422	478	523	599	661	690
通用航空在册航空器总数(架)	2 495	2 797	2 892	3 018	3 186	3 303
颁证通用机场数量(座)	202	246	339	370	399	449
全行业完成通用航空生产飞行时长(万小时)	93.71	106.50	98.4	117.8	121.9	137.1
获得通用航空经营许可证的无人机通用航空企业(家)	—	—	—	12 663	15 130	19 825
全行业无人机拥有者注册用户(万个)	27.1	37.1	55.8	78.1	70	92.9
全行业无人机有效驾驶员执照(万本)	4.46	6.72	8.9	12.08	15.28	19.44
全行业注册无人机(万架)	28.7	39.2	51.7	83.2	95.8	126.7

① 招商证券.低空经济政策密集出台,聚焦三大细分赛道[R].2024.
② 前瞻产业研究院.2024年中国低空经济报告——蓄势待飞,展翅万亿新赛道[R].2024.

续表

	2018	2019	2020	2021	2022	2023
参与民航局无人机云交换系统的无人机飞行时长（万小时）	—	125	183	143.6	—	—
全年无人机累计飞行时长（万小时）	—	—	—	—	2 067	2 311

资料来源：2018—2023 年历年民航行业发展统计公报。

四、低空应用场景不断丰富

无人机和 eVTOL 作为新型的低空飞行器，是低空经济的双引擎，低空经济的应用场景也多以这二者为载体进行拓展。

民用无人机包括消费级无人机和工业级无人机两类，但二者并没有明确的界限。消费级无人机主要用于航拍、娱乐、编队表演等，应用场景相对有限；工业级无人机的领域则是在用户的探索下不断拓展的，目前已经在消防救灾、环境检测、电力巡检、航空测绘等领域获得广泛应用。物流配送由于市场空间巨大，成为飞行机制造企业、O2O（线上到线下）商家、物流配送公司推动的重点。近年来，商品和餐食配送呈现爆发式增长态势，很多企业开辟了相关业务。例如，线上订餐公司 DoorDash 与无人机公司 Wing 在澳大利亚昆士兰试点无人机送货，亚马逊在美国部分地区试运营 Prime Air 无人机送货，沃尔玛与 4 家无人机送货公司合作在美国 7 个州建立了 36 个无人机交付中心。以顺丰、美团为代表的国内快递企业、终端配送企业已在深圳、上海等地开通十余条无人机配送航线。

eVTOL 厂商正在进行城市客运市场以及景区体验等场景的试点探索。eVTOL 厂商 Archer 计划与其合作伙伴美国联合航空公司提供从纽约曼哈顿到纽瓦克自由国际机场以及芝加哥市中心到奥黑尔国际机场的空中出租车服务；Volocopter 计划在新加坡推出客运空中出租车服务用于观光旅游。作为一种便捷、高效的出行方式，城际和城市低空交通有望成为未来出行的重要形态，而 eVTOL 有望成为居民新的快捷出行交通工具。

低空经济发展面临的问题与应对

低空经济的发展既取决于经济发展水平和市场需求，又受到航空器技术水平、运营成本、基础设施状况、产业生态完善程度、监管法律和政策等方面的影响。低空经济是一个新兴产业，处于发展的早期阶段，在技术、基础设施、配套制度等方面都存在不足。在技术方面，无人机还存在续航、载重、避障、安全、噪声以及成本等方面的短板，eVTOL 的飞行控制、智能避障等技术仍需进一步突破，2023 年全球尚未有 eVTOL 机型获得产品许可证并投入商业化运营；在基础设施方面，支撑低空经济发展的机场、起降点、通信导航、气象监测预报、低空空域管控等基础设施还不健全，例如，eVTOL 发展需要配套建设垂直起降点来进行地面和空中交通模式的转换；在制度上，空域资源开放仍有较大限制，相关法律、政策还不完善。

因此，为加快低空经济发展，真正将其打造为规模大、增长快的国民经济新支柱产业，需要进一步加大政府和企业的研发投入，推动芯片、核心元器件、飞控系统等关键核心技术的突破，提高核心零部件的国产化水平；通过鼓励企业积极探索、政府支持开展试点示范，创造和培育低空应用场景，以市场应用拉动技术迭代，由核心产品销售规模的扩大拉动制造产业链形成、促进服务产业链延伸；积极稳妥推进空域管理体制改革，扩大低空经济发展的空域资源，并制定和完善与低空服务发展相适应的基础设施、技术标准体系、配套服务体系、管理体系和法律监管体系。

可以预见，随着飞控系统、动力系统等核心技术的突破，以及与人工智能等数字技术的进一步融合深化，低空航空器将更加智能化、绿色化，更具安全性、经济性，从而适应更多应用场景，吸引更广泛的用户。未来，低空经济将在便利企业经营、公共服务和居民生活以及推动经济增长等方面发挥更加重要的作用，一个更加繁忙和繁荣的天空将会出现在我们眼前。

第五章　生物制造

斯塔夫里阿诺斯在《全球通史：从史前到 21 世纪》中指出："所有的生物种类都通过适应其生存环境，以基因突变和自然选择的方式进化。但是随着人类的出现，这一进化过程发生了逆转。人类通过改变环境来适应自己的基因，而不再是改变自身的基因去适应环境。今天，随着人类关于基因结构和功能的知识不断增加，人类很快就能够既改变其所处的环境，又改变自己的基因，地球发展进程中的第三个划时代的转折点也即将来临。"

如今，这个时代已经到来，人们不仅改造自己的遗传基因，而且通过对动物、植物乃至微生物等生物体进行有目标的设计、改造或者重新合成，甚至利用创建赋予非自然功能"人造生命"的方式，以可再生物质为原料合成制造新产品。未来，当今物理世界的基础——从服装、塑料、燃料到混凝土等都将被改变，绵延万年的碳基物质文明发展模式将被重塑。

三次生物技术革命

人类利用生物的力量制造产品的历史源远流长。在采集与狩猎时代，当人们采集的水果和粮食在储存过程中发生变质、腐烂，有些产生了酒精而变成"酒"时，人们发现了发酵食品的"美味"和"酒的"神奇"作用，这就是人类利用微生物的起源。经过长期的实践，人们慢慢学会了发酵食品和酿酒，比如，用陶罐、竹筒等器具装上粮食或牛奶来酿酒或制作酸奶，这成为人类最原始的微生物制造工艺。在公元前2400年，埃及第五王朝的墓葬壁画上就有烤制面包和酿造啤酒的大幅浮雕；根据我国考古发掘的用于盛酒、煮酒和冲酒的青铜器，以及对从这些容器中提取的残留有机物的判断，我国酿酒的历史有9 000年之久。我国酿造醋和酱油的技术始于约3 000年前，并一直沿用至今。①

第一次世界大战军火生产的现实需要进一步推动了发酵工程的发展。1917年卡瑞以糖为原料使用浅盘发酵法生产柠檬酸，之后乳酸、维生素等一系列工业发酵产品相继问世，从此，微生物的发酵作用不再仅仅被用于制造食品，而开始成为现代化大生产中的一个产业部门。1942年青霉素的大规模生产，以及其后青霉素发酵技术的进步、菌种的选育，表明按人类的意志改良菌种具有无穷的潜力。

1953年沃森和克里克发现DNA（脱氧核糖核酸）双螺旋结构，带来了第一次生物技术革命（又称"分子生物学革命"），人们从分子层面对生命的探索更加深入。20世纪70年代，科学家重组DNA技术应用成功，使人类能够应用遗传基因的重组，开发应用纯株（系）培养技术，创造新的基因组合，自此，人类进入了分子生物学时代，随着生物化学和遗传学研究的深入，农业、制药、医疗等行业发生了巨大变化。

20世纪80—90年代，随着基因合成技术、基因测序技术的不断成熟，生命研究进入基因组时代，2001年2月，《自然》杂志发表的人类基因组序列草图，被认为是人类基因组计划成功的里程碑。2003年人类基因组测序计划的完成，被认为是第二次生物技术革命的标志

---

① 《古老的渊源和20世纪的进展》，中国科学院微生物研究所。

性成果，它不仅使探秘基因组学有了新的工具和方法，而且为以合成生物学为代表的第三次生物技术革命的兴起奠定了实质性的、全面的物质基础，使人类从"认识生命"（格物致知）进入"设计生命"（造物致用）的新纪元（见图5-1）。

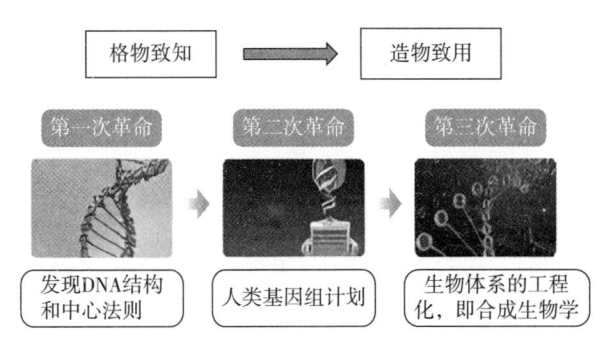

图 5-1　三次生物技术革命

生物制造：未来制造新范式

生物制造是以基因工程、合成生物学等前沿生物技术为基础，以淀粉、纤维素、二氧化碳等可再生碳资源为原料，利用菌种、细胞、酶等生命体生理代谢机能或催化功能，通过工业发酵等工艺规模化生产化学品、药品、食品、生物能源、生物材料等目标产品的物质加工与合成的新型制造方式（见图5-2）。

与传统的利用微生物的发酵制造不同，生物制造的主要特征在于不只是依靠微生物本身的能力，而是基于基因工程和基因组编辑等合成生物学技术，通过切开和拼接基因，使动物和人的基因在细菌体内增殖，甚至通过在试管里制造全新的人造基因等，来获得所需的物质。

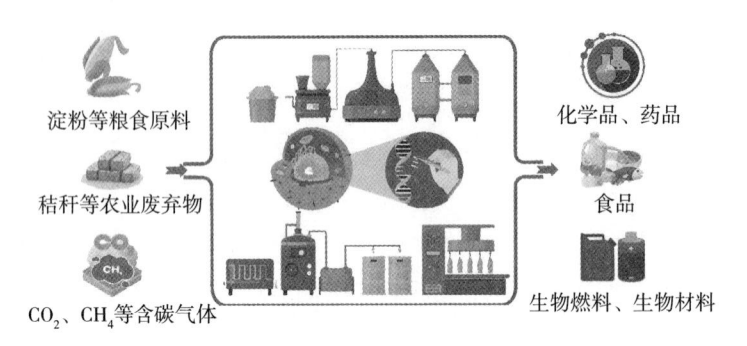

图 5-2　生物制造

资料来源：刘虎虎，田云.走进合成生物学［J］.科学，2023，75（2）：30-34，69。

生物制造与传统发酵制造的关键区别在于菌种。传统发酵制造通过对野生菌种采取各种诱变方式，选育出高产优质菌种，由于天然存在的微生物代谢途径调控复杂，一般需要很长的周期才能得到所需菌种，而且目前尽管已经有了温度、pH 值、供氧量、培养基碳氮比、前体物质添加等相对成熟的人工代谢调控方法，但是基于静态调控的传统菌种改造仍然常常会遇到瓶颈，使得利用天然微生物的产品种类受限。而生物制造基于合成生物学技术构建高效细胞工厂，能够缩短菌种定向进化周期，提高突变体筛选效率，借助基因编辑工具和生物元件，通过定向设计、改造，生产比天然物质功能更强、成本更低、种类更多的生物物质（见图 5-3）。[①]

与传统发酵制造模式相比，生物制造本身具有原料可再生、过程清洁高效等特征，有望彻底改变传统制造业高度依赖化石能源的"高污染、高排放"的不可持续的生产方式，减少工业经济对生态环境的影响，在化石能源日渐枯竭、环境污染、生态平衡遭到破坏，尤其是温室气体过度排放等造成全球气候危机日益严重的背景下，以合成生物学为支撑、以人造生命为载体，有效利用生物质资源的生物制造有

---

① 中信证券.拥抱合成生物学产业化加速阶段的成长高确定性［R］.2023-02-01.

望颠覆医药、化工、食品、能源、材料等行业的传统生产模式，开辟未来制造新范式。生物制造产业生态圈如图5-4所示。

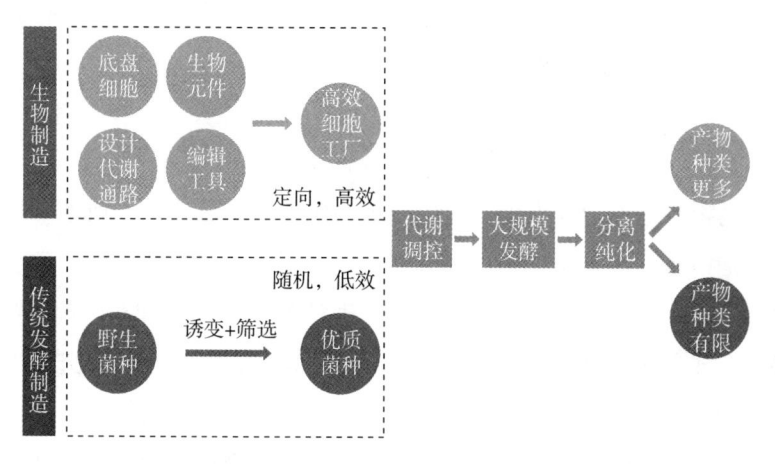

图5-3　生物制造和传统发酵制造的对比

资料来源：中信证券.拥抱合成生物学产业化加速阶段的成长高确定性[R].2023-02-01。

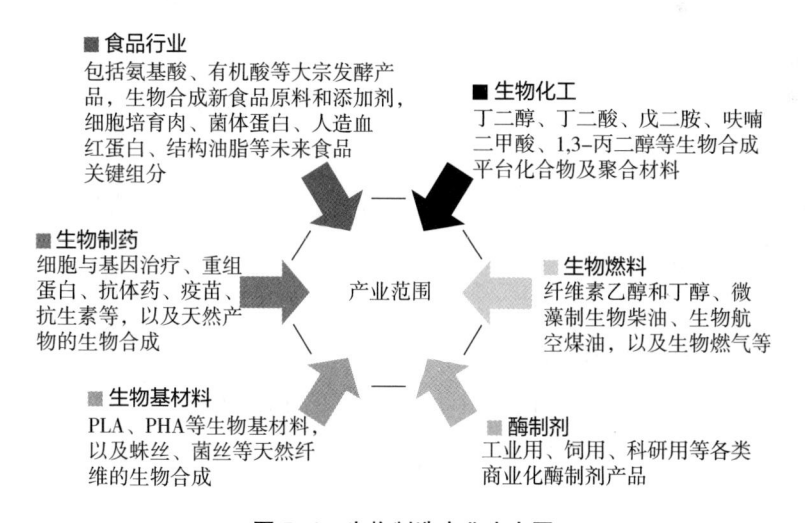

图5-4　生物制造产业生态圈

资料来源：工业和信息化部赛迪研究院，河北省工业和信息化厅.2023年生物制造产业白皮书[R].2023。

合成生物学：无尽的创造

一、高成长型领域

1. 科学来源与学科支撑体系

生物制造的快速发展得益于合成生物学的不断突破。所谓合成生物学是指基于工程学的理念和思想，融合了生物学、化学、医学、农学、计算机与数据科学、工程学、物理学等多种学科技术，来重新设计、合成新的生物体系或改造已有的生物体系的新兴前沿交叉学科（见图 5-5）。合成生物学代表着未来生命科学产业的新方向，被认为是认识生命的钥匙、产业革命的发动机，具备全面颠覆现有科技和产业格局的潜力。2014 年，英国商业、创新和技能部将合成生物技术列为未来的八大技术之一。2016 年，美国 ODASA（Office of the Deputy Assistant Secretary of the Army）发布的《2016—2045 年新兴科技趋势报告》明确了包括合成生物科技在内的 20 项最值得关注的科技及发展趋势，并指出"合成生物科技的进步，将促进人类跨入生物科技的新纪元"。马斯克在 2022 年 G20 峰会上与印度尼西亚教育、文化、研究和技术部部长交流时表示，"可持续能源、人工智能、合成生物学是最令人激动、最被需要的三大领域"。

2. 内涵与发展历程

对于合成生物学可以从广义和狭义两个层面来理解。从广义上来说，任何对生命有机体关键要素的创新应用都属于合成生物学，如酶催化合成（催化单元）、无细胞合成（转录和翻译系统）、DNA 存储（遗传密码）等。

图 5-5　合成生物学的科学来源与学科支撑体系

　　狭义的合成生物学则更侧重于对生命体进行深层次的遗传学设计和改造，以实现特定的功能和目的，可以进一步分为"自上而下"和"自下而上"两大方向。所谓"自上而下"，是指应用基因工程和代谢工程等技术，将全新功能引入活细胞等生命体或在此基础上设计组装的生物——非生物混合系统，来"改造生命"；而"自下而上"指的是通过体外合成全新生命系统，如人工细胞等，来"创造生命"。

　　中国合成生物学最早发起人之一的赵国屏院士认为，合成生物学区别于其他传统生命科学（如基因科学、微生物学、生物化学等）的核心是其"工程学本质"，即合成生物学最主要的任务，是要按人们的需求设计出相应的"产品"[1]。如同设计制造冰箱是为了制冷储存食物一样，人工合成生物就是通过改造细菌自身的构造，创造出自然界中根本不存在的生命，甚至让它与半导体等人造物质结合，精确生产出满足人类特定需求的物质。

---

[1] 人工合成二氧化碳背后：合成生物学——构建未来的制造方式[EB/OL]. 观察者网，2022-02-22.

合成生物学的核心思路，在于将工程学的"设计—构建—测试—学习"（Design-Build-Test-Learn，DBTL）理念应用于生物科学领域，通过基因编辑技术改造或构建最基础的生物功能执行者——蛋白质，并指导蛋白组装为新的生物功能装置。

关于合成生物学的起源众说纷纭，有人认为它在20世纪初就已被提出，但受制于当时的科研能力和技术水平，合成生物学并未得到真正的发展。在2000年的美国化学学会年会上，斯坦福大学的埃里克·科尔在基因组学和系统生物学基础上引入工程学概念，将合成生物学重新定义为"基于系统生物学的遗传工程"，标志着合成生物学作为一门新兴学科正式诞生。虽然其创立时间只有短短20余年，但在DNA工程、生物分子工程、宿主工程、计算机技术等多个方向已经取得了一系列重大突破，其发展大致可以分为以下四个阶段。

· 创建期（2000—2003年）：这一阶段产生了许多奠基性的研究手段和理论，包括2000年1月，加德纳等在大肠杆菌中构建第一个基因开关[1]，埃罗维兹等构建第一个合成的生物振荡器[2]。2003年，被誉为"合成生物学教父"的汤姆·奈特教授开发了生物砖（BioBricks），使生物组件的标准化装配成为可能。同年，首次通过引入人工基因改造大肠杆菌（E.coli）代谢途径，实现青蒿素前体生产，开启人造细胞工厂生产天然产物的新时代。

· 起步期（2004—2007年）：2004年召开了合成生物学领域第一个国际性会议"合成生物学1.0"大会；同年，麻省理工学院举办的首届iGEM竞赛，成为推广合成生物学概念和促进生物

---

[1] Timothy S. Gardner, Charles R. Cantor, James J. Collins. Construction of a Genetic toggle switch in Escherichia coli [J]. *Nature*, 2000, 403(6767): 339–342.

[2] Michael B. Elowitz, Stanislas Leibler. A synthetic oscillatory network of transcriptional regulators [J]. *Nature*, 2000, 403(6767): 335–338.

学、工程学等跨学科协作的强力催化剂。在技术方面，实现了RNA（核糖核酸）调控装置的开发，整个领域的设计范围开始从以转录调控为主，扩大到转录后和翻译调控；在应用开发方面，2006年首次实现利用工程化改造的大肠杆菌侵入癌细胞，成为工程化活体疗法的先驱。

· 成长期（2008—2013年）：这一阶段涌现出大量新技术和新工程手段，特别是人工合成基因组能力的提升，使合成生物学研究与应用领域不断拓展。例如，2012年CRISPR/Cas9基因/基因组编辑技术的突破，提供了最简单高效的基因编辑工具，开启了基因改造新纪元；2013年，实现利用酵母菌株商业化生产青蒿素前体。合成生物学技术的开发和应用领域从生物基化学品、生物能源向疾病诊断、药物和疫苗开发、作物育种、环境监测等领域不断扩展。

· 产业化加速期（2014年至今）：CRISPR/Cas9基因编辑、干细胞重编程和单细胞测序等技术的突破和发展加速了合成生物学的产业化落地进程。首先，高通量测序和单分子测序技术的发展，使基因测序成本呈超摩尔定律的速度下降（见图5-6），2019年在美国，人类个体全基因组测序的价格已低于1 000美元，并且到2030年有望降至100美元以下。测序通量的提升和成本的快速下降，带动了生物数据的大量产生，为人类能够更好地理解生物学创造了条件。其次，CRISPR/Cas9被广泛应用于基因敲除、基因沉默和基因激活等方面，极大地扩展了基因编辑技术的应用范围。最后，工程化平台的建设和生物大数据的开源应用相结合，生物技术（BT）与信息技术（IT）相互赋能，全面推动合成生物学技术创新以及相关应用的开发和商业化进入快车道。

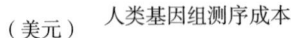

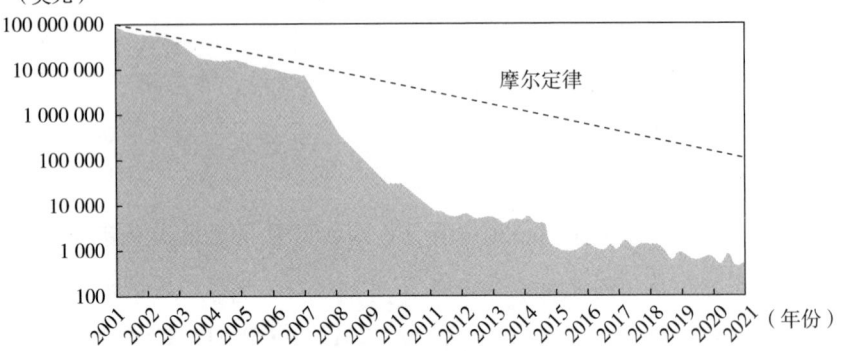

图 5-6 合成生物的成本趋势

资料来源：世界经济论坛．加速生物制造革命［R］．2022。

21 世纪以来合成生物学的代表性成果和进展，如图 5-7 所示。

图 5-7 21 世纪以来合成生物学的代表性成果和进展

资料来源：刘虎虎，田云．走进合成生物学［J］．科学，2023，75（2）：30-34，69。

二、万亿蓝海

合成生物学的发展,构建了"替代+创新+循环"的制造新范式,为人们的生活带来了更多的便利和美好。其中,替代是指以生物合成替代天然提取制造路线、替代化学制造工艺,能够提高生产规模及效率、经济效益;创新是创造疗效更好的药品、性能优越的化学品或材料等新产品;循环则是要实现可持续的"循环"生产模式,使用可再生生物质原料,显著减少对化石燃料的依赖。

经济合作与发展组织(OECD)在《2030年生物经济:制定政策议程》报告中预测,到2030年,生物技术在工业部门的应用对经济的贡献(占39%)超过农业(占36%)和卫生(占25%)。将有35%的化学品和其他工业产品来自生物制造,2060年有望达到50%以上。麦肯锡全球研究院在2020年发布的研究报告《生物革命:创新改变了经济、社会和人们的生活》预测,未来全球60%的产品可以由生物法合成,2030—2040年,全球每年通过生物制造将产生1.8万亿~3.6万亿美元的直接经济贡献(见图5-8)。

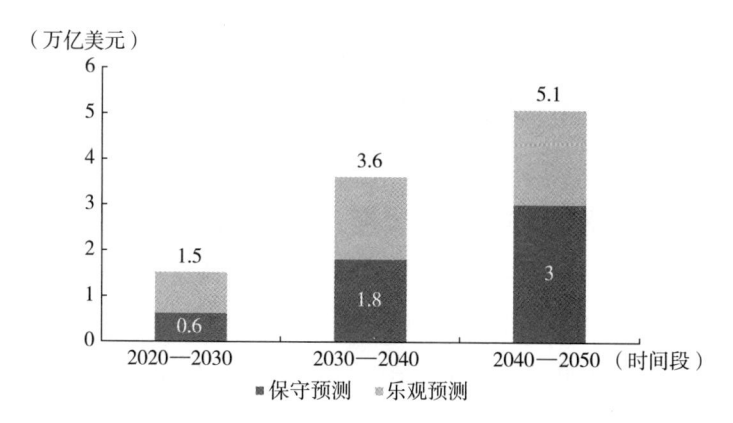

图5-8 2020—2050年生物制造预计直接年度经济贡献

资料来源:麦肯锡全球研究院.生物革命:创新改变了经济、社会和人们的生活[R].2020。

其中，在人类健康领域，生物制造每年对全球的直接经济贡献估计为 0.5 万亿~1.3 万亿美元，有望缓解全球疾病总负担的 1%~3%。在农业、水产养殖和食品领域的生物制造的直接年度经济贡献可能在 0.8 万亿~1.2 万亿美元。在消费品和服务领域的应用包括直接面向消费者的基因测试，以及基于微生物的美容和个人护理等，直接年度经济贡献可能达到 0.3 万亿~0.8 万亿美元（见图 5-9）。

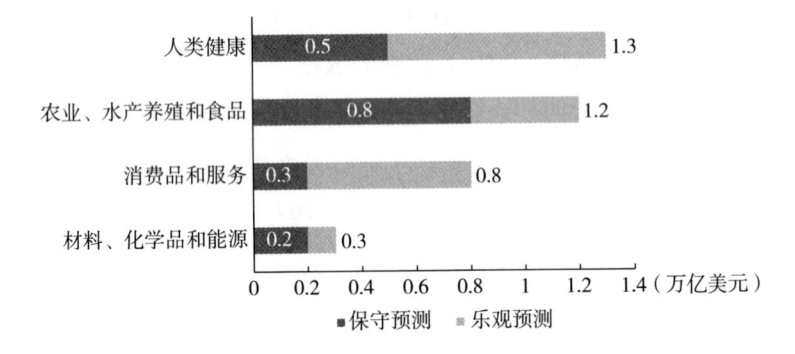

图 5-9　2030—2040 年按细分领域划分的生物制造直接年度经济贡献

资料来源：麦肯锡全球研究院. 生物革命：创新改变了经济、社会和人们的生活 [R]. 2020。

大国角力的战略高地

一、主要发达经济体加紧投入，强化战略布局

生物制造的巨大潜力使其成为大国竞争布局的重点赛道。目前，美国、英国、欧盟、日本等全球超过 60 个经济体出台了与生物技术和生物产业相关的战略举措（见表 5-1）。其中，美国合成生物学市场份额超过 40%，居全球第一位，是全球生物技术产业的领跑者，并一直保持着较快的发展速度和比较优势，这与其政府在合成生物学与

生物制造上的长期战略布局和不遗余力的资金投入有着密切关系。

表 5-1 世界主要经济体部署合成生物学及生物制造的主要政策举措

年份	主要政策举措
美国	
2006	美国国家自然科学基金会为新成立的合成生物学工程研究中心（SynBERC）提供 3 900 万美元的资助
2011	美国国际部高级研究计划局宣布了一项名为"生命铸造厂"（Living Foundries）的新计划，专注于合成生物学项目的投资与开发
2008—2014	美国政府支持合成生物学的基础研究和技术研发，公共经费总计投入约 8.2 亿美元
2012	美国联邦政府发布《国家生物经济蓝图》，重点领域涵盖人类健康医疗、生物能源、农业、环境保护及生物制造
2015	美国国家研究理事会发布《生物学工业化路线图：加速化学品的先进制造》，提出了生物制造的发展愿景并制定了多个领域的路线及目标
2021	美国国会参议院通过了《2021 年美国创新与竞争法案》，合成生物学被列为关键技术重点领域之一
2022	美国总统签署《关于推动生物技术和生物制造创新以实现可持续、安全和有保障的美国生物经济的行政命令》，旨在鼓励美国生物技术和生物制造发展
2022	美国政府发起一项国家生物技术和生物制造倡议，计划提供 20 多亿美元的资金支持
2023	编撰《美国生物技术和生物制造的明确目标》，涵盖 21 大主题、49 个目标，其中有 34 个目标与"生物制造"及"合成生物学"密切相关
2023	美国国防部发布首份《生物制造战略》，旨在进一步扩大生物制造投资，加速生物制造在美国本土发展，保障美国的生物制造、生物技术和生物安全
英国	
2012	英国商业、创新和技能部发布了《英国合成生物学路线图》
2016	发布《英国合成生物学战略计划 2016》，旨在到 2030 年实现英国合成生物学 100 亿欧元的市场
2017	英国政府向彩虹发展基金投资 1 000 万英镑

第五章　生物制造

续表

年份	主要政策举措
2018	制定发布《发展生物经济：到2030年的国家生物经济战略》，着力发展合成生物学研究的转化与应用，建立和完善合成生物技术产业创新网络式布局
2018	发布的《2017年英国合成生物学初创调查》显示，英国在2000—2016年，对合成生物学的政府公共投资达5 600万英镑，来自私人的投资达5.64亿英镑
欧盟	
2013	发布首个生物基行业《战略创新与研究议程》
2014	欧盟《工业生物技术工业路线图》提出生物制造技术的主要研究与发展方向
2019	制定《面向生物经济的欧洲化学工业路线图》，提出在2030年将生物基产品或可再生原料替代份额增加到25%的发展目标
2020	欧盟生物基产业联盟发布《战略创新与研究议程（SIRA 2030）》报告草案，提出"2050年循环生物社会"的愿景
2021	欧盟提出升级版的循环生物基欧洲联合企业计划，明确加大资金投入，通过发展生物基产业推动欧洲绿色协议目标的达成
2023	欧洲循环生物基产业联盟发布2024年度工作计划，将投入2.13亿欧元（约合16.55亿元人民币）用于推动具有竞争力的欧洲循环生物基产业发展
日本	
2019	发布《生物战略2019》，提出到2030年建成"世界最先进的生物经济社会"
2020	围绕生物制造技术发展等重要主题制定《生物战略2020》
2021	《生物技术将培养第五次工业革命》报告提出，将生物技术和信息技术/人工智能技术深度结合，提高生物产业的竞争力

近年来，为了巩固和提升竞争优势，美国更是密集发布了多项合成生物学报告及产业规划发展路线图，包括半导体合成生物学、工程生物学、微生物组工程、工程生物学与材料科学等。《2021年美国创新与竞争法案》将合成生物学列为关键技术重点领域之一。2022年9月，拜登政府签署《关于推动生物技术和生物制造创新以实现可持

续、安全和有保障的美国生物经济的行政命令》，同时还发起了一项国家生物技术和生物制造倡议，计划提供 20 多亿美元的资金支持，以确保生物技术的研发，以及所发明的生物基产品能在美国国内生产。

2023 年 3 月，美国又发布了由能源部、农业部、商务部、卫生与公众服务部，以及美国国家科学基金会共同编撰的报告《美国生物技术和生物制造的明确目标》（Bold Goals for U.S. Biotechnology and Biomanufacturing），涵盖 21 大主题、49 个目标，其中有 34 个目标与"生物制造"及"合成生物学"密切相关，包括生物基产品规划、供应链创新、规模放大、基因编辑和可预测设计等。同年，美国国防部又发布了首份《生物制造战略》，旨在进一步扩大生物制造投资，加速生物制造在美国本土发展，保障美国的生物制造、生物技术和生物安全，确立了三个关键优先事项：建立技术合作伙伴关系，促进早期生物制造创新；通过实践与应用创新提高生物制造能力；绘制生物制造生态系统图，跟踪生物制造关键指标。

二、中国前瞻布局生物技术和生物制造

早在 2007 年，中国团队首次参加了国际基因工程机器大赛（iGEM）。2008 年，中国科学院在上海成立了合成生物学重点实验室；2010 年国家重点基础研究发展计划（"973 计划"）启动首个合成生物学项目，截至 2015 年连续支持了 10 个项目，为我国合成生物学的发展奠定了重要基础。2010 年 9 月通过的《关于加快培育和发展战略性新兴产业的决定》将生物产业列为七大战略性新兴产业之一。2011 年 11 月，科技部制定了《"十二五"现代生物制造科技发展专项规划》，指出现代生物制造已经成为全球性的战略性新兴产业，是世界各经济强国的战略重点，呈现出高速增长的态势；提出围绕以可再生碳资源取代化石资源的工业原料路线替代，以绿色高效生物催化剂取

代化学催化剂的工艺路线替代，以现代生物技术提升传统生物化工产业的"两个替代、一个提升"，确立"抢占国际前沿制高点，培育战略性新兴产业增长点，突出现有产业技术升级改造，支撑领域自身创新发展"的基本发展思路，以及"国家主导、资源共享、自主创新、培育产业"的基本原则。2022年，我国首部生物经济五年规划——《"十四五"生物经济发展规划》，明确将生物制造作为生物经济战略性新兴产业发展方向，提出"依托生物制造技术，实现化工原料和过程的生物技术替代，发展高性能生物环保材料和生物制剂，推动化工、医药、材料、轻工等重要工业产品制造与生物技术深度融合，向绿色低碳、无毒低毒、可持续发展模式转型"。

在国家政策的推动下，各省、市级生物制造产业相关政策数量呈现爆发式增长。各地政府纷纷"出招"，发布相关政策，聚焦自身优势，从集群培育、配套设施建设、技术创新、人才培养、资金扶持等多角度出发，全方位支持产业发展。

掘金"黄金赛道"

一、绿色低碳助力产业加速发展

当前，人类面临着可持续发展、粮食安全、可再生能源、新的生物材料、更好的健康、清洁的水、气候变化等一系列重大挑战，使高效、绿色、低碳排放的生物制造成为21世纪可持续发展革命的重要基石之一。生物化工、生物制药、生物燃料、生物基材料、食品行业、日化美妆、酶制剂等广阔的领域，展现出强大的市场潜力。

纵观全球，美国、欧洲和中国是发展较快的经济体。美国拥有最多的合成生物学企业和投资；欧洲正在缓慢地追赶，英国在欧洲处于领先地位。2016—2020 年，美国对合成生物学的投资近 40 亿美元，中国约 2 亿美元，英国约 1.6 亿美元，法国约 6 000 万美元，瑞士约 3 500 万美元。根据澳大利亚政府提供的合成生物学研究影响力排名，2016—2020 年，美国的影响力最大，其次是中国、英国和德国（研究影响力是国家生产力的指标之一，通过出版物数量、资源、设施以及引用量表示质量）[①]。

就全球合成生物学市场规模来看，国内外不同分析报告的数据基本是有望保持 20%~30% 的年均复合增长率，在未来几年达到 300 亿~400 亿美元的规模。比如，法国知名市场调研公司 Reportlinker 发布的《合成生物学 2023 年全球市场报告》（Synthetic Biology Global Market Report 2023）统计，2022 年合成生物学全球市场规模为 131.1 亿美元，2023 年将增长至 170.7 亿美元，预计 2027 年将达到 391.2 亿美元，年均复合增长率为 23.0%。

二、"黄金赛道"前景可期

广阔的市场前景，使全球合成生物和生物制造领域成为资本竞相追逐的"黄金赛道"，创新创业公司如雨后春笋，勃然而兴，呈现出百舸争流的局面。据不完全统计，截至 2019 年，全球合成生物学公司已经超过 730 家。2020 年，全球合成生物学领域企业获得投融资 78 亿美元，是 2019 年的 2.5 倍。2021 年仅第三季度，投向合成生物学初创企业的资金就高达 61 亿美元，增幅高达 33%。而且，融资阶段从早期向 A 轮、B 轮转移，在健康和医药领域的投融资增长远超其他领域[②]。

[①] 专注创新产业思玛特 SMART. 合成生物学发展现状［EB/OL］. 2023-07-21.
[②] 许琦敏. 连续三年猛增！投融资热追合成生物学，"第三次生物技术革命"风口到来［N］. 文汇报，2022-01-11。

化工、医药行业的许多传统巨头凭借资本、技术优势也积极抢滩布局。如杜邦、陶氏化学、巴斯夫、帝斯曼等在积极向生物科技或生命科学企业转型。默沙东、诺华、罗氏等制药企业，更是倾全力投入生命科学，不仅自行开展生物科技研发，还通过并购、收购、投资产业链上下游具有深度协同性的初创企业，强化业务能力并拓展新的业务方向。例如，成立于1976年的基因泰克是全球生物技术行业的创始者之一，也是世界第二大生物技术公司，2009年被瑞士罗氏制药集团收购。此后，罗氏还于2015年收购了美国领先的基因数据公司Foundation Medicine，并于2016年与Flatiron Health公司合作整合数量庞大的"真实世界数据"，利用对这些数据的分析为患者提供更精准的诊疗方案。杜邦公司则于2011年投入63亿美元收购了全球最大的食品添加剂及第二大工业酶生产商丹麦的丹尼斯克；2017年拜耳与合成生物学三巨头之一的银杏生物工程公司共同投资1亿美元创建Joyn Bio公司，开发"工程固氮微生物"以替代氮肥、碳固存和下一代作物保护等领域的生物解决方案。除了封闭式的"合资模式"，大企业还倾向与生物科技领域的初创公司开展更为灵活、开放的"研发合作"模式。例如，总部位于美国的Origin Materials是世界领先的负碳材料公司，主要致力于利用廉价的可再生碳源（如松树、云杉、木材废料、废纸和农业废料）替代石油，以创造用于日常用品的结构性化学品；2016年与雀巢、达能等大型国际食品公司结成联盟（NaturALL Bottle Alliance），推动以生物材料（100%可持续、可再生资源）制成的PET（聚对苯二甲酸乙二醇酯）塑料瓶的商业化。百事可乐于2018年加入该联盟。此外，英国的英国石油公司、壳牌，日本的住友、三井、日本化药公司和三菱，韩国的LG化工等大型跨国石油化工巨头也纷纷斥巨资布局生物化工产业。

三、从"追赶"到"挑大梁"：中国全产业链发力

在这一轮生物技术革命中，我国合成生物学的起步虽然略晚于欧美，但在"双碳"目标驱动下，在国家一系列政策的支持下，依托庞大的市场、完备的供应链，多年深耕发酵领域所拥有的领先的发酵技术和中试能力，以及庞大的生物学、化学、工程学等领域的专业人才，我国在科研、产业化与资本投入等方面都表现出了强劲的发展势头，在基础研究领域目前整体上已与欧美发达国家并驾齐驱，部分领域甚至略胜一筹。

在产业方面，根据2020年12月工程生物产业数据分析平台发布的"全球最值得关注的50家合成生物学企业"榜单，中国企业占据九席，目前凯赛生物、华恒生物等十多家合成生物学公司在境内外上市，带动了合成生物学企业落地发展的步伐。据赛迪研究院的调查，近年来，我国生物制造核心产业增加值规模快速增长，培育形成一批年销售额超过百亿元的龙头企业和优势产品，在长三角、京津冀、深圳等地形成了一批细分领域特色产业集聚区。

当前，我国生物制造正朝着原料利用多元化、生物转化体系高效化和产品高附加值化方向发展，打造从可再生原料到制成终端产品的全产业链。

产业链上游环节包括生物技术研究和生物资源供应。生物技术研究包括蛋白质工程、基因工程、细胞工程、酶工程等生物技术的研发，我国在各领域已经涌现出景杰生物、华大基因、北恒生物、诺唯赞等一批代表性企业（见图5-10）。在生物资源供应方面，中国以淀粉和脂肪为代表的第一代生物制品，已经进入了商品化阶段，并占据主导地位。以木质纤维素（如玉米秸秆）等为代表的第二代生物质制造所用的原材料，逐渐走向中试和商业化示范阶段。不过，这两代原料都面临着供应困难、产业集聚不足、商业化程度低和储运成

本高等问题，导致有效供应不足。因此，以超临界二氧化碳为原料的生物转化技术就形成了第三代生物制造的关键路线，其使用能够有效降低传统生物产品制造业的原材料成本，减少对化石资源的过分依赖。

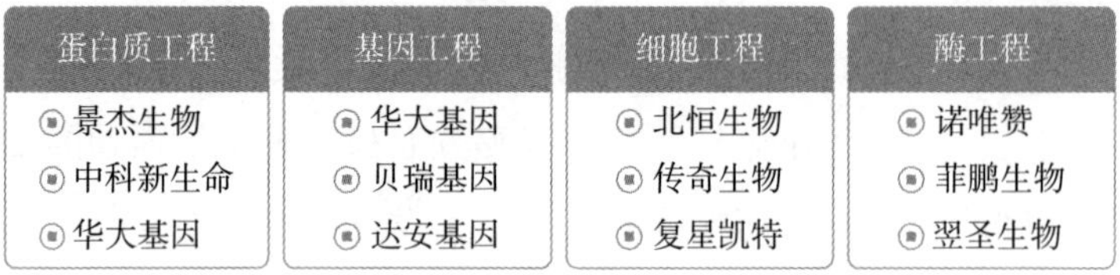

蛋白质工程	基因工程	细胞工程	酶工程
◉ 景杰生物	◉ 华大基因	◉ 北恒生物	◉ 诺唯赞
◉ 中科新生命	◉ 贝瑞基因	◉ 传奇生物	◉ 菲鹏生物
◉ 华大基因	◉ 达安基因	◉ 复星凯特	◉ 翌圣生物

图 5-10　我国生物制造行业上游代表性企业

中游环节是生物制造的核心部分，工业酶和菌种被认为是生物制造产业的"芯片"。但是，目前高效优质的工业生物酶和菌种研发技术仍是我国的短板。在关键装备研发生产方面，核心部件对外依存度较高。这些都直接影响了中国生物制造工业与研究。

生物制造行业下游涵盖了医疗、农业、能源、建筑、化学、环境等众多行业，我国已经涌现出一批代表性企业，促使生物制造行业朝着环保低碳、安全低毒、可持续发展的方向迈进（见表5-2）。

表 5-2　我国生物制造行业中下游代表性企业

公司	生物制造产业布局
华恒生物	以可再生葡萄糖为原料厌氧发酵生产 L-丙氨酸的关键技术已达到国际领先水平，目前其 L-丙氨酸的市场份额全球第一
凯赛生物	深耕聚胺全产业链产品，是全球领先的利用生物制造规模化生产新材料的企业之一
川宁生物	合成生物技术平台优质，抗生素中间体的产业化能力可向生物制造品种移植，多个天然产物品种有望进入放量阶段
嘉必优	已经建立了八大技术平台，武汉合成生物创新中心项目主体建设工程已全面封顶，主要产品 HMO（母乳低聚糖）正在卫健委进行食品安全认证
富祥药业	通过产研合作推动微生物蛋白产业化落地

科技创新的力量

续表

公司	生物制造产业布局
金城医药	自有生物+化学研发及产业化平台,持续向生物制造领域迈进
梅花生物	拥有大规模生物制造能力,包括生物技术、工艺能力、工程能力和生产管理等多领域
莱茵生物	已掌握天然甜味剂部分高价值成分的生物合成生产技术,2024年公司将全面完成甜叶菊专业提取工厂和合成生物车间的建设
无锡晶海	募投2.46亿元结合合成生物学等围绕酮酸类、D型、羟脯氨酸等新型氨基酸及衍生物展开研发
普洛药业	通过自有产业投资基金入股合成生物学公司合生科技
朗坤环境	积极布局生物航油和合成生物智造
浙江震元	子公司震元生物采用基于合成生物技术的生物发酵法生产生命营养品、氨基酸、抗氧化剂等产品,预计2024年下半年可逐步投产

专栏5.1

凯赛生物:全球合成生物制造龙头,长期深耕聚酰胺产业链

凯赛生物公司成立于2000年,长期从事新型生物基材料的研发、生产及销售,目前是全球生物法长链二元酸的主导供应商,其产品在全球市场处于主导地位。

凯赛生物2001年投资建设的生物法长链二元酸项目,成为世界上第一个用生物法取代化工法的材料单体,并于2003年实现生物法长链二元酸聚合级产品的产业化。当时全球长链二元酸市场的主导者杜邦拥有2万吨的化学法产能。凯赛生物公司的生物法长链二元酸产品凭借其经济性和环保性,远销欧美,迫使杜邦将其经营长链二元酸业务的子公司英威达出售,英威达后续逐步退出了长链二元酸市场。目前,凯赛长链二元酸占据全球80%的市场份额。2018年被工信部评为制造业单项冠军。2020年,凯赛生物在科创板挂牌上市,是我国

全球领先的生物制造新材料企业。

凯赛生物深度参与合成生物学全产业链的流程研发，已在生物设计、基因修饰、发酵工程、分离纯化及商业化应用方面积累了核心技术。在生物设计环节，利用合成生物学手段开发微生物代谢途径和构建高效工程菌。在基因修饰和发酵工程环节，利用高通量构建筛选平台，采用酶定向进化等手段构建获得高产癸二酸和月桂二酸的菌株，菌株底物转化率大幅提高，发酵效率进一步提高10%以上。同时，开发出了不同链长二元酸高效环保发酵产业化工艺，碱单耗降低60%以上。此外，还开发了农业废弃物（如秸秆）综合利用所需的各类关键酶技术。在分离纯化方面，针对不同链长长链二元酸，采用不同提取纯化技术，在产品质量满足要求的前提下，降低了工艺成本。此外，开发长链二元酸提取纯化过程中副产物回收利用工艺，环境友好，节约成本。开发农业废弃物有效组分高效分离技术同样具备能耗低和收率高等优势。在下游应用方面，凯赛生物推出的高性能纺织材料——"泰纶®"，可广泛应用于纺织服饰、地毯、工业丝等领域。此外，基于产品的高强度、高耐热性、尺寸稳定性好等优异性能，凯赛生物推出了工程材料——"ECOPENT®"，可广泛应用于汽车、电子电气、工业及消费品等领域，为社会的可持续发展提供解决方案。

专栏5.2

华恒生物：持续成长的合成生物制造领军企业

2005年，华恒生物在安徽合肥成立，目前已经成为全球领先的小品种氨基酸生产企业之一。创立之初，其核心产品就是以酶法工艺生产的L-丙氨酸、DL-丙氨酸，拥有行业领先的光学纯L-丙氨酸技术。

2011年，华恒生物实现了以厌氧发酵法生产L-丙氨酸关键核心技术的突破，同时拥有了以发酵法和酶法生产丙氨酸产品的关键技术，并持续进行菌种优化和工艺改良，使得L-丙氨酸产品成本降低约50%，奠定了其在丙氨酸行业中的领先地位。

2016年，公司成功突破了以L-天冬氨酸为原料酶法脱羧生产β-丙氨酸方面的技术，初步实现了以生物制造技术替代传统化工制造方法的β-丙氨酸产业化生产。

2017年，公司实现了以蔗糖和对苯二酚为原料酶法生产α-熊果苷的技术产业化，实现了向化妆品领域的拓展延伸。

2018年，公司创造性地实现了以廉价易得的丙烯酸为原料，酶法生产β-丙氨酸的技术突破进一步替代了L-天冬氨酸酶法脱羧技术，实现了β-丙氨酸生物制造技术工艺的升级和迭代，产能利用率提升了60%~70%。

2019年，经过两年多的技术研发，公司取得了D-泛酸钙生产技术的突破，并以自产的β-丙氨酸为原料，成功实现了D-泛酸钙的产业化。

2021年，公司在上交所科创板上市。

2022年，公司推动L-缬氨酸厌氧发酵法技术的产业化，并进一步孵化PDO1,3-丙二醇、丁二酸、苹果酸、蛋氨酸等产品，持续丰富产品类型，优化产品结构。

截至目前，公司已实现丙氨酸系列（L-丙氨酸、DL-丙氨酸、β-丙氨酸）、缬氨酸、D-泛酸钙和熊果苷等产品的产业化生产，可应用于中间体、动物营养、日化护理、植物营养和功能食品营养等众多领域。多年来，华恒生物坚持"以可再生生物资源替代不可再生石化资源，以绿色清洁的生物制造工艺替代高能耗高污染的石化工艺"的发展路径，以合成生物学、代谢工程、发酵工程等学科为基础，建立了"工业菌种—发酵与提取—产品应用"的技术研发链，在工业菌种创制、发酵过程智能控制、高效后提取、产品应用开发环节形成了完备的技术领先优势。同时，围绕发酵法和酶法两大生产工艺，逐步布局合成生物学领域的其他产品，形成合成生物学技术相关的核心技术集群。

四、无限风光在未来

根据 Ginkgo Bioworks 公司的"骑士定律"（Knight's Law），合成生物学成本的快速下降是生物制造革命即将到来的信号。目前，一氧化碳、甲醇以及二氧化碳等一碳原料利用不断取得进展。通过合成生物制造，一批大宗发酵产品、可再生化学与聚合材料、精细与医药化学品、天然产物、未来食品已经问世。在生物基材料领域，生物基聚合物和单体正在取代传统化工生产的各种日化用品，如尼龙、塑料、橡胶等。在化妆品和营养品领域，利用合成生物技术实现功能糖、蛋白质、多肽、氨基酸、核苷酸等生物活性物开发和产业化应用，一些满足特定消费群体健康需求的功能性食品，如类胡萝卜素（番茄红素、β-胡萝卜素和虾青素）、母乳低聚糖、维生素 K_2、大麻二酚、超氧化物歧化酶、甜叶菊等已经上市。

理论上，所有的有机化学品都可以通过合成生物制造来生产，包括以生物法高效合成稀缺的医药、实现精细化工产品的绿色生产，实现自然生物不能合成或者合成效率很低的石油化工产品的生物制造路线，促进二氧化碳的减排和转化利用等。但在实践中，动植物乃至微生物都是极其复杂的生命系统，比如，发生在一个细菌细胞中的代谢反应种类就超过 2 000 个。当前，人类对微生物的很多代谢通路和调控机制等一系列基础研究仍处于初级阶段，受生命科学整体发展水平的局限，合成生物学仍需通过设计—合成—测试—学习循环来逐步修正和优化菌种，即通过适当的试错机制和一定量的实验数据进行筛选修正，距离理想的理性设计阶段还有较大距离。未来，合成生物学的发展和应用，要解决的关键技术难题有四个。

一是关键元件（DNA 序列）的挖掘/合成。基因设计作为底层技术，是合成生物学发展必需的技术。对于绝大多数具有生物活性的天然产物，决定其生物合成的众多基因元件目前都不清楚，因此，挖掘出合成途径中的关键基因元件尤为重要。

二是底盘细胞优化，即如何选择最适合的菌株，如何改造最适合的菌株。

三是代谢途径/基因表达途径的构建和产物鉴定，由于产物种类众多，功能鉴定又具有独特性，所以难度最大。

四是分离纯化、放大量产，从实验阶段到扩大生产也同样是难点。在利用合成生物学方式生产产品时，产物结构越复杂，对应的代谢通路优化的复杂度以及分离纯化的难度越呈指数级提升，导致项目整体耗时及成本大幅提升，从而使量产失败。例如，以二氧化碳为原料合成淀粉这项技术虽然在实验室条件下已被证明是成功的，但距离真正工业化量产还有一定距离。

以上既是合成生物学与生物制造未来发展直面的巨大挑战，同时也蕴藏着巨大的机会，随着合成生物技术与人工智能、大数据等信息技术的融合发展，为生物制造创造出新的可能。此外，随着合成生物技术的突破，相关技术的扩散和制造成本降低，生物安全问题日益凸显。因此，及早应对生物制造可能带来的科学伦理道德问题，防范生物技术误用、滥用和非道德应用，控制生物安全隐患，也是确保生物制造健康发展的关键。

专栏 5.3

合成生物学"元老"Amyris 的滑铁卢

Amyris 成立于 2003 年，成立之初就获得比尔和梅琳达·盖茨基金会 4 200 万美元的资助。它的第一桶金靠的是合成青蒿素，2005 年研发出了一种能够生产青蒿素的酵母菌株，开始受到整个市场的关注，2008 年将相关技术授权给赛诺菲后开始研究其他合成生物学原料，并且于 2010 年在美国纳斯达克上市，迎来发展历史上的关键时期。

在推出青蒿素之后，Amyris 开始将下一个开发重点聚焦于生物燃料——法尼烯。由于在量产过程中出现酵母细胞死亡率较高的问题，造成工厂规模化生产不及预期，以及 2011 年石油价格大幅下滑导致的价格劣势，Amyris 的生物燃料规划以失败告终。

之后，Amyris 又推出了用于化妆品的角鲨烷，截至 2015 年，公司在角鲨烷原料的市场份额已经超过 20%。基于角鲨烷原料的生产优势，Amyris 于 2017 年开始对外推出面向 C 端消费者的品牌，后续公司不断加大化妆品品牌业务方面的投入，陆续推出覆盖健康、美容和保健等领域的品牌。

然而，Amyris 业务多元化模式带来的盈利并不及预期，公司甚至因此遭遇滑铁卢。2022 年，Amyris 大举进入消费品行业，一口气推出了八个品牌，本欲随合成生物学的风口起飞，结果却因为一系列成本费用的猛增，反而形成了巨额亏损。资料显示，在申请破产重组前，Amyris 旗下拥有十多个不同类别的品牌，涉及的方向从原料到终端，领域从美容到食品饮料再到健康。公司财报数据显示，2022 年 Amyris 全年营收 2.7 亿美元，同比下滑 21%；2023 年一季度营收 5 608.3 万美元，同比下降 2.8%，且该季度的亏损达到创纪录的 2.02 亿美元，同比上年 1.1 亿美元的亏损几乎翻倍。2023 年 8 月，合成生物学最具有代表性的公司、被誉为投资界标杆的 Amyris 公司宣布申请破产重组，并且计划出售其消费品牌以改善公司成本结构、资本结构和流动性状况。Amyris 的例子无疑再次强调了合成生物学企业选品与发展战略的重要性，无论是投资人还是企业都需要回归理性，更多关注成果转化与实际市场需求之间的平衡。

第三篇
提质转型传统产业

第六章　数转：产业数字化的中国实践

数字化浪潮：产业升级的"智能引擎"

一、高歌猛进的产业数字化

想象一下，如果我们把整个产业比作一辆高速行驶的列车，那么"产业数字化"就是让它从传统的蒸汽机头，升级为由智能控制系统驱动的现代化引擎。这不仅仅是换了一个更强大的发动机，更是给列车装上了智慧的大脑，让它跑得更快、更稳、更智能。

简单来说，产业数字化就是利用数字技术对传统产业进行深度改造，就像给老物件装上新芯片，让它们焕发出新的活力。这包括运用云计算、大数据、物联网、人工智能等先进技术，对企业的生产、管理、销售等各个环节进行智慧化升级，从而提高效率、降低成本、创新产品和服务，最终实现产业的转型升级和可持续发展。

在这个第四次科技革命如春雷滚滚的时代，产业数字化不仅仅是一种选择，它几乎是一场革命的号角，催促着每一个产业加速奔跑，紧跟时代的节拍。就像给传统的产业列车装上了一对"风火轮"，让它们在科技的赛道上疾驰如飞。产业数字化是：

·涡轮增压的效率飞跃：产业数字化就像给列车加装了涡轮增压器，轰鸣声中，产业的运行效率突飞猛进，动力澎湃，一往无前。

·精打细算的成本大师：通过数字化的精准数据分析，我们能够像精明的家庭主妇一样，把每一分钱都花在刀刃上，减少浪费，优化资源配置，让产业列车身轻如燕，经济高效地行驶在发展的轨道上。

·创新发展的无限可能：数字化不仅是一种技术，更是一种魔法，能够点石成金，催生无数新兴产业和商业模式。这就像在列车上不断增加新的车厢，为每一位乘客带来新鲜的空气和更广阔的视野。

·国际竞争的领航者：在全球化的大潮中，谁能够掌握数字化的精髓，谁就能在国际舞台上引领风骚。这就像给产业列车装上了最先进的导航系统，无论赛道如何曲折，都能精准定位，一马当先。

产业数字化，它不只是技术的升级，更是智慧的升级，是对未来的一次大胆投资。它让我们的产业不仅能够跟上时代的步伐，更能在时代的浪潮中乘风破浪、勇立潮头。

二、产业数字化"加速器"：转型的"四大动力"

在数字化的浪潮中，产业升级的引擎正由技术革命、市场需求、政策环境、竞争压力这四大核心"加速器"驱动，它们是推动产业数字化转型的关键力量。想象一下，数字技术的革新如同一道划破夜空的闪电，照亮了产业升级的道路。云计算、大数据、物联网、人工智能等前沿技术，就像给产业的"心脏"装上了起搏器，让整个系统跳动得更有力、更有节奏。市场需求的变化如同战场上的号角，催促着产业必须做出改变。消费者对于个性化、高效率、低成本产品与服务的渴望，迫使企业必须通过数字化手段来满足这些日益增高的期待。政府的政策支持如同一阵东风，为企业的数字化转型提供了顺风顺水的环境。从国家战略到地方规划，政策的扶持和激励为企业的数字化之路扫清障碍、保驾护航。在全球化的竞技场中，竞争压力又如同一块块投入水中的石头，激起了层层涟漪。为了在激烈的市场竞争中保持优势，企业必须利用数字化手段提升自身的竞争力，否则就有被时代淘汰的风险。这四大"加速器"共同作用，形成了一股强大的动力，推动着产业数字化的进程。它们不仅为产业带来了翻天覆地的变化，更为我们的未来描绘出了一幅充满希望和机遇的图景。

中国产业数字化："四张王牌"与五项挑战

在数字化的赛道上，中国正以独特的优势和活力，展现出令人瞩目的竞争力，成为全球产业数字化的领航者。

一、中国产业数字化的"四张王牌"

1. 庞大的市场规模：数字经济的"蓝海"

中国的市场规模之大，为数字化提供了无与伦比的发展空间。想象一下，一个拥有14亿消费者的市场，每天都在产生海量的数据和需求，这为数字经济的发展提供了肥沃的土壤。据中国信通院发布的《中国数字经济发展白皮书》，2020年我国数字经济规模达到35.8万亿元人民币，占GDP比重超过1/3。这个数字还在以每年两位数的速度增长，预计到2025年将达到70.8万亿元。中国的电子商务市场就是一个典型的例子，阿里巴巴、京东、拼多多等平台的兴起，不仅改变了中国人的购物习惯，也推动了物流、支付、云计算等相关产业的数字化转型。以"双十一"购物节为例，阿里巴巴在2020年的"双十一"期间，成交额达到了惊人的4 982亿元人民币，这背后是强大的数据处理能力和智能物流系统的支撑。

2. 完整的产业链：协同创新的"生态圈"

中国拥有全球最完整的产业链，从原材料加工到成品制造，再到销售和售后服务，形成了一个协同创新的"生态圈"。这种完整的产业链布局，为产业数字化提供了坚实的基础。中国拥有41个工业大类、207个工业中类、666个工业小类，是全世界唯一拥有联合国产业分类中全部工业门类的国家。中国的制造业正是利用这一优势在国际舞台上大放异彩。以华为为例，作为全球领先的通信设备制造商，华为不仅在5G技术领域处于领先地位，还通过数字化手段，实现了从设计、生产到销售的全链条智能化管理，极大地提升了运营效率。

3. 政策的大力支持：转型的"助推器"

中国政府对数字经济的重视程度，为产业数字化提供了强有力的政策支持。从中央到地方，一系列政策措施相继出台，为数字化转型提供了良好的外部环境。2020年，中国政府提出了"新基建"计划，重点支持5G网络、数据中心、人工智能等数字经济基础设施建设。以5G为例，截至2020年底，中国已建成超过70万个5G基站，占全球5G基站总数的近70%，这为产业数字化提供了强大的网络支撑。

4. 创新的活力：技术突破的"引擎"

中国数字化应用的创新活力为产业数字化提供了源源不断的动

力。移动支付、电子商务、共享经济等领域的快速发展，展示了中国在数字化应用方面的深厚潜力。支付宝和微信支付的普及，不仅极大地方便了人们的生活，也推动了金融科技的快速发展。据统计，2020年中国移动支付市场规模达到了惊人的 432 万亿元人民币，占全球移动支付市场的一半以上。中国的短视频平台抖音，通过创新的内容生产和分发机制，迅速成为全球最受欢迎的社交媒体平台之一，2020年抖音的全球下载量超过了 20 亿次。

二、中国产业数字化的挑战与机遇

在数字化转型的浪潮中，中国正以前所未有的速度前行。然而，每一份机遇背后都伴随着挑战。

1. 技术壁垒：攀越数字化的"高墙"

技术是产业数字化的核心，但技术壁垒却像一堵高墙，阻碍了不少企业前进的步伐。数字化转型就像企业的一场"技术魔法秀"。首先，一场名为"端—边—云—网—智"的架构革命，就像为企业安装了一颗"超级心脏"，让企业的计算力和智能化水平突飞猛进，业务和管理质量直线上升。其次，前沿技术如元宇宙和 AR/VR（增强现实/虚拟现实），就像为企业打开了一扇"创意之门"，让企业能在虚拟与现实之间自由穿梭，创造出前所未有的商业模式和商业领域。最后，云计算、5G、大数据、AI 等技术，就像给企业注入了"超级能量"，让企业的每个细胞都能瞬间连接，协同作战，效率飙升（见图 6-1）。然而，在这场企业变身为"科技超人"的竞争中，中小企业尤其感到吃力，因为它们往往缺乏足够的技术积累和研发能力，对于数字化所需的这三类主要技术望尘莫及。据中国中小企业协会的调研，超过 60% 的中小企业在数字化转型中遭遇技术难题，一些中小企业仅仅在尝试引入 ERP（企业资源计划）系统时，就由于缺乏专业的技术维护团队，系统运行并不顺畅，导致这种最初级的数字化转型效果也不尽如人意。

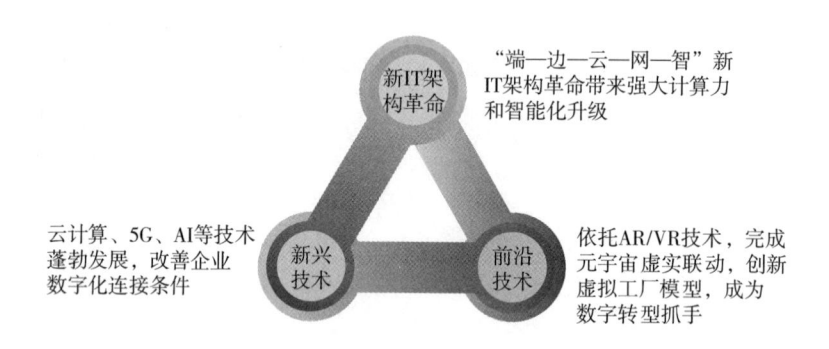

```
                    新IT架
                    构革命
                              "端—边—云—网—智"新
                              IT架构革命带来强大计算力
                              和智能化升级

云计算、5G、AI等技术                        依托AR/VR技术，完成
蓬勃发展，改善企业      新兴      前沿      元宇宙虚实联动，创新
数字化连接条件          技术      技术      虚拟工厂模型，成为
                                          数字转型抓手
```

图 6-1　企业数字化转型的主要技术驱动力

2. 人才短缺：寻找数字化的"金钥匙"

数字化转型不仅需要技术，更需要懂得运用技术的人才。数字化人才被视作数字经济蓬勃发展的"金钥匙"，他们不仅需要掌握前沿的技术知识，还要具备将这些技术应用到实际业务中的能力。简单来说，数字化人才就像是那些能够玩转数字世界的"魔术师"，他们能够利用技术手段解决现实问题，为企业带来创新和变革。他们要像商业分析师一样，深入理解企业的业务流程和市场需求，能够用技术创新来推动业务模式的变革。他们要像技术多面手一样，不局限于单一技术，而是要掌握多样化的技术知识，成为 π 型人才，即拥有深度专业知识和广度跨领域技能的人才。但目前，中国在这方面的人才储备并不充足，据教育部预测，到 2025 年，中国新一代信息技术人才的缺口将达到 950 万，而人瑞人才与德勤中国的调研显示，中国数字化人才缺口在 2 500 万~3 000 万，并且这一缺口还在持续扩大。在一些三、四线城市，即便是高薪也难以吸引和留住数字化人才，这成为当地企业转型的瓶颈。

3. 数据安全与隐私保护：守护数字化的"生命线"

在数字化时代，数据安全和隐私保护就像是守护个人和企业"秘密宝藏"的盾牌和锁。中国一直在努力强化这道防线，但和所有快速发展的数字经济体一样，也面临着一些挑战和国际社会的关切。如何确保数据的安全，防止隐私泄露，成为一大挑战。中国已经制定了一系列数据安全和隐私保护的法律法规，比如《中华人民共和国网络安全法》和《中华人民共和国个人信息保护法》，为数据安全提供了法律基础。企业和政府机构在数据加密、防火墙、入侵检测等技术上投入巨大，以提高防护能力。但是，随着技术的发展，黑客攻击手段也在不断升级，数据安全防护面临新的挑战。在一些应用和服务中，个人隐私泄露的风险仍然存在，尤其是一些小型应用和网站的保护措施可能不够完善。据中国互联网协会的报告，超过70%的网民担心自己的数据安全和隐私问题。近年来，数据泄露事件频发，不仅损害了消费者权益，也影响了企业的声誉和市场信心。

4. 区域发展不平衡：缩小数字化的"鸿沟"

中国产业数字化的区域不平衡问题，就像是一幅多彩的地图，上面有光彩夺目的高科技城市群，也有待进一步着色的边远地区。北上广深等一线城市，就像是数字化快车上的头等舱乘客，拥有丰富的资源和先进的技术，数字化转型的步伐迅速而稳健。例如，深圳的高新技术产业发展迅猛，华为、腾讯等科技巨头就是其中的佼佼者。成都、武汉、西安等新一线城市正加速追赶，它们在数字化的道路上大步前行，成为推动区域经济发展的新引擎。比如，成都的软件和信息服务业发展迅速，吸引了大量IT人才和投资。而一些边远和西部地区，由于经济条件、基础设施、人才储备等方面的限制，数字化转型的步伐相对较慢。据统计，东部地区的数字经济规模是西部地区的三倍以上，而这一差距还在进一步扩大。一些西部地区的企业，由于缺乏资金和技术支持，数字化转型步履维艰。

5. 资金投入不足：破解数字化的"瓶颈"

数字化转型，对于许多企业尤其是中小企业，就像是一场既令人兴奋又让人望而却步的"高科技盛宴"，它们渴望通过这场盛宴提升自身的竞争力，却又常常因为"囊中羞涩"而止步门前。中小企业在数字化转型过程中，资金不足往往是最大的拦路虎。它们不像大企业那样有雄厚的财力支持，每一步的投入都得精打细算。据中国中小企业协会的调研，超过80%的中小企业表示资金不足是数字化转型的主要障碍。面对各种诱人的数字技术，中小企业常常需要在成本和效益之间做出权衡，它们可能会选择那些投资回报率更高、成本更低的解决方案。一些企业在引入自动化生产线后，由于资金紧张，无法进行后续的系统升级和维护，导致生产效率提升有限。

数字中国：产业数字化的典范实践

在中国这片充满活力的热土上，产业数字化正如同一股不可阻挡的潮流，激荡着经济的每一个细胞。从智能制造的先锋实践到电子商务的创新引领，从移动支付的便捷魔法到智慧城市的前沿探索，再到远程医疗和在线教育的突破尝试，中国产业数字化的典范实践正以其独特的魅力和深远的影响力，书写着科技进步与社会发展的辉煌篇章。这些实践不仅是技术革新的展现，更是对传统产业模式的深刻变革，它们正引领着中国乃至全球经济迈向一个更加智能、高效、绿色的新时代。图6-2展示了产业数字化的各个方向。

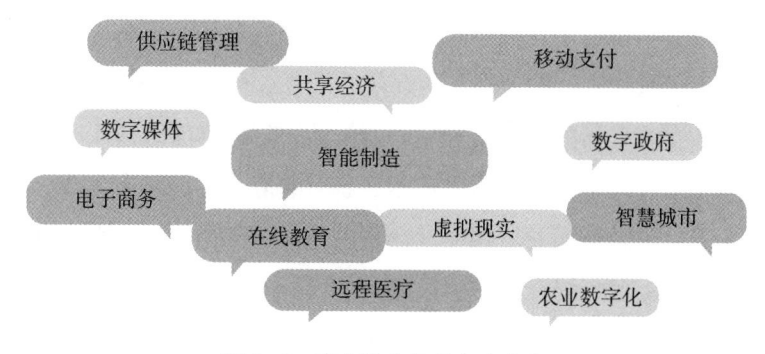

图 6-2 产业数字化的各个方向

一、海尔智能工厂：未来制造业的先锋样本——高效个性化的智能制造探索

海尔，这家闻名遐迩的家电巨头，其智能工厂是制造业智能化浪潮中的璀璨明星，展现了未来工厂的雏形。想象一下，走进海尔的智能互联工厂，就像踏入了一个高度自动化、信息化的科技乐园，这里的一切似乎都拥有了自己的"智慧"。

首先，海尔的智能工厂采用了世界上最先进的技术，比如海尔滚筒洗衣机智能互联工厂，自 2016 年奠基以来，它不仅实现了产品的个性化定制，还颠覆了传统的批量生产模式。这意味着，消费者不再只是被动接受标准化产品，而是可以根据个人喜好"设计"自己的洗衣机，从颜色到功能，一切皆可定制。海尔中央空调智能互联工厂占地广阔，达到 8.7 万平方米，拥有十种不同类型的中央空调生产能力。这个工厂的神奇之处在于，它通过智能化改造，将人员减少了 50%，而产量却翻了一番。这样的效率提升，得益于高度自动化的生产线，比如机器人点焊、先进的机械加工设备，以及智能物流系统的运用。海尔净水智慧互联产业园则是另一个亮点，被誉为全球净水行业唯一的工业互联网平台智能制造工厂。这个园区利用海尔的卡奥斯工业互联网平台，实现了用户订单直连工厂，产品直达用户，整个流程无缝对接，真正做到了"端到端"的高效协同。

再来看看具体的数据指标：海尔智能工厂内部署了成千上万的传感器，比如在海尔智能互联工厂中，就有 6 万个探测器在工作，它们如同无数只眼睛，实时监控生产流程的每一个细微环节，在确保产品质量的同时，也与用户"对话"，收集反馈，不断优化产品和服务。

此外，海尔在新技术采纳方面也不遗余力。在消费端，海尔鼓励新技术的普及，比如通过调查发现，消费者对基于 3D 打印、区块链、人工智能等前沿技术的产品有着显著的需求。在研发投入上，海尔积极参与新领域的探索，从清洁能源技术到量子计算，再到智能交通和环保技术，力求在每一个可能的"市场明天"占得先机。

综上所述，海尔的智能工厂不是一系列高科技设备的堆砌，而是对传统制造业模式的深刻变革，还是一个将客户需求、技术创新、高效运营完美结合的典范。在这里，每一台机器、每一条生产线，乃至整个生产体系，都在讲述着一个关于未来的故事，一个更加智能、绿色、高效的制造未来。

二、阿里巴巴：从电商巨人到数字生态构建者 —— 一场创新引领的全球电子商务革命

阿里巴巴这个中国电商巨擘，自 1999 年成立以来，便像一颗璀璨的星，照亮了全球电子商务的天空。它的故事是一部从草根到巨人，从本土走向世界的励志史诗。

作为互联网商机的开拓者，阿里巴巴起家时，就以一种独特的姿态出现在世人面前。它打造了一个基于互联网的商机匹配平台，相当于给全球的中小企业搭建了一座桥梁，让它们能跨越地域限制，轻松拓展国际贸易。在这个平台上，企业可以免费发布信息、寻找商机，

阿里巴巴迅速积累了庞大的供需信息数据库，奠定了其电子商务帝国的基础。

接着，阿里巴巴就开始了从电商平台到大阿里生态系统的构建。2011年，阿里巴巴的战略升级至"大阿里"，标志着其从单一的电商平台向多元化生态系统的转变。这一战略旨在整合资源，包括消费者、商户、制造商以及物流、支付等多个环节，形成一个闭环的生态系统。这意味着，阿里巴巴不仅提供交易场所，还涉足信息流管理、物流优化、支付安全、无线技术应用，以及大数据服务，全方位赋能商家和消费者。

随着国内电商平台的逐渐成熟化，阿里巴巴进一步推动电商平台"走出去"，做跨境电商的领航员。阿里巴巴控制了中国跨境电商市场约80%的份额，其三大平台——阿里巴巴国际站、速卖通以及面向消费者的淘宝网，构成了一个强大的跨境电商矩阵。淘宝网会聚了大量中小卖家，而速卖通则让中国商品直接触达全球消费者，阿里巴巴国际站则专注于B2B（企业对企业）市场，帮助中国供应商与全球买家建立联系。

最后，在电子商务深入发展的市场竞争压力下，阿里巴巴不断探索技术创新，从大数据分析到人工智能，再到云计算服务，这些技术的应用极大地提升了平台效率和用户体验。比如，通过算法推荐，淘宝能精准推送用户可能感兴趣的商品，提升了转化率。同时，阿里巴巴还致力于建设一个安全、可信的数字环境，加强隐私保护，提升用户信任度。

综上所述，阿里巴巴的发展史是一部充满创新与变革的巨制，它不仅引领了中国电子商务的飞速发展，更是全球电子商务舞台上的重要角色，不断以技术革新和模式创新，书写着电子商务的新篇章。

三、微信支付与支付宝：日常生活中的"无现金"魔法

在中国，移动支付已经从一种新鲜事物转变为日常生活中不可或缺的一部分，它如同魔术师的手杖，轻轻一点，就能瞬间完成交易，让钱包和零钱成为历史的记忆。

而微信支付与支付宝无疑是这场"无现金"革命的两大领航者。首先，它们实现了日常消费场景的全覆盖。无论是街头小吃摊、大型购物中心，还是医院、学校，甚至是在农村的小卖部，微信支付与支付宝的二维码几乎无处不在。根据艾瑞咨询的数据，超过 80% 的城市居民表示，日常小额交易首选移动支付。其次，它们实现了公共交通的无缝接入。在全国数百个城市，公交、地铁、出租车、共享单车等公共交通工具均支持微信支付与支付宝扫码乘车、用车，极大地便利了市民出行。据不完全统计，每天有超过亿次的公共交通出行通过移动支付完成。最后，它们还走出了国门，实现了跨境支付的突破。微信支付与支付宝还积极拓展海外市场，支持数十个国家和地区的支付服务，满足中国游客的海外消费需求，同时也为海外商家提供了进入中国市场的机会。数据显示，2021 年，微信支付和支付宝的跨境交易量较前一年增长了近 30%。

微信支付与支付宝的普及不仅仅是一种支付方式的变革，更是带动了数字经济的全面发展。它们不仅改变了人们的支付习惯，还深刻影响了商业生态和社会结构。它们与电商平台、外卖服务、在线娱乐、金融服务等多个领域深度融合，形成了一个庞大的数字生态系统，推动了消费模式的升级，加速了传统行业的数字化转型。对于小微商家而言，接入微信支付与支付宝意味着降低了交易成本，拓宽了销售渠道。据估算，全国有超过 7 000 万家小微商家通过这两个平台实现了线上经营，其中不乏从线下转战线上的成功案例。移动支付平台还提供了诸如余额宝、零钱通等理财产品，以及信用支付、分

期付款等金融服务，让金融服务更加触手可及，尤其是对农村地区和低收入群体，有效提升了金融服务的覆盖率和可得性。此外，支付宝的"蚂蚁森林"项目，通过鼓励用户采取低碳行为，累计植树超亿棵，展现了支付平台在环境保护方面的社会责任感。微信支付也推出了类似的绿色公益活动，共同推动社会向更加绿色、可持续的方向发展。

微信支付与支付宝的技术创新能力是其成功的关键。两者均依托于强大的云服务、大数据处理能力和高度安全的加密技术，确保每一笔交易都能在毫秒间完成，同时保护用户的资金安全。微信支付背靠腾讯，支付宝则隶属于阿里巴巴集团，两者均有深厚的互联网技术底蕴，不断优化用户体验，比如，通过人脸识别、指纹识别等生物识别技术提高支付便捷性与安全性。此外，支付宝还推出"Smile to Pay"（微笑支付）技术，进一步简化支付流程，增添趣味性。

相较于欧美国家，中国在移动支付领域展现出了显著的领先优势。《中国第三方移动支付市场季度监测报告》显示，截至2021年底，中国第三方移动支付交易规模达到数百万亿元人民币，其中微信支付与支付宝合计占据了市场超过90%的份额。相比之下，美国市场虽有Apple Pay（苹果支付）、Google Pay（谷歌支付）等移动支付工具，但普及率远不及中国的微信支付与支付宝，主要由于银行卡支付习惯的根深蒂固以及支付基础设施的差异。中国在移动支付的普及程度上遥遥领先，这得益于庞大的互联网用户基数、政府对金融科技的积极支持，以及对创新支付技术的快速接纳。微信支付与支付宝的广泛应用，使得中国成为全球"无现金"社会的先行者。

总之，微信支付与支付宝在中国乃至全球范围内掀起的这场"无现金"革命，不仅是技术进步的体现，更是生活方式、商业模式乃至社会治理方式的重大变革。它们以其强大的技术能力、广泛的国际布局以及对社会经济的深刻影响，证明了中国在移动支付领域的领先地位，并将继续引领全球支付行业的未来方向。

四、智慧城市深圳：未来已来 —— 探索智慧城市建设的前沿样本

深圳，这座位于中国南海之滨的年轻城市，正以科技之名，编织着一张智慧的网，逐步成为全球瞩目的智慧城市典范。深圳的智慧城市建设，就像科幻电影里的未来城市场景，活生生地展现在人们眼前，让生活在这座城市里的人，每一天都能感受到科技带来的便捷与惊喜。

深圳的智慧城市建设首先体现在"一图全面感知"上。这座城市构建了一套全面感知的网络体系，仿佛为城市安装了千万双电子眼，实时监测城市的安全、交通、环境和网络空间。这些数据的收集与分析，让城市管理者能更快地响应各种情况，比如提前预警灾害天气、即时调度交通流量，以及高效管理城市资源，让城市运行更加顺畅、安全。

走进深圳的智慧社区，你会发现生活变得前所未有地便捷。智慧家庭让你通过手机就能控制家中的电器，智慧物业让你的报修请求秒级响应，智慧照明和安防系统让夜晚归家的路更安心，而智慧停车则让找车位不再是难事。社区周边，智慧养老、智慧医疗、智慧教育等服务让居民享受到从摇篮到黄昏的全生命周期关怀。比如，通过智能穿戴设备，老年人的健康状况能被实时监测，紧急情况下自动报警；孩子们则可以在智慧教室享受个性化的学习方案。

深圳市政府将政务搬到云端，打造了"掌上办事大厅"。从工商注册到税务申报，从公积金查询到社保缴纳，大部分公共服务事项都可以在线办理，无须跑腿。据统计，深圳超过 90% 的政务服务实现了网上办理，极大提高了行政效率，也为市民节约了宝贵的时间。

深圳的智慧城市建设不仅关乎民生，还深层次地融入产业升级之中。通过推动工业互联网、大数据、人工智能等技术在制造业的应用，深圳的产业数字化转型走在了前列。据统计，深圳的智能制造装备产值已达到数千亿元规模，智慧工厂、无人车间成为常态，生产效率大幅提升。

深圳智慧城市建设的底层逻辑是数据，城市大脑汇集海量数据，通过大数据分析预测城市发展趋势，优化资源配置。比如，深圳的交通拥堵指数持续下降，这得益于智能交通系统的精准调度和优化。同时，深圳还在环境保护、能源管理等方面，利用数据分析实现精细化管理，让城市更加绿色、低碳。

综上所述，深圳的智慧城市建设不仅提升了公共服务质量，还促进了产业升级，优化了城市管理，真正实现了科技让生活更美好的愿景。在这个过程中，深圳不断探索创新，努力打造一个有温度、有智慧的未来城市模型。

五、远程在线应用

在远程在线应用的广阔天地中，"春雨医生"作为一款领先的在线医疗健康服务平台，以其创新的服务模式和显著的社会效益，成为远程医疗领域的一个闪亮典型。

想象一下，当你身体不适时，不必挤公交去医院排队挂号，只需轻点手机屏幕，就能立即连线专业医生进行咨询，这就是春雨医生提供的便捷体验。成立于2011年的春雨医生，凭借其强大的在线问诊平台，将医疗服务延伸到了每个人的指尖。

春雨医生累计注册用户超过2亿，日活跃用户数达到百万级别，这背后是人们对便捷、高效医疗服务的迫切需求。平台吸引了超过60万实名认证的医生入驻，涵盖了内科、外科、儿科、妇科等全科领域，确保用户能够得到专业、及时的医疗建议。据统计，春雨医生的平均响应时间不到3分钟，大幅缩短了患者等待医生回复的时间，有效缓解了"看病难"的问题。用户满意度高达98%，许多用户反馈，在春雨医生上得到的医疗建议准确且实用，为他们省去了不必要的医院奔波。

在教育领域，VIPKID同样以远程在线的方式，为孩子打开了通往世界语言学习的大门。VIPKID通过一对一的在线视频教学，连接了中国孩子与北美优质英语教师，打造沉浸式学习环境。VIPKID已为超过70万名中国学生提供服务，学员遍布中国350多个城市。平台拥有超过9万名经过严格筛选的北美外教，确保教学质量。据用户反馈，90%以上的家长表示孩子在VIPKID学习后英语水平显著提升，课程复购率超过90%，展现了极高的用户黏性和满意度。

春雨医生与VIPKID的成功，不仅在于技术的创新应用，更在于它们深刻理解并解决了用户的真实需求。这些平台利用互联网的无界特性，打破了时间和空间的限制，使高质量的医疗和教育资源得以广泛传播，真正实现了"知识与健康，无远弗届"。

综上所述，远程在线应用正以前所未有的方式改变着我们的生活，无论是春雨医生的便捷就医体验，还是VIPKID带来的全球化教育视野，都是数字化时代赋予我们的宝贵财富，展现了技术进步对社会发展的积极推动作用。

六、京东供应链数字化管理：以科技织就的智慧物流与金融赋能网络

京东作为中国电商巨头之一，其供应链管理如同一台精密运转的机器，通过数字化的魔法，将复杂的物流网络编织成一张敏捷、高效的智慧网，让商品从供应商到消费者手中的旅程变得更加流畅和透

明。京东供应链数字化管理的实践，不仅提升了自身的竞争力，也为中国乃至全球的零售行业树立了新的标杆。

京东自建的物流体系，是其供应链数字化管理的基石。利用先进的物联网、大数据、云计算技术，京东构建了一个覆盖全国的智能仓储和配送网络。例如，京东在全国范围内拥有数百个大型仓库，总面积达到数百万平方米，这些仓库通过自动化立体库、AGV（自动导引车）机器人、智能分拣系统等高科技设备，实现了商品存储与分拣的高度自动化。据统计，京东的智能物流系统能将订单处理效率提升五倍以上，订单从下单到出库的平均时长缩短至分钟级别。

京东供应链的数字化管理还体现在对市场需求的精准预测上。通过分析历史销售数据、季节性趋势、用户行为等海量数据，京东能够做到对商品需求的精细预判，从而优化库存管理，减少积压，提高资金周转效率。这项能力在大型促销活动如"618""双十一"期间尤为重要，京东能提前部署，确保热门商品的充足供应，同时避免过量库存。据统计，数字化管理帮助京东将库存周转天数保持在30多天，远低于行业平均水平。

京东在供应链管理中引入区块链技术，打造了全程可追溯的供应链体系。从原材料采购到生产、入库、出库、运输直至消费者手中，每一个环节的信息都被记录在区块链上，确保了商品的真实性与安全性。这项技术不仅增强了消费者的信心，也提高了供应链各参与方之间的信任度，减少了因信息不对称导致的风险。目前，京东已有多品类的商品实现了区块链溯源，涉及食品、奢侈品、医药等多个领域。

京东还利用数字化手段优化供应链金融，通过分析商家的交易数据、信用状况等，为平台上的中小企业提供快速、低成本的融资服务。例如，京东金融推出的"京小贷""京保贝"等产品，能够根据商家的经营状况自动审批贷款，最快几分钟内放款，有效缓解了中小企业融资难的问题。到目前为止，京东供应链金融已为数万家企业提供了资金支持，有力推动了供应链上下游的协同发展。

京东的供应链数字化管理，是技术创新与业务深度结合的典范，它不仅提升了自身的运营效率，更通过优化资源配置、强化供应链协同、增强透明度和信任，构建了一个更加高效、灵活、可持续的供应链生态。在这个过程中，京东不断探索和实践，为中国乃至全球的供应链管理提供了宝贵的经验和启示。

智慧出海：中国产业数字化的全球航迹

中国产业数字化的成功经验，就像是一颗颗璀璨的珍珠，已经被串成了一条引人入胜的项链，不仅在国内光彩夺目，更吸引了全球的目光。那么，这些宝贵的经验能否像"智慧的种子"一样播撒到海外呢？

答案是肯定的，原因有以下三个。

第一，技术成熟度高。中国的数字化技术经过多年的实践和创新，已经相当成熟。从云计算、大数据到人工智能、物联网，中国企业在这些领域的技术实力不容小觑，完全有能力为其他国家提供技术支持和解决方案。

第二，实践经验丰富。中国在不同行业、不同规模企业的数字化转型中积累了丰富的经验。无论是大型企业的全面转型，还是中小企业的局部升级，中国都有成功的案例和经验可以借鉴。

第三，合作意愿强烈。在全球化的今天，中国企业有着强烈的合作意愿和开放的心态。通过"一带一路"等国际合作平台，中国企业愿意与世界各国分享数字化转型的经验和成果，实现互利共赢。

用一个比喻来形容，中国产业数字化的成功经验就像是一艘艘准备扬帆远航的船，它们已经装备了最先进的导航系统和最坚固的船体，只待东风起，便可乘风破浪，驶向全球的每一个角落。华为的5G技术在世界各地架起了通信的桥梁，阿里巴巴的电商平台让全球消费者享受到了"中国式购物"的便捷，移动支付的"双雄"支付宝和微信支付更是让"一扫即得"的服务跨越了国界。智能家电领域的海尔、格力也不甘示弱，用创新的产品征服了海外用户的心。而在线教育的新星VIPKID，则用网络连接了东西方的语言学习之路。然而，这场"出海之旅"并非一帆风顺。数据安全的疑虑、本地化策略的不足、知识产权的争议以及国际政治经济的风云变幻，都为中国企业的出海之路带来了不小的挑战。但正是这些挑战，磨砺了中国企业的韧性，促使它们在不断的学习和自我革新中成长。

如今，中国企业正以更加开放的心态、更加深入的本地化策略、更加坚定的创新步伐，以及更加灵活的市场应对之策，书写着中国产业数字化"出海记"的新篇章。未来，随着"智慧出海"的脚步越走越稳，中国产业数字化的全球影响力将更加深远。

第七章　增智：迎接智能制造时代

工业革命爆发后出现了真正意义上的制造业，也正是因为制造业创造的巨大物质财富和对技术进步的强大支撑，人类文明才进入了一代人就能明显感受到生产力变化的发展阶段。就制造业而言，从工业革命开始到现在完成了三次重要的飞跃，目前正在开启以智能化为显著特征的第四次飞跃，其主要投入要素、使用工具、劳动力、效率和价值创造都在发生巨大变化。尽管全球服务业的发展速度都超过制造业，一些较晚启动工业化的国家甚至可以在不具备很好制造基础的条件下发展新兴的服务业，但制造业物质创造的功能不可能被替代，对经济社会进步的贡献也不会减弱，智能制造必然是未来智能化社会的重要组成部分，智能制造不仅具备新科技革命中萌芽的新兴产业的"先天基因"，更具备那些有上百年传统的制造业转型升级必经的"后天锤炼"。

生产力进步的引擎：制造业的四次飞跃

在原始社会和农业社会，生产力的发展非常缓慢，作为先进生产力代表的劳动者技能、生产工具、生产的农作物、手工产品等长达几百年甚至几千年都没有发生太大变化。我国有璀璨的古代文明，但主要农作物的生产效率自战国时期到明清的2 000多年也只提高了约30%。欧洲17世纪的农业生产率只有14世纪的一半左右，即"中世纪农业衰退"。农业进步缓慢与当时的战争、疾病有关，但也反映了以农业为主导的经济结构难以实现技术进步和效率提升的事实。工业革命之后，制造业替代农业成为经济增长和技术进步的主导载体，制造业的飞跃使得生产力在300多年的时间就发生了数次重大进步，可以说，是制造业推动人类文明进入了一个生产力不断加速进步的时代。

如果从动力来源、劳动分工、代表性的生产工具和主导产业等方面对不同历史时期的制造业进行考量，可以发现工业革命以来制造业已经完成了三次飞跃，并且正在经历一次新的飞跃，见表7-1。

表7-1 制造业的四次飞跃

	动力来源	劳动分工	代表性的生产工具	主导产业
第一次飞跃	蒸汽机替代人力、畜力、自然力	普通工人	蒸汽机、蒸汽能驱动的机械	纺织、生铁
第二次飞跃	电力能量可以远距离运输	职业工人、技术工人	电动机、电力驱动的机械及其装备	电力、钢铁、汽车、化工
第三次飞跃	电力和清洁能源超远距离运输	产业工人、工程师、技术人员	工业机器人、自动化机械	电子信息、原子
第四次飞跃	清洁能源能源储存	知识创造、创新和创意	数字工具	数字信息、生物

一、摆脱自然束缚的第一次飞跃——机械动力+工厂制度

18—19世纪，源自英国的工业革命逐渐扩散到全世界，生产力提升也明显加速，并且工业替代农业成为先进生产力的主要承载。1698年，托马斯·萨弗里在英国发明了第一台蒸汽泵，经过托马斯·纽科门、詹姆斯·瓦特、马修·博尔顿的改进，到1800年，英国就已经拥有了超过2 500台蒸汽机，这些机器被广泛应用于工业生产和交通运输。作为当时先进生产力的代表，蒸汽机从出现到普及在英国只用了100年的时间，远远快于农业社会新工具从发明到完善普及的时间。同时，新生产工具带来的效率提升幅度也具备"颠覆性"的

意义，牧师埃德蒙·卡特赖特发明的动力织机比手工机器提高功效超过40倍，亨利·贝塞默发明的转炉使得炼钢的成本下降到过去的1/8。新工具还使得过去依靠人力根本无法完成的事情成为可能，詹姆斯·内史密斯发明的蒸汽锤可以每分钟敲打220次，这使得大型机械和工程机械能够被生产。当然，在工业领域孕育更多先进生产力的同时，农业领域的生产力也得到了极大提升。1770—1846年，英国小麦的产量就翻了一番，谷物的产量总体增长了40%多，在工业革命的推动下，英国不到100年时间农业生产效率的提升幅度就远远超过了过去的2 000多年。

到19世纪末20世纪初，欧洲、美国和亚洲的日本基本完成了工业化，制造业诞生并实现了第一次飞跃。本次飞跃最重要的变化出现在生产动能的新来源和生产组织的新形式：以蒸汽机为代表的机械动能替代人力、畜力和直接利用的风力、水力成为主要的动力来源，这不仅使得可以被使用的力量实现了数千倍的增长（最早的蒸汽火车就能产生相当于1 000匹马的拉力），还使得力量可以在需要的任意时间和地点被创造出来；制造工厂的大量出现使得规模经济、范围经济成为可能，标准化和分工使得生产效率较手工作坊提高了成百上千倍。这两大变革使得制造业不再像以往的农业和手工业那样，必须依靠自然力生产、遵循自然法则安排生产计划，人类第一次能够真正意义上摆脱自然约束，使得财富创造实现超自然的增长。

当然，制造业在实现第一次飞跃之后还是很稚嫩的，最早的制造工厂主要是生产要素的集中和堆积，蒸汽机能量巨大但只能直接使用，管理能力的不足使得单一工厂规模不能无限扩大，所能推动的技术进步是比较有限的。同时，受限于交通和信息，技术的扩散也非常缓慢，新型的纺织机械在欧洲从出现到普及用了半个多世纪，而100年后的亚洲和非洲都还在使用传统纺织机。尽管如此，制造业的诞生和第一次飞跃也不愧是人类文明伟大的转折点。

二、追求更多、更快、更大的第二次飞跃——电力 + 流水线

1. 电力的使用：制造业第二次飞跃的一个重要标识

1865 年德国工程师西门子发明了发电机，1870 年比利时工程师格拉姆发明了电动机，1882 年，爱迪生在纽约建设了全世界第一座发电厂，到 19 世纪末，欧美制造业已经基本使用电能作为主要能量来源。将动力的创造和使用区别开来意义重大，两个重要环节可以有更深入的专业分工，而专业分工必然带来效率的进一步提升，更重要的是，制造业可以随时随地根据需要使用动力，这是继蒸汽机替代人力、畜力后制造业对动力束缚的又一次摆脱，制造业进入"电力时代"。相较于蒸汽能，电能在能量大小、便捷性、安全性等方面都有巨大的进步，巨型的工业机械带来了更大的制造加工能力，同时，电力也使得一些小型工具能够获得机械能，电力更精准的输出还推动了制造模式的一次巨大革新——流水线的出现和普及。

1913 年，亨利·福特在克莱恩的帮助下，将汽车厂改造成流水线，这使得一辆汽车的装配时间从过去的超过 12 小时缩短到 90 分钟。1927 年时福特工厂每 24 秒就能出厂一辆 T 型车。在一大批使用电力的新机器和流水线的推动下，制造工厂实现了巨大进化，一些在当时有超前设计思维的工厂即使放在现在也不过时。建成于 1923 年的菲亚特林格托工厂按照汽车制造的流程设计了五层楼，长达近 5 000 米的"流水线"，在顶楼还有一个环形汽车测试跑道，工厂周围还配套建设了火车站点、大型停车场和生活设施，形成了现代化工厂和专业制造园区雏形。

电的发明和使用不仅仅带来制造业动力使用的一次飞跃，还开创了一个全新的领域——电子通信。19 世纪 70 年代，美国人贝尔发明了电话，20 年后，意大利人马可尼实验无线电取得成功，人类的信息传递摆脱了必须依靠实物传递的约束。通信的便利使得分散在各个地区的制造工厂能够相互关联，进行产能的分配和上下游协同，这是在流水线之外，制

造业第二次飞跃中生产组织的另一个伟大变革，这一变革使得在一个更大范围、突破单一工厂进行生产组织成为可能，这一变革也导致了制造业发展链条化、体系化的趋势，形成了产业链、产业体系。

2. 制造业的第二次飞跃再次解放和发展了生产力

自此，制造业的发展开始不局限于已有的技术路径，出现了很多新兴的产业门类。特别是化学工业的出现让人们在自然材料和钢铁之外，寻找到了不计其数的材料，石油化工还推动了内燃机的进步，推动了汽车、造船等行业的发展。

总体上看，制造业的第二次飞跃以创造更多的物质产品为根本目标，技术进步、管理创新和新兴产业的出现都是以提高生产能力为导向的。这与当时非常不丰富的物质产品有关，供不应求是常态，因此制造工厂首先追求的是以较低的成本进行快速生产，不用担心产品的销路，只要能生产就能被卖出去，就能带来利润。以电力的使用和流水线为代表，技术进步和生产组织模式创新放大了制造业的规模经济效应，出现了"钢铁大王""石油大王""铁路大王"等一批行业领导者和财富巨头，垄断组织托拉斯的出现造成了分配的不公平，也反映了当时对产能的疯狂追求。只追求产能增长的生产方式带来一个巨大弊端，就是对自然资源的无节制消耗和对生态环境的疯狂破坏，这种问题造成的伤害直到现在还在修补中。

三、效率效益优先和全球化的第三次飞跃——自动机械+精益管理

1. 自动化与管理革命

1959年，美国尤尼梅特（Unimation）公司生产的第一台工业机器人在通用汽车公司安装运行，使用磁鼓记忆体的机器人能够存储

180个工作步骤，用于生产汽车的门、车窗把柄、换挡旋钮、灯具固定架。经过60年的发展，工业机器人已经在制造业的每一个细分行业从事着人类工友不愿意和难以胜任的工作，工业机器人的渗透率也被看作衡量产业、企业现代化水平的重要标识，工业机器人和其他一些能够自主运转机器设备的出现也开启了制造业的"自动化"革命，机器在越来越多的岗位替代人，这弥补了人口下降、人工成本上涨的压力，同时还进一步提高了生产效率和保障产品质量。

同样是在20世纪50年代，丰田英二在考察美国底特律之后，用近30年的时间创造完善了丰田生产模式，实现了日本汽车制造业在生产方式、组织能力、管理方法上对美国的超越，改变了全球制造业的基本布局和秩序。1990年麻省理工学院在《改变世界的机器》一书中总结了丰田公司的流水线制造方法论，随后"精益生产"享誉全球，并行工程（CE）、团队协作（TW）、准时生产（JIT）、全面质量控制（TQC）等管理方法和目标逐步成为全球制造企业最基本的管理准则。

通过自动化改造和更加精益的生产管理，制造业的第三次飞跃进一步提高了生产力，实现了节约和集约的价值创造，制造业的成本进一步下降。制造业的规模扩大到能够在世界范围满足人们的物质需求，但与之前只追求产量和规模不同，本次飞跃更加注重效率和效益的提高。客观上，制造产品的丰富使得市场从供不应求转向供过于求，制造企业之间爆发了激烈的竞争，能够以更低价格、更高质量向市场提供产品的企业才能在竞争中获胜。

2. 日益凸显的全球化特征

全球化也是制造业第三次飞跃的重要特征。第二次世界大战结束后到21世纪最初的10年，全球产业转移、分工格局调整都是以低成本和效率为重要导向的，美、日、欧等发达经济体制造业不堪要素成本的增长，向条件较好的发展中经济体转移产能，进行跨境产业协作。20世纪50年代的日本是承接制造业国际产业转移最多的国家。20世纪60年代和70年代，韩国、新加坡、中国台湾和中国香港接受了大量制造业产业转移和制造产品订单，它们也是创造亚洲发展奇迹的"四小龙"。20世纪80年代，东南亚的泰国、马来西亚、菲律宾、印度尼西亚在外向型经济的刺激下承接国际制造业转移，实现了快速的工业化步伐。而随着改革开放的深入推进，中国在2017年成为全球第二大外资流入国。可以说，截至目前，制造业仍然是国际产业协同最紧密的产业，而成本、市场和效率共同决定了一个国家和地区参与国际制造业分工的地位和重要程度。

制造业的第三次飞跃还使得不计投入和成本的粗放式增长方式被抛弃，集约和节约的生产方式被普及，制造企业开始重视资源能源的合理使用，以及生产过程和产品使用中对生态环境造成的影响。但是，绿色发展还没有达成共识，对资源能源的节约主要还是出于对成本控制的要求，对环境的保护也是因为法律的规制，发达国家将高污染、高排放的产业和产能搬迁到其他国家，甚至将有害有毒的废料出口到其他国家，所谓的对环境的保护具有明显的国别性。同时，发达国家主导全球分工和贸易规则，利用技术差、信息差，以经济手段掠夺发展中国家的资源和市场，虽然很多发展中国家在全球化中获得了高速发展的机会，但是在相当长一段时间里，发达国家都是全球化的最大受益者。

四、深度交融的第四次飞跃——智能机械 + 高度定制

进入21世纪，人工智能等新一代数字信息技术实现突破性进展，绿色低碳在全球达成共识，不同产业深度融合下传统的产业分类边界消失，用户也更加追求个性化的产品和服务。在这种情况下，制造业

开启了第四次飞跃，突出表现为智能化、绿色化、融合化和定制化的特征（见图 7-1）。

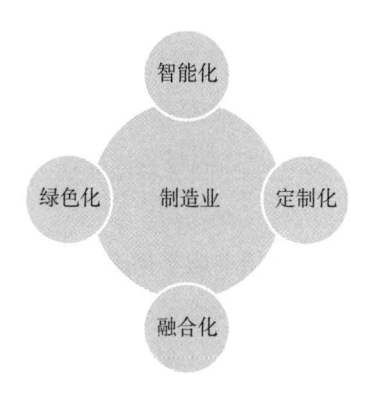

图 7-1 制造业最新一次飞跃的四大趋势

1. 重新定义机器

与数字化、网络化比较，智能化最明显的特征是重新定义机器（人工智能）在产业发展和企业生产经营中的地位和作用，以及新环境下人与机器的关系。当然，制造业数字化、网络化和智能化三者之间并没有取代式的递进关系，只存在层次上的差异。一方面，制造业部门中传统的信息化还将继续；另一方面，人工智能将对制造业的运营产生更加直接的影响，这会显著提高制造业的效率和效益。

2. 全方位绿色化

绿色低碳是制造业发展的基本原则，也是重大机遇。传统粗放式的发展模式对环境有负面影响，不仅自然生态系统遭到破坏，人类自身也深受其害。在新工业革命中，制造业将全面、深入地实现绿色化。第一，技术创新和管理制度创新同时驱动制造业绿色化的实现，技术进步不断提高能源转化率和资源利用率，新的供应链、仓储、物流体系使得制造业中间消耗不断降低。第二，在各种类型制造业部门、制造业整个流程和全产业链的每个环节都将采用更加绿色的发展方式和技术路线，而不仅仅局限于高耗能、高污染行业。第三，以节能环保为代表的绿色产业规模不断提高，成为很多国家和地区制造业发展的新增长点。第四，"绿色"成为制造业的新标准。以欧盟碳边境调节机制为代表，世界各国对进口制造产品的原材料、生产工艺、环境影响、回收循环等提出更高的绿色标准要求。

3. 产业间深度融合与制造业服务化趋势增强

在新工业革命浪潮中，制造业分工不断深化、价值链不断分解，信息网络技术不断扩大应用，通过自身改造升级和业态创新，制造企业提供服务的能力不断增强。制造业产品或产品包中服务的比重不断提高，越来越多的制造企业把提供产品的相应服务作为差异化竞争的重要手段。在装备、电子、汽车等产品出现产出服务化趋势之后，服装、食品等产品也开始包含越来越多的服务。

4. 低成本、大规模与极具个性的定制化制造并存

大规模定制必须同时满足两个条件：一是制造企业能够掌握每一个消费者的个性化需求，并且这一需求信息能够实时地传递到产业链的每个环节；二是制造具有足够的灵活性，能够在不增加成本（或者增加极低成本）的情况下满足每一个个性化的需求。目前，这两个条件都能够得到满足。对于前者，大数据技术使得信息的搜集和传输成本大幅下降；对于后者，智能工厂打破人与机器、机器与机器间的关系，智能化设计，柔性化、可重塑的生产系统在很多行业得到推广，信息联通上游供应链和下游物流保障体系。除了模块化的行业，冶金、化工等流程化的制造业在技术和制度创新的推动下，都能够向特定客户精确提供高度定制化的产品。

智能制造：模式及实现

智能制造是一个多维度的概念，从技术的角度、经济的角度、产业的角度都能够对其进行定义和界定。近些年，科技革命势头强劲，新技术的应用对制造业的改变影响较大，因此较为流行的对智能制造的定义都是从技术角度出发的。先进信息通信技术、自动化技术、数据分析技术、人工智能技术、物联网技术等构成了智能制造的底层技术，在这些技术的推动下，智能制造相对于当前的制造具有高度自动化、数据驱动、灵活柔性、互联、智能决策、预测性维护、高资源效率和用户参与等特点。一些研究将智能制造区分为基础层、技术层、应用层，或者将智能制造从小到大进行分别定义，例如分为感知和执行层（形成生产线）、工业控制层（形成车间）、MES（制造执行系统）层（形成工厂和园区）、ERP层（形成企业和集团），如图7-2所示。这种分层级的定义方式可以较为直观地展现不同层面、不同范围的制造业如何应用新技术（主要是信息技术）实现智能化的改造，这种对新概念进行定义的方式也用在了制造业以外的很多领域，例如区块链、物联网、人工智能大模型等。

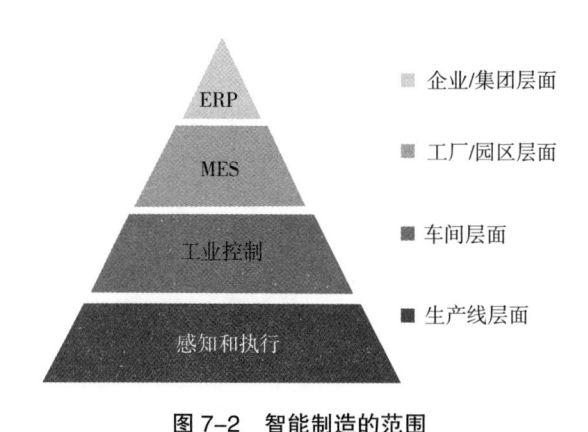

图7-2 智能制造的范围

智能制造业向下兼容过去制造业改造升级的内容和取得的成绩，是制造业在技术革命背景下向更高层面的演进，因此智能制造的本质仍然是物质生产和转化，制造业的运行规律仍然有效，只是表现形式发生了变化。

随着人工智能、物联网、云计算等技术不断成熟，新技术在制造业应用的技术路线和商业模式也逐渐清晰，我们可以用更清晰的视角去推测智能制造的最终形态，以及其与当前制造业的区别。当然，未来总是不可预测的，成功和失败都会不期而遇，虽然方向是明确的，但具体的实现路径却大多出乎预料，我们只能大胆而谨慎地对未来进行揣测而无法准确定义未来的智能制造。尽管如此，我们现在也已经能够感受到制造业智能化的气氛，具身智能、人机融合、零碳制造正在潜移默化地改变制造业的基本形态。

一、还有什么不能干的：具身智能

人的优势在于随机应变，劣势在于能力有限和变化不定，因此就算是技艺最高超，同时最敬业的工人也有力量、视力、听力的极限，无法保障在每天、每时、每秒都有饱满的工作热情和一成不变的操作。因此，机器开始在那些需要不断执行重复动作的岗位替代人类劳动者。但是，对于一些概念和逻辑非常模糊的工种和岗位，机器对人的替代成本极高，效果也不好。出于成本和稳定性的考虑，保留人类岗位仍然是明智的选择。因此，即便是那些具有科幻色彩的"超级工厂""灯塔工厂""黑灯工厂"，还是需要保留一些人类岗位，这些岗位中有很多是从事机器调试和维护的技术人员，但也有些劳动者在全自动生产线的某个环节，从事插拔网线、扶正零部件，或者贴上包装胶条这样的看似无聊又无趣的工作。这其实反映了现代自动化工厂发展的窘境——越是人类觉得简单的事情，越有可能是机器难以胜任的岗位。

这种情况正在发生改变，人工智能的一个重要分支——具身智能逐渐成熟，在制造工厂里，那些因为技术和成本问题还保留着的人类岗位也将被机器替代，智能制造能够做到完全的"无人化"。

根据中国计算机学会的定义，具身智能是能够理解、推理并与物理世界互动的智能系统，可主动式感知，也可以像人一样完成物理任务，更重要的是具身智能可以感受世界、对世界进行建模，进而主动学习和认知。2023年和2024年，ChatGPT和Sora（人工智能文生视频大模型）大放异彩，与服务业通用人工智能的应用不同，制造业作为物质生产部门，具身智能的应用必须以机器设备为载体，这是最先进人工智能在制造业应用的巨大障碍。2000年图灵奖得主、中国科学院院士姚期智教授指出了具身智能机器人的四大挑战：一是机器人不能像大语言模型一样有一个基础大模型直接一步到位，做到最底层的控制；二是要做到对机器人控制的算力目前是无法实现的；三是如何把机器人多模态的感官感知全部融合起来，仍面临诸多难题需要解决；四是机器人的发展需要收集很多数据，其中也面临安全隐私等方面的问题。

随着人工智能技术和机器人技术的不断进步，具身智能在制造业应用的条件不断成熟，近期有不少突破性的进展。2024年1月，埃隆·马斯克分享了Optimus机器人Mobile ALOHA在桌子上折叠T恤衫的视频，而在两年前，Mobile ALOHA首次亮相还需要人搀扶。微软研究院发布的"ChatGPT for Robotics"使用ChatGPT大语言模型将人的语言快速转换为机器人的高层控制代码，搭建了大模型从虚拟世界向物理世界转化的桥梁。谷歌的Everyday机器人使用新语言处理模型SayCan，机器人在通用大模型的帮助下，可以完成包含十几个步骤的长任务。具身智能在人形机器人领域的应用也取得了一些令人兴奋的进展。具身智能通过创建与现实世界交互的人工智能系统，弥合了数字世界与现实世界的距离，是迈向智能制造的一个很好的起点。

二、下班撸猫、上班撸机器：人机融合

20世纪80年代开始，信息技术被大规模应用于机器中，在制造业中，人与机器出现相互协作的关系，这是制造业中人与机器关系演进的重要一步。机器数控化带来的第一个变化是人机交互变得更加人性化，虽然机器仍然不能直接接受人类语言发出的指令，还需要通过各种计算机"语言"作为人机交互的桥梁，操作人员也需要经过专门培训，但人机交互已经开始向方便人的方向发展，而不是过去以方便机器识别为准则。机器数控化带来的第二个变化是柔性程度大幅提高，单台机器有能够扩展的命令集，不再局限于只能完成非常有限的工作，机器之间的模块化组合更能实现任务的快速切换，一些先进的工厂在一条流水线上就能同时完成多个型号产品的生产。制造业的现场管理更加规范和严苛，数控机床一般都有全封闭的设计，其他工业机器人也有被围挡和警戒线环绕的工作范围，工人被严格控制在机器的工作范围之外，一些必须移动的设备（如AGV机器人）都有避让工人的设计，因此机器造成的安全事故极少发生。目前人与机器的"协同"关系只是体现在岗位分工、人机交互和共同实现柔性化制造的相互协作上，人与机器之间的物理障碍仍然存在，这阻碍了人与机器关系的进一步深入发展，具体的演变情况见表7-2。

表7-2 人与机器关系的演变

人机关系	人机交流	岗位分工	机器柔性
人机冲突	机械式人机界面，操作难度大、体力消耗大	机器主要完成人类体力和速度无法完成的工作，一般需要直接对机器进行操作	机器只能完成事先设计的工作，不具备柔性，也很难扩展功能和进行组合
人机磨合	半自动化人机界面，操作难度降低	机器在流水线上广泛使用，但并没有降低工人的劳动强度	专业设备较多，通用设备较少，柔性程度很低

续表

人机关系	人机交流	岗位分工	机器柔性
人机互补	专业化界面系统,操作难度降低但学习成本增加	机器和人在不同岗位分工,相互补充	机器的安装和调试需要较长时间,具备柔性的可能性,但柔性化成本较高
人机协作	模块化的命令组,学习成本大大降低	大多数工作由机器负责,工程师负责帮助机器纠错和进行调试	模块化设计能够实现快速组合,柔性化程度明显提高
人机融合	使用人类自然语言进行人机交流,几乎不需要进行学习	机器与人能够同平台操作,甚至可以任意互换岗位	机器具有学习能力,能够胜任更多工作,柔性化逼近人类水平

当前,制造业正在经历天翻地覆的数字化变革,在数控化的基础上,机器向着更加智能化、柔性化和安全化的方向发展,人与机器的协作关系更进一步。一是人与机器的互动交流向着以人类自然语言为基础的方向发展,机器的操作者不再需要学习专门的技能而只需要经过简单的培训,机器自身可以保留数字语言进行数据传输和相互协同,但同时能够很好地理解人类语言直接发出的指令。二是人与机器可以在同一空间和平台上协作,人与机器间物理上的、制度上的隔挡将会彻底消失,机器不仅不会对人造成任何伤害,反而可以在相互触碰的距离上随时辅助工人的劳动。三是机器能够实现高度柔性化,并且具备学习能力和纠错能力,人对机器的直接干预变得很少,机器甚至可以在面临新的任务时和人类工友一起学习。

当然,"人机融合"关系的基本前提和原则是以人为本,人在工业生产中重新回到主导地位,机器能最大限度地配合人的劳动习惯、最大限度地降低人的体力和脑力劳动强度,并完全服从人的指挥和调度,在同一个生产现场通过互补、协助实现超柔性生产,达到新的制造极限高度。目前,最先进的工业机器人能够实现与人类工人的"共存"和"序列协作",机器与人之间没有围栏,共享或者不共享一个工作空间，优傲机器人的 UR3、Rethink Robotics 的 Baxter、ABB 的 YuMi、KUKA 的 iiwa、发那科的 CR 系列、Comau 的 Racer-5 是这类协作机器人的代表，而欧姆龙的 i-Automation 更是提供了一整套的人机融合解决方案。

三、我们不生产碳，我们甚至消灭碳：零碳工厂

在绿色低碳已经成为全球共识的情况下，制造业作为碳排放的主要经济部门，必然是减碳的重中之重。根据统计，我国制造业碳排放占到整体碳排放的约 30%，是仅次于电力产业的第二大碳排放部门，制造业的绿色转型不仅可以减少自身碳排放，还能够传导给上游电力产业倒逼电力行业的绿色低碳转型，智能制造业必须以绿色为底色，低碳甚至零碳是制造业智能化的目标之一。

2015 年，我国提出了绿色工厂的五大要求：生产洁净化、原料无害化、用地集约化、废物资源化和能源低碳化。在过去约 20 年的时间里，绿色工厂提出的五个目标中有四个已经有很成熟的实现手段和制度保障。生产洁净化、原料无害化有非常细化的标准体系和法规体系；用地成本不断上涨使得用地集约化成为企业自觉的市场化决策；废物资源化通过企业层面、园区层面、城市区域层面的循环经济得到实现；而能源低碳化是五个要求中最难实现，同时也是智能制造必须解决的棘手问题，也只有通过智能化的技术和手段才能够实现制造工厂的低碳化。

在能源来源方面，要让制造业使用更多的清洁能源，就需要大规模的储电设施，如果通过智能化的算法和系统，将能源生产和能源使用在时间上进行更优匹配，同样能够推动制造企业提高能源消费中绿色低碳能源的比重。在绿色工厂，分布式的光伏系统几乎都要配套建设智能化的用能系统，在减少光伏发电波动对生产稳定干扰的情况下

最大限度地使用清洁能源。

在能源利用方面，使用高效用能设备可以降低能耗，智能装备还可以减少不必要的动力输出，达到减排的效果。此外，智能制造还必须最大限度地发现和减少能源浪费，例如，通过传感器构建的数字孪生系统监测关键环节的能耗参数，及时发现能源漏损点位并进行修补。

在能源管理方面，同样需要一套数字智能系统对工厂碳排放进行准确的测算，并在测算的基础上优化企业能源管理，将企业完成订单需求与能源节约的矛盾统一起来。

专栏 7.1

联想集团武汉零碳工厂的实践

2022 年，联想集团武汉产业基地获颁 ICT（信息与通信技术）行业首张零碳工厂证书，成为中国 ICT 行业首个也是唯一经过第三方评价的零碳工厂，打造了制造业传统工厂的"零碳样板"。通过技术、管理和制度创新，该工厂每年减少 15 000 吨碳排放，节约的能源相当于 100 家小型服装企业的能耗。

在能源使用方面，工厂建设了屋顶光伏发电和其他分布式光伏系统，每年向企业供电 210 万千瓦时，减少 1 104 吨碳排放。在工艺改造方面，通过引进深冷制氮技术，氮气提取率提升 2.2 倍，耗电量降低 50% 以上，每天为基地节省用电量超 1 万千瓦时。

在现代化工厂中，空气压缩机提供的压缩空气是很多进行精确操作的机械臂的动力来源，同时也是现代工厂的"电老虎"。作为制造大国，中国空气压缩机的耗电量几乎占到全国发电量的 10%。压缩空气的泄漏是造成工厂能源浪费的主要原因，联想工厂利用数字化的监测和分析技术，排除了近30%的压缩空气浪费。

联想 LeGreen 系统通过遍布工厂的传感器实时检测各种能耗变动情况，借助智能化的分析系统，不仅能够准确反映工厂的能耗情况，还可以发现造成能源浪费和不必要碳排放的重点环节及工序，这为零碳工厂的改造指明了方向。

当企业追求产能和效率时，总会有产能的波动和产线的变化，这都会产生额外的能耗和碳排放。联想自研的 APS 排产系统引入能耗维度，使用人工智能等技术，并且对空调等主要能耗单元进行精确到分钟的调控，这一系统每年为工厂节约了 2 200 万千瓦时的电力消耗。

四、Just in all：精准制造

1953 年，日本丰田公司副总裁大野耐一将单件生产和批量生产的优势进行整合，创造了多品种小批量混合生产需求下高质量、低成本的生产方式——准时生产。准时生产随后在全世界所有制造业行业得到普及应用，显著降低了制造业的成本并提高了对市场需求的响应速度。随着数字化对经济社会的影响已经从纯技术推动的生产力进步转向对生产关系等制度层面的全面冲击，制造业的运行范式也涌动爆发了一些新的规律和现象，推动制造业向着运转更高效、成本更节约、供需更好对接的方向发展。在这种背景下，"精准经济"（Precision Economy）的概念被提出并得到实践。例如，如今的智能手机只有不到 300 克的重量，是初代手机的 1/4，但其运算能力远超过 20 世纪 80 年代的大型计算机，也就是说在不到半个世纪的时间里，技术进步将一整间屋子的设备压缩到了一个手掌大小的手机中，相应的能耗、物耗也减少到以前的百分之一、千分之一甚至万分之一，这是工业产品"精准化"的具体表现，也是"精准经济"智能化、紧凑化特

征的反映。

当然，精准经济绝不仅仅是提供"更小""更好"的电子产品，信息时代创造海量数据资源，精准经济的"紧凑"还体现在对供给和需求的精准匹配上，让以前难以实现的低成本定制成为可能，个性化的需求得到普遍满足，整个经济体系的公平与和谐程度也大幅提升。

智能制造能够突出体现精准经济，制造业实现"精确性"和"准确度"依靠的是先进的数字技术和制度设计，这样可以使制造业的各个环节、各个方面高度精准，实现"Just in all"的万物皆准。具体来看，数据获取、数据分析和数据驱动共同构成精准制造的物质基础和制度基础，这些能力也共同决定了一个制造企业、产业的精准经济水平。

首先，数据获取形成精准经济的数据基础，只有在现实世界和数字世界畅通的前提下才有可能推动精准匹配、决策。与电子商务等服务业天然就能形成数据不同，制造业的数据基础需要通过传感器才能得到现实世界向数字世界的映射。西门子提出的"数字孪生"概念已经在很多现代化工厂得到初步应用，与现实对应的虚拟数字工厂不仅能够帮助企业管理者更好地了解运行情况，还能够预测可能出现的故障，甚至随时对工艺流程改进和管理创新进行数字化的预演。其次，数据分析能力具体表现为算力，是对海量获取数据进行处理并满足某种和多种计算需求的能力。数据分析能力的获得具有高投入、高风险、强外部性和高垄断特征，从制造业的特殊性出发，智能制造的数据以私有数据为主，算力也极大可能以区域性、行业性进行分布。最后，在数据获取的基础上，根据数据分析的结果对各种经济决策进行指导不仅需要技术上的支持，更需要制度上的优化。人工智能技术的发展和应用是近几年数据驱动最重要的推动力，同时，数据驱动的制度环境也逐渐成熟，中、美、日、欧、韩等领先国家和地区针对数据产权、数据安全的制度建设都有长足的发展。

智能制造的精准化是建立在联通数字世界和现实世界的数据获取、超大规模数据分析、普遍数据驱动基础上的经济发展模式。由于能够实现对经济活动的精准监测和控制，精准制造能够在很高的生产力基础上进一步实现经济效率的提升，经济运行物耗、能耗的降低，以及让更多闲置和"无用"的资源要素进入市场创造经济价值。精准制造的实际条件，如图7-4所示。

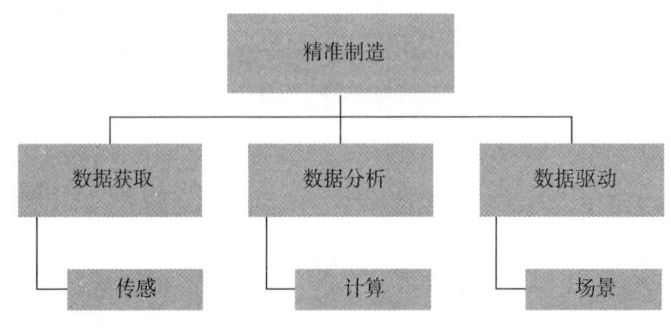

图 7-4 精准制造的实现条件

智能制造的中国站位

未来，制造业的比重必然会下降，人类对物质产品的消费欲望会逐渐减弱，而对服务和虚拟内容的消费欲望却是永无止境的。因此，有一种观点认为，在未来，制造业变得不那么重要，甚至不是必需的。但实际上，算力驱动、智慧运转和虚实融合的未来社会基于这样一个前提：物质需求得到极大满足。因此，智能化社会不是不需要物质生产的制造业，而是需要极端发达的制造业。即便是元宇宙真正实现，元宇宙的入口，以及支撑元宇宙超大运算的仍然是制造业提供的实物产品。因此，人类文明离不开制造业，高度智能化的社会必须有高度智能化的制造业。特别是对于还没有完成工业化的发展中国家而言，智能制造更是在新的科技背景下支撑本国物质财富积累的必要基础。

一、制造业基础：一马当先

中国制造业规模占到全球的1/3，整体发展水平也很高，发展智能的基础条件可谓在全球"一马当先"。2010年，中国制造业增加值超过美国成为全球第一制造大国，目前对世界制造业贡献的比重超过30%，500多种主要工业品中有220多种产量居世界首位。在规模扩大的同时，我国还构建了前所未有的完善的工业体系。完善的工业体系首先表现为产业门类的超级齐全。中国是唯一拥有联合国产业分类中全部工业大类、中类和小类的国家，可以生产几乎全部的工业产品。完善的工业体系也表现为工业结构的合理和产业链的完备。经过多轮调整和优化，中国轻重工业比重基本合理，虽然存在供需间的结构性矛盾，但没有持续的、长期的供需不足问题。从产业链看，从最上游的采掘到最下游的产品服务，以及研发、物流、金融等生产性服务业基本完整，虽存在部分弱项但没有明显的缺失。完善的工业体系还表现为要素的齐备和质量不断提升。中西部地区发展工业还有很大的土地存量可以利用，全球化的能源资源保障能力也不断增强。中国的教育水平在发展中国家遥遥领先，造就了全球最庞大的高素质产业工人队伍，以及世界领先的工程师队伍。正因为拥有超大的工业规模和完善的工业体系，在面临数次外部冲击时，中国工业总能展现出巨大的韧性，使得中国经济失速的风险远远低于其他发展中国家，同样，世界一流的制造业基础条件也确保了智能制造在中国的培育有好于其他国家的沃土。

二、技术创新能力：并驾齐驱

在智能制造相关的技术创新方面，我国已经具备比肩发达国家的研发能力，可谓与世界领先国家"并驾齐驱"。中国科技研发投入和产出已居世界前列，技术研发体系完备，建设了诸多世界领先，甚至唯一的重大科技基础设施，具备在多个领域、多个技术路线上进行基础性、前沿性研发的能力。同时，借助产业门类齐全、产业配套完善的条件，中国能够将新设计、新产品以市场可接受的成本进行大规模生产，并持续改进生产工艺、提高产品质量和降低生产成本，中国可以在一些全新的赛道上与发达国家同步起跑，弱化技术研发的后发劣势，例如，在人工智能、移动通信、量子科技、空天开发等具有颠覆性的技术领域，中国具备了世界领先的研发水平。中国人口规模大、经济体量大，能够为新技术、新模式的商业化提供丰富的应用场景和较大规模的市场需求支撑。例如，尽管并不具备技术研发的先发优势，但依靠动力电池和汽车制造的规模化发展，中国新能源汽车产量超过全球的60%；光伏、风电装机容量占到全球的约40%，装备产量则超过全球的2/3，新能源实现了产业和市场双高。创新能力不断增强是我国长期坚持独立自主技术路线的结果，同样也奠定了制造业智能化升级的技术基础。

三、政策支持体系：精准有力

随着新一轮科技革命和产业革命深入发展，数字化转型浪潮给传统制造业带来了新的机遇和挑战，产业数字化与数字产业化协同发力，催生了新的制造范式，给智能制造提供了广阔的市场前景和庞大的需求潜力。目前，新一代信息技术、数字技术、人工智能等新兴技术与制造业加速融合，智能制造发展面临的技术壁垒、行业壁垒、管理壁垒不断被打破，带动制造业不断迈向高端化、智能化、数字化，为制造范式的现代化、精细化创造了有利条件。

中国发展智能制造基础扎实、条件充分、需求庞大。近年来，各级政府相继出台规划政策，促进智能制造快速健康有序发展。为贯彻落实"十四五"规划《"十四五"制造业高质量发展规划》，加快推动智能制造发展，2021年12月，工业和信息化部等八部门联合印发了《"十四五"智能制造发展规划》(以下简称《规划》)。《规划》提出："十四五"及未来相当长一段时期，推进智能制造，要立足制造本质，紧扣智能特征，以工艺、装备为核心，以数据为基础，依托制造单元、车间、工厂、供应链等载体，构建虚实融合、知识驱动、动态优化、安全高效、绿色低碳的智能制造系统，推动制造业实现数字化转型、网络化协同、智能化变革。同时，《规划》提出了"十四五"智能制造的发展目标，要求到2025年中国智能制造达到的主要目标是：

• 转型升级成效显著。70%的规模以上制造业企业基本实现数字化网络化，建成500个以上引领行业发展的智能制造示范工厂。制造业企业生产效率、产品良品率、能源资源利用率等显著提升，智能制造能力成熟度水平明显提升。

• 供给能力明显增强。智能制造装备和工业软件技术水平和市场竞争力显著提升，市场满足率分别超过70%和50%。培育150家以上专业水平高、服务能力强的智能制造系统解决方案供应商。

• 基础支撑更加坚实。建设一批智能制造创新载体和公共服务平台。构建适应智能制造发展的标准体系和网络基础设施，完成200项以上国家、行业标准的制修订，建成120个以上具有行业和区域影响力的工业互联网平台。

为贯彻落实《规划》，工业和信息化部、国家发展改革委、财政部、国务院国资委、市场监管总局联合开展年度智能制造试点示范行动，通过遴选一批智能制造优秀场景，以揭榜挂帅方式建设一批智能制造示范工厂和智慧供应链，在各行业、各领域选树一批排头兵企业，推进智能制造高质量发展。

随着各地区相继发布智能制造规划和扶持政策，目前我国智能制造政策体系已逐步建立完善，为智能制造技术研发、模式创新、市场开拓、需求引领、业务融合提供了更加有力的支撑，精准支持中国制造"增智"发展，并为向全球输出性价比优异的中国智能制造解决方案，提供了丰富的政策工具和有利的发展环境。

第八章　扩绿："双碳"目标下的绿色制造

绿色化是新一轮科技革命和产业变革的重要趋势。我国是世界第一制造大国，已经进入工业化后期，同时也是世界最大的二氧化碳排放国，面对我国向国际社会做出的2030年前实现碳达峰、2060年前实现碳中和的"双碳"承诺，加速推进经济发展方式绿色低碳转型已迫在眉睫。绿色制造是我国努力践行新发展理念、实现工业领域"双碳"目标的抓手。近年来，我国绿色制造体系建设不断完善，节能减排成效颇丰，一批批绿色工厂、绿色园区、绿色供应链示范项目被培育起来，单位GDP能耗、单位工业增加值能耗持续下降，产业结构不断向绿色低碳转型。绿色制造不仅成为推动我国经济绿色高质量发展、实现"双碳"目标的重要驱动力，而且壮大了我国制造业参与大国竞争的领军力量。2024年1月，习近平总书记在主持中共中央政治局第十一次集体学习时指出，"绿色发展是高质量发展的底色，新质生产力本身就是绿色生产力，必须加快发展方式绿色转型，助力碳达峰碳中和"[1]。新质生产力具有绿色低碳的属性，培育和发展新质生产力需要不断提升经济发展中的"含绿量"，构建绿色制造服务体系是必然选择和主攻路径。

---

[1] 习近平. 发展新质生产力是推动高质量发展的内在要求和重要着力点[J]. 求是，2024（11）.

绿色制造应运而生

制造业是立国之本、强国之基，对促进经济增长和满足人民物质生活需要至关重要，但是，制造业以往粗放型的发展模式已经对资源环境造成了严重压力。为有效突破资源环境问题的限制，推动我国制造业向绿色低碳转型，并走上可持续发展之路，绿色制造应运而生。

一、把握内涵

1996年，美国制造工程师学会发布了《绿色制造蓝皮书》，在国际上最早明确了绿色制造的内涵，"绿色制造，又称清洁制造，其目标是使产品从设计、生产、运输到报废处理的全过程对环境的负面影响达到最小"。1997年，在我国全国先进生产模式与制造哲理研讨会上，与会专家探讨了绿色制造的概念；2000年，重庆大学刘飞教授对其进行调整补充，正式界定绿色制造的理论内涵，认为绿色制造是一种综合考虑环境影响和资源消耗的现代制造模式，其目标是使产品在从设计、制造、包装、运输、使用到回收处理的整个生命周期中，对环境的负面影响小、资源利用率高、综合效益大，使得企业经济效益、社会效益和生态效益得到协调优化。

多年来，中国政府出台的多项政策文件中对绿色制造的内涵不断优化。2023年底，工业和信息化部发布的《绿色制造 术语》（GB/T 28612—2023）和《绿色制造 属性》（GB/T 28616—2023）明确提出，进入新发展阶段，绿色制造是一种低消耗、低排放、高效率、高效益的现代化制造模式。其本质是在制造业发展过程中统筹考虑产业结构、能源资源、生态环境、健康安全、气候变化等因素，将绿色发展理念和管理要求贯穿产品全生命周期，以制造模式的深度变革推动传统产业绿色转型升级，引领新兴产业高起点绿色发展，协同推进降碳、减污、扩绿、增长，从而实现经济效益、生态效益、社会效益协调优化。

二、理解特征

一是高度集成性。首先，绿色制造是多领域、多学科的集成，涉及制造、环境、资源三大领域。其次，从行业范围看，绿色制造涉及的范围非常广泛，包括机械、电子、食品、化工、军工等，几乎覆盖整个工业领域。再次，从目标效益看，绿色制造的决策目标涉及时间、质量、成本、服务、资源和环境六个方面，而实施绿色制造的效益是经济、社会、生态三方面的集成。最后，绿色制造还具有社会集成的特质，只有全社会持续不断地共同参与协作，才能建立绿色制造必备的社会支撑。

二是资源环境性。制造业发展始终面临着资源消耗和环境污染两大问题，也可称作资源环境问题，而绿色制造正是一个充分考虑制造业资源环境问题的复杂的系统工程。绿色制造的底层逻辑中最重要的一部分就是资源主线理论，这一理论是全球可持续发展战略的关键组成部分。实际上，绿色制造代表了人类社会可持续发展战略在现代制造业中的具体应用和实践。

三是全生命周期性。绿色制造中的"制造"是一个"大制造"的概念，涉及产品全生命周期，包括从产品设计、生产制造、包装、运输、使用到回收处理与再制造的全过程，其生命周期如图8-1所示。这意味着需要企业从产品全生命周期的大制造系统角度综合考虑和解决制造业的资源环境问题。

四是技术复杂性。绿色制造技术是解决制造业面临的资源环境问题、实现制造业高质量、可持续发展的关键。与产品的生命周期相对应，绿色制造的技术理论体系由绿色设计技术、绿色生产技术、绿色运维技术、绿色回收处理与再制造技术、绿色供应链管理技术以及多项产品生命周期管理技术组成。

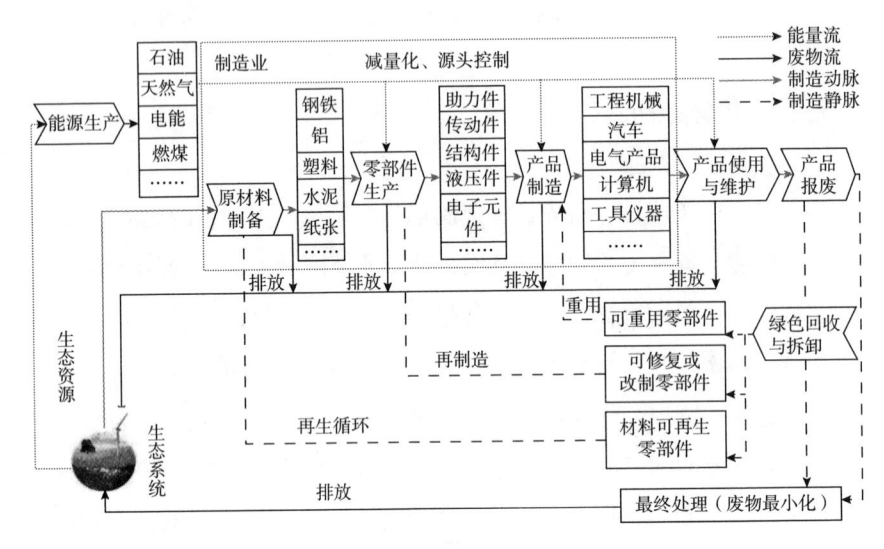

图 8-1　绿色制造生命周期过程示意图

资料来源：曹华军，李洪丞，曾丹，等.绿色制造研究现状及未来发展策略[J].中国机械工程，2020，31（2）：135-144。

三、塑造体系

一是绿色标准。实施绿色制造工程、构建绿色制造体系需要充分发挥标准的规范和引领作用。制定绿色产品、绿色工厂、绿色园区、绿色供应链以及绿色评价与服务等标准，是推进绿色制造体系建设工作的基础。

二是绿色设计产品。绿色设计产品包括产品结构优化、功能优化、材料优化及包装优化等方面，绿色制造要求在产品设计之初即面向产品生命周期全过程，充分考虑现有技术条件、原材料保障等因素，优化解决各个环节的资源环境问题，力求最大限度降低产品对于环境的负面影响，从源头减少环境污染。

三是绿色工厂。作为建立绿色制造体系的关键环节，创建绿色工厂是实施绿色制造工程的重中之重。这一过程以制定标准为基础，以试点示范为手段，严格依循绿色工厂创建指南和通用规则。例如，可以先在行业内选择一批基础较好、代表性较强的制造业企业作为试点，再从中挑选表现优异的示范项目，从而带动更多企业加入创建绿色工厂的行列，共同推进绿色制造发展。

四是绿色工业园区。绿色工业园区是一个强调绿色理念的生产企业与基础设施聚集地，建设重点在于园区的统一管理和协同操作。推行园区能源资源一体化解决方案，在园区规划、空间布局、产业链配置、能源与资源利用、基础设施建设、生态环保以及运营管理等多方面实施资源节约与环境友好的原则，力求实现布局的集聚化、结构的绿色化和连接的生态化，最终达成优化产业布局和推动产业转型升级的目的。

五是绿色供应链。绿色供应链是将绿色制造理念、要求融入供应链各环节，包括采购、营销、物流以及供应链协同等，形成经济效益、社会效益和生态效益相协调的上下游供应关系，强调对产品全生命周期进行管理，具有系统性和集成性的特点。其中，建立绿色供应链管理技术体系是重点，实际应用中，可充分利用新一代信息技术完善供应链管理，推动生产者责任延伸制度的实质性应用，促进整个供应链完成绿色转型。

六是绿色制造服务平台。绿色制造服务平台是整个绿色制造体系的支撑。在政府引导下，通过服务机构、制造企业等多方积极参与，采用建立基础数据库、评价机制、专利池、创新中心及产业联盟等形式，构建"政产学研金介用"一体化绿色制造协作模式，提供综合性绿色制造解决方案，降低企业的绿色化改造成本，促进绿色制造技术创新应用的长效机制形成。

绿色制造的大国竞合

作为兼顾环境影响和资源效益的一种现代化制造模式，当前，绿色制造已经成为促进世界各国形成可持续生产和消费模式、引导形成绿色经济和循环经济转型发展的必要手段，世界各国积极推动绿色制造体系建设，特别是以美国、欧盟和日本等为代表的发达经济体纷纷选择绿色发展道路，实施"绿色新政"，一方面，以全球碳中和为目标，绿色制造仍是当今世界为数不多有一定国际共识的新兴领域；另一方面，各国围绕绿色制造的技术、标准、范式展开激烈竞争，意在掌控先进制造业演进发展的主导权和话语权。这两方面的趋势导致绿色制造领域形成了大国竞合的局面。

一、美国：坚持推进绿色制造技术创新和产业化应用

2021年，美国重新加入《巴黎协定》，发布《迈向2050年净零排放的长期战略》，制定了2030年温室气体比2005年实现减排50%~52%、2050年达到"零碳排放"的减排目标。

面对全球绿色制造领域的技术创新和产业变革，以及美国制造业占GDP比重不断下滑的事实，2000年美国制造业增加值占GDP的比重为15.1%，到2022年，该比重已经下降至10.3%，制造业就业占总非农就业人数之比仅为8.4%，拜登政府尝试以超大规模绿色补贴推动本土制造业复兴。2021年11月，紧随净零排放目标发布之后，美国总统拜登即签署了《基础设施投资和就业法案》（BFI法案），法案规定2022—2026年的整体预算为1.2万亿美元，包括80亿美元用于区域氢能中心建设，15亿美元用于电解槽和氢能全产业链的研发和示范。2022年8月，拜登政府又紧急出台了《通胀削减法案》，包含

了应对气候变化、推进清洁能源转型的3 690亿美元补贴和税收抵免，使可再生能源、绿氢、储能电池和碳捕集技术等获得前所未有的发展契机。

拜登政府一直强调美国要在全球范围内与中国进行绿色竞争，确保美国在清洁能源制造和绿色技术创新方面处于全球领导者地位。一方面，美国政府在2022年宣布开展工业部门脱碳计划，涉及氢气发展投资、为清洁买单、贸易政策奖励、推进CCUS（碳捕获利用与封存）技术等内容，并设立工业技术创新咨询委员会，专门支持工业部门脱碳技术研究，包括使用数字化手段寻找可行的脱碳路径。同年，美国能源部发布了《工业脱碳路线图》，涵盖了钢铁、水泥、化工、石油精炼等减排重点行业领域，确定了减少工业碳排放的四条途径，突出绿色制造的重要性。另一方面，先后通过《清洁未来法案》《清洁能源安全法案》等与能源和绿色低碳转型相关的规划框架指引，旨在构建以发展清洁能源为主体支撑的低碳发展的创新体系和产业体系，并将"可持续制造"作为关键技术之一。

在绿色制造标准制定方面，美国也取得了有广泛影响力的成果经验。美国能源之星（Energy Star）主要针对电子产品实施绿色评级，作为电子产品在绿色环保方面的具体标准，在国际上影响力广泛；美国电子产品评价工具（EPEAT）通过评估产品生命周期内对环境的影响等级，为机构和消费者提供产品对比、评估和选择，其制定的IEEE（电气与电子工程师学会）1680系列标准是全球领先的生态标签。

二、欧盟：提出欧洲绿色新政，重视制造业可持续发展

2019年3月，欧盟议会投票设立了2050年实现净零排放的长期目标，提出2030年温室气体净排放在1990年水平的基础上减少55%的短期目标。2024年2月，欧盟又提出2040年较1990年水平削减

90%的中期目标。事实上，欧盟在2020年已成功实现经济增长与碳排放脱钩，多年来，欧盟一直坚持在保持制造业比重的同时，推动制造业整体向绿色低碳、可持续方向发展。

为进一步推动欧洲经济绿色低碳转型，优化绿色制造发展环境，欧盟提出了一揽子绿色经济发展战略计划，其中，影响力最为广泛的是2019年12月发布的《欧洲绿色新政》。《欧洲绿色新政》的核心目标就是确保欧洲2050年成为全球首个气候中和大陆，也被看作欧盟应对气候变化和推动环境可持续发展的全面回应。具体到工业和制造业层面，2020年3月，欧盟委员会发布《欧洲新工业战略》，推动欧洲工业向绿色化和数字化双转型，提升其国际竞争力和战略自主性。2023年2月，欧盟又发布了"绿色协议工业计划"，为净零制造技术开发创造有利的监管环境，且作为其重要环节之一通过了《净零工业法案》，重点支持扩大关键清洁技术的制造能力。此外，欧盟还将能源系统低碳转型作为重塑欧洲绿色经济的重要趋势，2022年3月，欧盟发布《欧洲廉价、安全、可持续能源联合行动方案》，表示将采取加速多元化能源供应、提升清洁能源占比和提高能效等措施来降低能源进口依赖，且2030年将可再生能源占比目标提高到45%。2023年10月，欧盟重新修订了战略能源技术计划，加速清洁能源技术研发部署，重申了其在欧洲制造业绿色转型中的核心作用，旨在建立可持续能源和提升全球范围内绿色制造竞争力、支持清洁能源转型和实现气候目标。

同样地，欧盟也积极部署风险投资基金制造业绿色发展。在"下一代欧盟"计划下，REPowerEU基金已为27个成员国的绿色转型提供2 500亿欧元的资金，其中包括对工业脱碳的投资；2021年开始实施的"地平线欧洲"（Horizon Europe）计划，预算约为950亿欧元，是迄今为止欧盟最大的研究与创新投资计划，其中将投入400亿欧元用于绿色协议的研究和创新；《多年期财政框架（2021—2027年）》

《欧洲可持续投资计划》等方案均对绿色制造投资有明确指令。值得一提的是，欧盟很早就开始探索数字技术在节能减排领域的应用，欧盟碳排放交易体系是全球最早建立且目前规模最大的温室气体排放交易系统，现已成为欧盟减少温室气体排放、应对气候变化的关键政策工具。

三、日本：资源环境双重约束下的产业绿色低碳转型

2020年10月，日本菅义伟内阁宣布2050年实现碳中和。2021年4月，日本进一步提出2030年比2013年减排46%的中期目标，随后，日本国会参议院26日正式通过修订后的《全球变暖对策推进法》，明确提出要到2050年实现碳中和，日本是全球首个以立法形式明确碳中和目标的国家。

日本在绿色发展层面推出了多项综合性战略措施。2020年，日本先后通过了《革新环境技术创新战略》和《2050年碳中和绿色增长战略》，两项战略进一步明确了碳中和目标，涉及可再生能源、能源互联网、氢能源应用、CCUS技术及农林水产业碳中和技术等五大创新技术，还特别关注了14个关键产业领域发展的目标任务，其中包括7个制造业相关产业，大多是如汽车、半导体等在经济社会中占有重要地位的传统制造业。2021年，日本又出台了《全球变暖对策推进法修正案》，强调要通过能源转型、技术创新和绿色投资帮助日本经济实现绿色低碳转型。此外，绿色投资也被视为日本政府推动产业可持续发展的重要内容，2021年，日本经济产业省宣布将借助税收优惠和财政补贴等措施，投入超过240万亿日元用于私营领域绿色投资，并预计这些投资到2030年能为日本经济带来190万亿日元的年度额外增长。

日本属于资源约束型国家，产业升级转型、能源使用选择都与资

源二字分不开，因此，日本十分重视绿色低碳技术发展，旨在通过技术创新实现资源循环利用，从而实现产业可持续发展。实际上，日本在温室气体测量、低碳新型材料、绿色能源储存等技术水平上已位居全球前列，近年来，越发强调利用数字技术手段赋能制造业绿色发展，加速数绿技术研发，并将推动其在绿色制造示范项目中的应用。此外，日本还发布了《半导体·数字产业战略》，强调半导体和通信产业在推动碳中和的过程中注重"数字化绿色"和"绿色数字化"，即通过数字化提高能源需求的效率和减少二氧化碳排放，同时也注重数字设备本身的节能。

中国绿色制造体系构建

"十三五"以来，我国加大力度推进生态文明建设和工业绿色发展。作为推动工业绿色发展的关键策略之一，绿色制造在我国得到了深入发展。我国绿色制造体系建设不断取得新的成果，其核心理念已在全国范围内得到广泛推广普及。当前，我国绿色制造体系已基本构建。

一、政策先行：积极开展绿色制造体系建设战略部署

2015年，《中国制造2025》第一次提出要实施绿色制造工程，2016年，《工业绿色发展规划（2016—2020年）》《关于开展绿色制造体系建设的通知》《绿色制造标准体系建设指南》等一揽子政策文件发布，我国政府开始正式部署绿色制造体系建设（见表8-1）。

表 8-1　我国绿色制造体系建设相关政策文件及主要内容

时间	文件	主要内容
2015 年 5 月	《中国制造 2025》	实施"绿色制造工程",构建高效、清洁、低碳、循环的绿色制造体系
2016 年 3 月	《国民经济和社会发展第十三个五年规划纲要》	实施绿色制造工程,构建绿色制造体系
2016 年 6 月	《工业绿色发展规划（2016—2020 年）》	实施绿色制造工程,加快构建绿色制造体系,大力发展绿色制造产业,推动绿色产品、绿色工厂、绿色园区和绿色供应链全面发展,建立健全工业绿色发展长效机制
2016 年 9 月	《关于开展绿色制造体系建设的通知》	启动绿色制造试点示范工作
2016 年 9 月	《绿色制造标准体系建设指南》	绿色制造标准体系建设坚持"引导性、协调性、系统性、创新性、国际性"五项基本原则
2016 年 9 月	《绿色制造工程实施指南（2016—2020 年）》	紧紧围绕制造业资源能源利用效率和清洁生产水平提升,以制造业绿色改造升级为重点,以科技创新为支撑,以法规标准绿色监管制度为保障,以示范试点为抓手,加大政策支持力度,加快构建绿色制造体系,推动绿色产品、绿色工厂、绿色园区和绿色供应链全面发展
2017 年 9 月	《关于开展质量提升行动的指导意见》	推行绿色制造,推广清洁高效生产工艺
2021 年 7 月	《关于加快培育发展制造业优质企业的指导意见》	支持参与实施工业低碳行动和绿色制造工程
2021 年 12 月	《"十四五"工业绿色发展规划》	以全面提升绿色制造水平为目标,以实施工业领域碳达峰行动为引领,着力构建完善的绿色低碳技术体系和绿色制造体系两大支撑体系。到 2025 年,绿色制造体系建设日趋完善,重点行业和重点区域绿色制造体系基本建成
2022 年 7 月	《工业领域碳达峰实施方案》	以重点行业达峰为突破,着力构建绿色制造体系,提高资源能源利用效率,推动数字化、智能化、绿色化融合,扩大绿色低碳产品供给,加快制造业绿色低碳转型和高质量发展

续表

时间	文件	主要内容
2022年12月	《扩大内需战略规划纲要（2022—2035年）》	以科技创新推动智能制造、绿色制造
2023年2月	《质量强国建设纲要》	全面推行绿色设计、绿色制造、绿色建造，健全统一的绿色产品标准、认证、标识体系
2024年2月	《关于加快推动制造业绿色化发展的指导意见》	构建优质高效的绿色制造服务体系，开发推广绿色制造解决方案

二、项目试点：加紧推进

为进一步加快构建绿色制造和服务体系，2016年，工业和信息化部启动了第一批绿色制造体系示范建设项目评选工作，项目涵盖绿色工厂、绿色设计产品、绿色园区、绿色供应链等内容，此后每年公布一批绿色制造名单（见图8-2）。截至2023年11月，工业和信息化部已经连续发布了8批绿色制造名单，包括5 145家绿色工厂、3 802家绿色园区、613家绿色供应链管理企业以及3 802种绿色设计产品，树立了一批绿色制造的典范，引领我国工业朝着更加绿色环保和可持续的方向迈进。在地方政府和行业协会的协助下，近年来，各地区、各行业也纷纷根据自身的实际情况发布了本地区、本行业的绿色制造名单，不仅促进了地方绿色经济发展，也为绿色制造在各行各业的深入推行打下了坚实的基础。

为了更好地支撑绿色制造体系建设，国家及各地区、行业层面还培育了一批专门从事第三方评价、节能节水诊断、清洁生产审核等专业咨询服务的绿色制造服务机构，其中最突出的是由中国绿色制造联盟运营的绿色制造公共服务平台。该平台致力于发挥政产学研合力，响应国家绿色制造战略，为企业提供绿色制造相关政策、标准数据、法律法规、行业动态、项目申报和展示等信息服务内容的专业指导，积极探索我国工业绿色发展新路径，旨在加速推动我国工业特别是制造业绿色低碳转型。

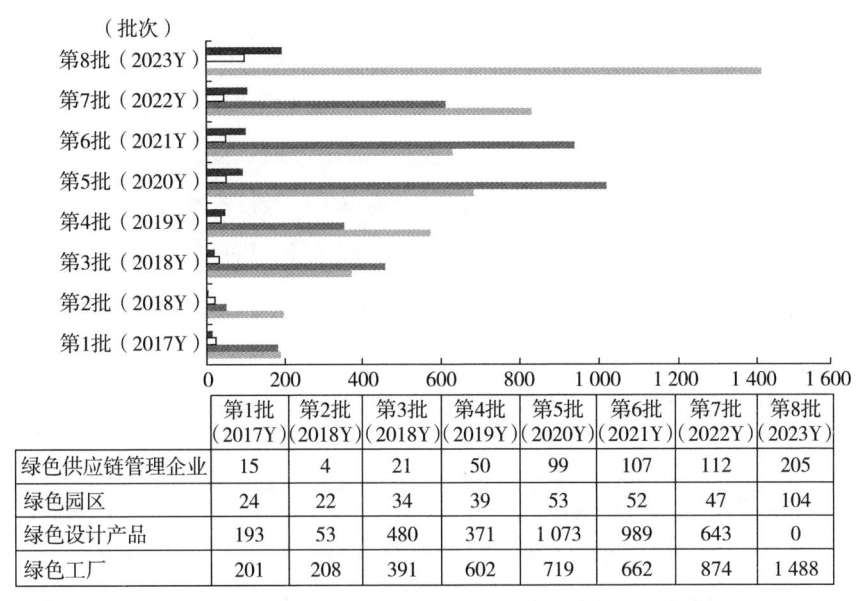

	第1批 (2017Y)	第2批 (2018Y)	第3批 (2018Y)	第4批 (2019Y)	第5批 (2020Y)	第6批 (2021Y)	第7批 (2022Y)	第8批 (2023Y)
绿色供应链管理企业	15	4	21	50	99	107	112	205
绿色园区	24	22	34	39	53	52	47	104
绿色设计产品	193	53	480	371	1 073	989	643	0
绿色工厂	201	208	391	602	719	662	874	1 488

图 8-2 8 批绿色制造名单数量分布

资料来源：根据工业和信息化部相关信息整理。

三、重点行业："减碳"进程提速，能效不断提升

2012 年以来，我国二氧化碳排放强度下降，十年间单位 GDP 二氧化碳排放下降了 34.4%，其中，制造业碳排放量绝对量出现下降，意味着我国制造业"减碳"工作取得了一定成效。然而，从产业发展上看，尽管我国单位 GDP 能耗已经连年呈下降趋势，但仍显著高于世界平均水平，约为平均水平的 1.5 倍，这与我国传统资源型产业占比偏高有较大关系。我国能源资源需求在一段时间内仍将保持刚性增长，产业绿色低碳转型仍面临较大压力。从产业能源结构看，当前，我国煤炭消费量占能源消费总量的 56% 左右，非化石能源占比约为

16%，虽与前些年相比有所改善，但高碳特征还比较明显，亟待以绿色制造推动产业结构和能源转型升级。另外，我国整体能源利用效率提升显著，钢铁、石化、纺织等重点用能行业能效水平大幅提升。其中，绿色制造体系建设功不可没，绿色工厂的能耗水平整体优于能效标杆水平，绿色工业园区平均固废处置利用率超95%。此外，我国高技术产业投资规模连年增长，2023年，我国高技术产业投资增速高达10.3%，其中，高技术制造业投资增长了9.9%，占制造业投资的比重同比提高了0.8个百分点，以绿色制造为重要特征的先进制造业持续发展。

四、技术支撑：绿色低碳技术支撑力度持续增强

从"十二五"时期开始，我国就重视开展绿色制造方面的技术研究和应用示范，科技部实施了"绿色制造关键技术与装备""国家科技支撑计划"等科技项目，专门用于支持绿色制造技术研发，"十三五"和"十四五"时期，国家层面对绿色低碳关键技术创新的重视程度不断加深，致力于通过各项改革措施推动绿色技术供给，推动科技创新服务体系建设，搭建绿色技术体系，增强企业在创新中的主体地位，同时，还注重绿色技术成果的产业化和市场化。当前，我国已经初步构建了以共性关键技术为基础，以传统产业绿色转型为抓手，以新兴产业绿色技术为突破口、以行业区域绿色技术产业化为重点的绿色制造技术支持体系。尽管如此，与发达国家相比，我国绿色制造技术仍面临研发投入不足、关键核心技术短板明显等问题，未来仍需进一步加强提升。

五、要素保障：绿色制造相关市场交易体系初步建立

我国技术交易平台自20世纪90年代起步，经过多年的发展，形

成了包括政府主导建设、政府支持市场化运营和市场自发形式等在内的多种运营模式。截至 2020 年底，全国已建立超过 1 000 家各级技术要素市场管理机构，包括 420 家国家技术转移机构和 45 家国际技术转移中心。2023 年，全国共登记技术合同 945 946 项，成交金额 61 475.66 亿元。国家层面十分重视绿色技术交易市场建设，国家发展改革委、科技部发布《关于进一步完善市场导向的绿色技术创新体系实施方案（2023—2025 年）》，提出要根据区域绿色技术发展优势和应用需求推进绿色技术交易市场的建设。

中国的碳市场建设也取得了显著进展。自 2011 年开始的碳排放权交易试点运行以来，碳市场在碳交易、管控、配额管理和制度建设等方面取得了积极成效。2017 年我国推出《全国碳排放权交易市场建设方案（发电行业）》，加速在发电行业建设碳交易市场，并逐步扩大覆盖行业。2021 年 7 月，中国统一的碳排放权交易市场正式上线运行，覆盖了全国 40% 的碳排放量。截至 2023 年底，全国碳排放权交易市场累计成交量达到 4.4 亿吨，成交额约 249 亿元。全国碳市场扩围已经被提上日程，除了电力行业，石化、化工、建材、钢铁、有色、造纸、航空七大行业也将被纳入全国碳市场，这八大行业的碳排放占了我国二氧化碳排放总量的 75% 左右，碳市场覆盖的范围越大，管控的碳排放量越多，就越容易发挥市场机制，推动更大范围的行业减排，促进我国"双碳"目标的实现。

绿色工厂和"零碳"工厂的行业范例

绿色工厂是绿色制造的生产单元和实施主体，更是我国践行绿色发展理念、打造绿色制造领军力量、推动制造业绿色低碳转型升级的重要平台，绿色工厂建设涉及钢铁、化工、汽车制造、新能源等多个重点行业领域。2024年1月，工业和信息化部等七部门发布的《关于加快推动制造业绿色化发展的指导意见》提出，到2030年各级绿色工厂产值占制造业总产值的比重超过40%，我国绿色工厂建设任重道远。

一、吉利汽车西安工厂：国内整车制造首个零碳工厂

2022年11月，吉利汽车西安工厂获得钛和认证颁发的Ⅰ型零碳工厂五星级证书，成为国内整车企业的首个零碳工厂，并凭此入选APEC（亚太经济合作组织）工商领导人中国论坛"可持续中国产业发展行动"2022年度产业案例。这是吉利汽车践行"双碳"使命的重要里程碑，也印证了吉利汽车实现2045碳中和目标的能力。

吉利汽车西安工厂在生产、技术、管理、产品、回收等方面全面布局节能减排。在生产端，西安工厂使用"光伏电站+采购国际绿证I-REC"的模式，配备了52兆瓦超级光伏电站，预计年均发电量可达4 750万千瓦时，减少二氧化碳排放约27 000吨。在技术端，西安工厂采用效率高、能耗低的设备，并实时监测主要设备的经济运行参数；充分利用余热余压，提升能源效率。在管理端，依托吉碳云建立能源及"双碳"管理系统，将提升智能制造水平与降低管理节能成本统一起来，实现单车生产能耗大幅下降。在产品端，吉利汽车构建起包括纯电动、混动、甲醇、换电等在内的多元化新能源技术路径，不断降低使用阶段的能源消耗碳排放。在回收端，探索材料循环利用，推动循环经济和材料端碳减排。

2023年，吉利汽车还完成了宝鸡、成都两家零碳工厂认证，吉利汽车单车全生命周期碳排放较2020年基准年下降12%。吉利汽车坚持走可持续发展道路，为推动整车制造产业的零碳变革做出更多贡献。

二、宁德时代宜宾工厂：全球首家电池零碳工厂

2022年3月，全球知名认证机构SGS为宁德时代全资子公司宁德时代宜宾工厂颁发PAS2060碳中和认证证书，宁德时代宜宾工厂（以下简称"四川时代"）是全球首家电池零碳工厂，该认证具有里程碑意义，不仅为全球电池生产制造环节碳中和提供了可借鉴的样本，也为新能源产业带来了"电动+零碳"的全新解决方案。

四川时代规划零碳工厂较早，坚持在能源利用、交通和物流、生产制造等环节不断创新，始终以在减少碳排放的同时用更少的原材料做出更多、更好的产品为目标。其自主研发的CFMS智慧厂房管理系统能够通过自动收集厂房系统和设备的运行数据，实现数据互联和系统化管理，进一步确保厂房系统的安全、高效以及环保运行。特别是对于耗能较高的设备，该系统采用全局最优化算法，根据当前的负载条件计算出最佳的运行参数，完全实现主动式优化控制。在绿色制造方面，四川时代还在内部建立了数字化生产中控管理系统。这一全局化的视觉管理系统能大幅减少工序损失，通过AI视觉检测系统可以实现自主学习并识别、提取缺陷特征，在多个生产环节如模切分条、卷绕等过程中显著提高了检出率。这一系统使得制造过程中产生的废料都能被回收利用，诸如镍、钴、锰等贵金属的回收率可达99.3%。四川时代还对物流链条以及厂区交通进行全面升级，广泛使用无人驾驶物流车、电动叉车等，切实实现了从供应商工厂、原料仓库、加工工厂到成品仓库、客户工厂之间的零碳运转。

四川时代获得零碳工厂认证无疑是宁德时代向碳中和目标迈出的重要一步，根据其企业规划，宁德时代将陆续实现全球十大基地碳中和，助力产业链构建更可持续的生态系统，为全球"双碳"目标的达成做出贡献。2023年8月，宁德时代又一全资子公司——成都市新津时代新能源科技有限公司获得了碳中和认证证书，这是宁德时代第四

家获此认证的零碳工厂。

三、欧莱雅苏州尚美工厂："三步走"实现"零碳"

欧莱雅苏州尚美工厂是欧莱雅亚太区最大的生产基地，总建筑面积达 6 万平方米。2019 年 5 月，苏州尚美的产量是 2005 年的 3.5 倍，二氧化碳排放量却减少了 100%。2019 年 6 月，经第三方环境咨询公司审计，苏州尚美被认定二氧化碳排放符合国际碳中和标准，实现了二氧化碳零排放目标，宣布成为欧莱雅亚太区首家零碳工厂，这也是欧莱雅全球首批完成碳中和运营转型的工厂之一。

苏州尚美通过使用太阳能、风能和生物质能供电供热实现"零碳"，具体可分为"三步走"策略。第一步，早在 2010 年，苏州尚美建成了装机容量为 1.5 MW 的太阳能发电系统，这是当时江苏省首个建成的规模最大的并网型太阳能发电系统；第二步，2014 年 8 月，苏州尚美开始利用风能电力进行生产；第三步，借苏州工业园区作为国家级绿色园区的东风，苏州尚美积极部署生物质能源。苏州工业园区于 2018 年 4 月开展利用餐厨与园林垃圾为原料制备生物质气体的绿色项目，同年，苏州尚美工厂启动建设分布式热电联供系统，以生物质气体为原料制备绿色蒸汽及生物电，促进厂内实现"多能互补"。至此，苏州尚美走完了 20 余年可持续发展道路上零碳工厂建设的最后一公里。

欧莱雅对于"零碳""智能"工厂的探索远没有止步于此。2024 年 4 月，欧莱雅在苏州尚美的全球首个智能运营中心正式投入运营。它是一个远超行业标准的十万级洁净车间，严格遵循高环保和运营标准，全面使用了可再生能源，覆盖了电商平台、线下零售、美发沙龙等业务部门，拥有包括自动化排序系统和工业机器人设备等尖端技术，将大大提高其在中国市场的物流效率和消费者服务水平。

中国制造的绿色引领

进入新时代，推动制造业高端化、智能化、绿色化发展，已成为我国加快建设现代化产业体系的重要内容。绿色制造是一种兼具低消耗、低排放、高效率、高效益特征的现代化制造模式，全面推行绿色制造体系建设，既是制造业绿色高质量发展的必然选择，也是实现"双碳"目标的主攻路径。我国绿色制造发展潜力巨大，要走好科技含量高、经济效益好、资源消耗低、环境污染少的绿色制造之路，需从政策规划、技术创新、标准建设、产业发展、国际合作等方面发力，为推动完善我国绿色制造体系建设创造良好环境。

一、强引领，在顶层设计上着力

从顶层设计上将应对气候变化纳入生态文明建设整体布局和经济社会发展全局。着力构建实施面向"双碳"目标的产业政策体系。立足行业碳达峰碳中和时间、路线图，坚持降碳、减污、扩绿、增长协同推进原则，统筹用好中央和地方财税、金融等政策资源，不断提升产业、财税、人才、要素等相关政策的协同性、融合度，形成多元化、多层次、宽领域的政策支撑体系。

健全完善绿色制造和服务体系。结合我国绿色制造发展放入经验实际、问题障碍、环境变化等情况，进一步加快建立支持绿色制造的标准、人才、技术、服务的完整体系，统筹部署绿色制造推进工作，打造有梯度的绿色制造标杆培育机制，为我国绿色制造发展创造更好的政策环境和产业基础。

二、重研发，在技术创新上聚力

提高产业绿色技术创新能力。立足制造业绿色低碳转型需求，针对行业技术瓶颈问题，加快与绿色制造密切相关的基础材料、基础制造工艺与装备、高端元器件、关键软件等关键核心技术的研发攻关，进一步完善由绿色设计技术、绿色生产技术、绿色供应链管理技术、绿色运维技术、绿色回收与再制造技术、产品生命周期管理技术组成的绿色制造技术体系。

强化数字技术赋能，加速实现制造业数绿协同转型。积极推动人工智能、物联网、云计算、数字孪生等新一代信息技术在绿色制造领域的深度应用，提升数字化技术、网络化技术、智能化技术与绿色制造技术的融合程度，加速形成新一代绿色智能制造技术，真正实现经济效益、社会效益、生态效益的协调优化。

加快绿色技术在产业端、企业端的推广应用。鼓励制造企业推进实用性绿色科技成果转化，在激励企业市场活力的同时，带来更广泛的经济社会影响。同时，推动绿色科技服务平台建设，围绕绿色制造科技创新服务，为企业进行绿色制造转型中的自主创新应用分担风险和创造条件。

三、优体系，在标准建设上出力

强化绿色低碳标准的引领。围绕工业及制造业领域绿色低碳标准化指导意见，充分利用各行业标准化技术组织作用，加速绿色制造术语、属性和评价指标等基础共性国家标准的制修订工作，并在此基础上，统筹制定钢铁、有色、汽车、化工等重点行业绿色工厂运行标准和管理规范，加快用能用水、减污降碳等重点领域关键标准修订。

完善绿色制造价值标准和评价制度体系。针对现有的节能减排、清洁生产、环境保护等行业标准进行全面清查，对重复设置或目标错位的标准实行优化处理。同时，更加突出工业领域"双碳"目标要求，以"能效领跑者"制度为基准，实施"绿色领跑者"制度，尝试将绿色产品、绿色工厂、绿色园区和绿色供应链的"四绿"试点指标推广开来，进一步设置绿色制造门槛的普适性指标。

四、树标杆，在产业发展上用力

培育一批优质、高效、专业的绿色制造服务企业作为行业标杆，充分发挥标杆的引领作用，加大绿色制造整体解决方案供给和推广，鼓励有条件的链主企业带动供应链上下游企业建设绿色工厂，加速形成绿色制造和服务融合发展的产业生态系统，孕育绿色经济增长新动能。同时，优化产业链区域布局，提升区域层面、产业层面的绿色资源供给，积极培育低碳、零碳、负碳新产业、新业态、新模式，在全国范围内打造一批绿色低碳产业示范基地，聚焦新能源汽车、绿色环保等绿色低碳领域，加快构建绿色产业链、供应链。

五、扩开放，在国际合作上发力

依托现有的多边和双边合作机制、共建"一带一路"国家合作框架，进一步加强绿色制造体系建设方面的国际伙伴合作。鼓励国内龙头绿色制造企业"走出去"，深度参与绿色制造全球竞争，掌握主动权，传播我国的绿色制造技术理念，提升我国制造业的国际影响力。围绕绿色技术创新与产业化应用，加强与国际伙伴的交流和合作，共同开发适应全球市场需求的绿色制造新技术和新产品。加快推动我国绿色制造标准与国际接轨，利用国际合作契机与合作国在标准制定上寻求互认共识，共同推动全球绿色制造标准的统一。着力促成跨国机构在绿色金融领域的深度合作，优化绿色投资环境，为绿色制造企业提供更多资金支持和风险管理解决方案，促进绿色制造技术的商业化和规模化应用。

第四篇
制胜未来产业新赛道

第九章　通用人工智能的前世今生

自 ChatGPT 于 2022 年 12 月问世以来，大规模生成式预训练语言模型（Generative Language Model）在学术界与工业界激起了巨大的波澜，推动了通用人工智能（AGI）技术的迅猛进步。其中，2024 年 2 月美国人工智能研究公司 OpenAI 推出的 Sora 更是被视为迈向通用人工智能的里程碑。相较于其他同类视频生成模型，Sora 生成的视频不仅时间更长，还能保持高分辨率的精细画质，同时在场景真实感的再现上也做到了极致，给用户带来了更加震撼和逼真的视觉体验。如今，AGI 已全面渗透艺术创作、代码生成、问题求解、科学发现、问答聊天及辅助决策等人类智能的各个领域，几乎无处不见 AGI 的身影。一场由 AGI 引领的新信息技术革命正席卷而来，人类正置身于一场关于"智能"本身的深刻技术革命之中。

概念的诞生与早期探索

通用人工智能的概念最早可以追溯到 20 世纪中叶。在这个时期，计算机科学的先驱开始思考如何让机器具备类似人类的智能。他们探索了逻辑推理、问题求解和知识表示等领域，为通用人工智能的发展奠定了理论基础。

随着研究的深入，人们逐渐认识到通用人工智能的复杂性和挑战性。要实现真正意义上的通用智能，机器不仅需要具备强大的计算能力和存储能力，还需要具备学习、理解、推理、决策等多种能力。这些能力需要依赖大量的数据和算法支持，因此数据收集、处理和分析也成为通用人工智能发展的重要方向。

一、人工智能的第一次发展

在科技界的历史长河中，人工智能的发展历程就像是一辆过山车，经历了激动人心的高潮和令人沮丧的低谷。1950年，图灵提出了"图灵测试"[①]，仿佛在科技界投下了一枚深水炸弹。紧接着，在1956年的达特茅斯会议上，麦卡锡正式提出了"人工智能"这个术语，引发了一场科技界的"大地震"。1956年达特茅斯会议之后的十年间，人工智能领域迎来了其历史上的首波显著发展浪潮，吸引着大批研究者热情地投身其中，并收获了一系列令人瞩目的成果。这一时期，计算机技术在数学与自然语言处理（NLP）领域的广泛应用，极大地激发了学术界对于将机器晋升为具备人工智能潜力的信心。在当时的许多人眼中，这些新研发的程序堪比奇迹，它们不仅能够攻克代数问题、自动验证几何命题，还能习得并运用英语，展现出惊人的能力。在这一发展阶段中，搜索式推理、自然语言处理以及微型世界的模拟实验成为最突出的研究前沿。

然而，进入20世纪70年代，人工智能遭遇了首个严冬期，这主

---

① 图灵测试（The Turing Test）是由计算机科学和密码学的先驱阿兰·图灵提出的一个著名思想实验。测试的主要目的是判断机器是否具备与人类相似的智能，特别是机器是否能像人类一样进行思考和交流。测试的过程是，一名测试者通过某种装置（如键盘）向被测试者（一个人和一台机器）提问。测试者和被测试者是被隔开的，测试者无法直接看到或听到被测试者的回答。测试者根据回答来判断哪一个是真人，哪一个是机器。如果机器能让测试者做出误判，即超过一定比例的测试者认为机器的回答是由人类给出的，那么这台机器就被认为通过了图灵测试。

要是因为计算机处理能力的极度限制。那时候的 AI 系统大多依赖预设的指令来应对预定义的任务，缺乏实质性的学习与推理能力。一旦面对更为复杂的情境，这些程序便显得力不从心，暴露出其局限性，远未达到真正意义上的智能。先前对 AI 前景的过分乐观催生了不切实际的大众期待，而当 AI 研究的实际成果未能满足这些过高期望时，批评声浪四起，直接指向 AI 研究群体。随之而来的是众多资助机构因失望而逐渐削减支持，最终导致许多项目资金断流。

二、人工智能的二度探索

到了 20 世纪 80 年代初期，一种被称为"专家系统"的人工智能程序类型开始在全球企业界得到广泛应用，标志着 AI 研究的又一次蓬勃兴起。这段时期内，卡内基梅隆大学为 DEC（美国数字设备公司）设计的 XCON 专家系统，成功地为 DEC 每年节约数千万美元的成本。与此同时，日本经济产业省投入了 8.5 亿美元的巨额资金，推进第五代计算机项目的研发，旨在创造出能够实现自然语言交流、语言翻译、图像理解及类似人类逻辑推理功能的计算机系统。这一举措激励了其他国家，纷纷加大对 AI 及信息技术大型项目的投资力度，机器学习作为领域内的新兴分支开始兴起，并见证了各类专家系统在诸多领域的广泛部署与实践。

然而，随着专家系统应用范围的不断扩展，其内在的问题也日益凸显。这些系统在应用上显现出局限性，尤其在处理基本常识问题时频繁出错，并且面临着高昂的升级与维护费用。到了 1987 年，由苹果和 IBM（国际商业机器公司）推出的个人计算机在性能上超越了 Symbolics 等公司制造的专业型计算机，进一步挤压了专家系统的市场空间。此外，日本备受瞩目的"第五代计算机项目"最终未能达成其雄心勃勃的目标。在这些因素的共同作用下，人工智能研究再次面临严重的资金短缺,一个曾估值 5 亿美元的产业迅速萎缩,标志着人工智能领域迎来了第二次低谷期。

三、从人工智能到通用人工智能

1997 年是人工智能历史的一个转折点,IBM 的深蓝计算机在国际象棋领域战胜冠军加里·卡斯帕罗夫,树立了一座里程碑。此后的岁月伴随着摩尔定律的推动,计算机性能持续飞速提升。在此背景下,云计算、大数据、机器学习、自然语言处理以及机器视觉等领域以前所未有的速度蓬勃发展,共同催化了人工智能领域的第三次复兴。

2006 年成为深度学习时代的序章,随着人工神经网络技术的不断演进,深度学习概念应运而生,引领了深度神经网络和卷积神经网络的广泛认知与应用。紧接着在 2007 年,《通用人工智能》(*Artificial General Intelligence*)一书,首次提出了通用人工智能的概念。与过往专注于特定任务的 AI 系统相异,AGI 追求实现与人类智能比肩的能力(见表 9-1),不仅能够灵活适应新情境、掌握新知识、进行逻辑推理和问题解决,还具备广泛的适用性、灵活性和跨领域能力,能够在多样化的环境和任务中展示出类人的智能行为,从而开启了人工智能探索的新纪元。

表 9-1　AGI 与 AI 的差异

	AGI	AI
目标	构建具有类似人类智能的通用智能系统,它能够在各种不同领域和任务中表现出智能行为	构建能够执行特定任务或领域的智能系统,它们通常是针对特定问题或领域进行优化的
范围	范围更加广泛,它涵盖了人类智能的各个方面,包括感知、理解、推理、学习、规划、执行等	通常专注于解决特定问题或执行特定任务,其范围通常是相对狭窄的,如医疗诊断、金融分析、交通管理等

续表

	AGI	AI
能力	系统具有更高的灵活性和通用性，能够适应各种不同的情境和任务，并在不同领域中展现出智能行为	系统通常具有高度专业化的能力，在其专业领域内表现出色，但在其他领域可能表现不佳
应用场景	创新创造、智能助理、危机响应、灾害管理、医疗决策	人脸识别、语音识别、语义分析、智能搜索

技术的发展与应用

高德纳公司在其 2022 年 9 月的人工智能技术成熟度研究报告中，将 AGI 归类为处于创新触发阶段的技术，强调该领域的技术根基仍处于初级水平，主要预示了人工智能未来可能的发展轨迹，预估其技术成熟还需跨越十年以上的时间。而 ChatGPT、文心一言之类的大规模生成语言模型（简称"大语言"模型）的面世，则被广大的行业专家视作通往通用人工智能征程的起跑点。这一观点的立足点在于，这些模型颠覆了传统依赖大量数据累积进行训练的模式，转而采纳了基于反馈的强化学习机制与奖励模型作为训练的中心策略。通过与人类用户的持续互动，这些模型能够动态调整其评估输出质量的标准，进而持续提升文本生成的精准度与适应性。这一创新方式标志着人工智能在自主学习与决策能力上的初步实现，使得机器能够仿效人类，在学习过程中不断积淀知识与经验，向全面实现通用人工智能的目标迈出了实质性的一步。

一、技术基础

通用人工智能的产业链结构涵盖基础层、支撑层和应用层（见

图 9-1）。基础层聚焦算法、芯片等关键技术，推动 AGI 技术的不断创新与发展。支撑层则聚焦硬件资源与软件服务，包括数据、编程框架、程序库、云服务、传感器等，为 AGI 提供坚实支撑。应用层则面向医疗、交通、金融等多个行业，提供智能化解决方案，实现 AGI 技术的广泛应用。同时，政府、企业、科研机构等多方参与，共同构建产业生态，推动通用人工智能产业的繁荣与发展。整个产业链结构紧密相连，各环节相互支撑，共同推动通用人工智能技术的创新和应用。

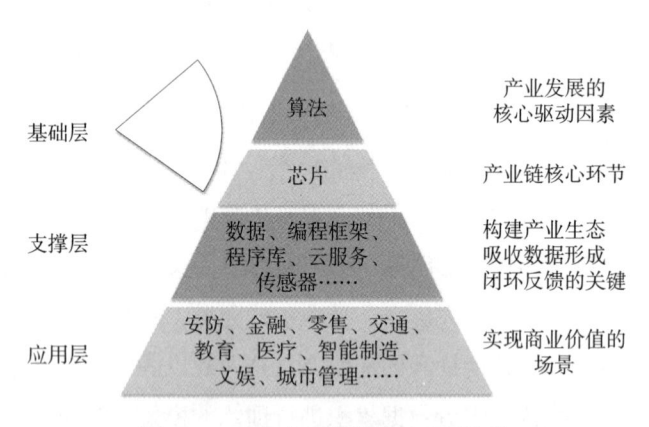

基础层	算法	产业发展的核心驱动因素
	芯片	产业链核心环节
支撑层	数据、编程框架、程序库、云服务、传感器……	构建产业生态吸收数据形成闭环反馈的关键
应用层	安防、金融、零售、交通、教育、医疗、智能制造、文娱、城市管理……	实现商业价值的场景

图 9-1　通用人工智能的产业链结构

DeepMind 的领头人戴密斯·哈萨比斯曾阐述过迈向真正人工智能需跨越三大支柱——构建全球共享的知识库、优化人工神经网络，以及促进机器与环境的互动，这三个要素分别映射了人类的智慧源泉、大脑机能及身体行为。它们共同铺就了从特定用途的 AI 向全能型 AGI 发展的技术基石。

首先，构想中的全球知识库，意在让计算机拥有一座结构严谨的"知识宝库"，这是对人类所有知识领域的一次大融合尝试。科学家将浩瀚的知识浓缩为一张庞大的知识图谱，好比一幅错综复杂的网络地图，由代表概念的节点和连接这些概念的边组成。每一节点和连线都是对现实世界的一种抽象表达，让机器能够理解和把握事物间的关系，这样的知识框架为 AGI 的判断和创造提供了坚实的理论后盾。

其次，人工神经网络的设计灵感直接来源于人脑，旨在模仿大脑神经元的运作机制。科研人员利用高级算法搭建起虚拟的"神经元网络"，每个节点仿若人脑内的微小信号站，负责传递信息给其他节点。这些网络通过多层信息处理，能够处理从图像识别到语言理解的各类复杂任务，展现了类似人类的思维敏捷度和适应性。

最后，在机器交互方面，我们看到的是 AGI 与物质世界的无缝对接。硬件方面，依靠先进的芯片、传感器和机器人技术，AGI 实体能够执行各类物理动作。软件方面，则通过图像、文字和声音等媒介，实现了与人的直观交流。计算机视觉技术让机器具备了"看"的能力，能够辨识周遭环境；自然语言处理技术让机器理解并能使用人类的语言，搭建沟通的桥梁；而语音识别技术的发展，则让 AGI 能够"听懂"人类的声音指令，大大拓展了人机互动的边界，这些技术的日益精进正不断拉近 AGI 与人类生活的距离。

二、聊天机器人的进化

以往 AI 常被戏称为"人工智障"，但 ChatGPT 却不太一样，除了那些它得避开的话题（比如私密内容和政治问题），你问什么它几乎都能对答如流，而且懂的东西可能比你还多。以前的机器人主要是依靠模式匹配和答案库来回答，它们不懂得如何真正理解和灵活应对，这正是"弱人工智能"的体现。就像苹果手机里的 Siri，只有当你问到特定的事儿时，比如查个地方或设个闹钟，它才回应你，超出它的认知范围，Siri 就无法回答。机器人进化有点儿像小孩学说话，开始是听着大人的话慢慢模仿，后来才越来越会表达。

不过，ChatGPT可不只是刚开始学话的"小宝宝"，它更像一个读遍网络知识、能熟练操作各种工具，还特别守规矩、有道德感的大学"毕业生"，只不过它思考问题的时间不长，给的答案也有限。要培养出这样的"毕业生"，可不是随便定几条规则就行，其背后是一套精心设计的、模仿人脑的复杂神经网络系统。ChatGPT通过看海量的文字材料，学会了在不同情况下怎样回答最合适。但因为这个神经网络太复杂了，我们很难彻底搞明白它是怎么工作的，所以人们叫它"黑盒子"。我们知道问了问题它就能给出答案，但不知道这答案是怎么算出来的，与人脑的工作方式有点儿像，神秘又强大。

ChatGPT采用的生成式架构让它和传统的聊天机器人很不一样。它通过研究大量的文本，掌握了语言的深层规律和上下文的意思，能生成既连贯又有意义的话。它不是死记硬背规则，而是通过分析网上的大量信息，学会词语之间的逻辑，再经过人类指导的微调，慢慢地，它就学会了像人一样交流。

这就好比小宝宝在成长过程中，耳朵里渐渐装满各种话语，随着对简单语法规则和说话方式的逐渐掌握，他们的说话技能一步步提升，最终能够流畅地交谈。而ChatGPT呢，它远远超过了人类牙牙学语的阶段。打个比方，它更接近一个从网络上吸收了广泛知识的大学生，这位"学生"不仅熟悉众多实用工具，而且行事谨慎，讲究道德，来自大家心目中的顶尖学府。不过，它的"思考"是限时的，对于问题的回答也有一定范围，虽有深度却非无边无际。

培养这样一位"毕业生"的过程远非寥寥几条规则所能涵盖，而是深入构建了一个精密复杂的神经网络系统模拟人脑的层面。这一系统通过海量的文字信息滋养，学会了在各式情境下如何做出最为贴切的反应。然而，正如人脑的奥秘一般，该神经网络系统的层次繁复，使得我们难以全然透视其内在的工作逻辑，也因此它被形象地比喻为"黑箱模型"。就如同我们向它抛出一个问题，随后它总能反馈回来一个答案，但我们无从知晓这个答案背后遵循的确切逻辑或是激发该回复的具体路径。ChatGPT 的这种运作模式，尽管神秘，却已实实在在地在我们的世界中掀起了变革的波澜。

三、生成式 AI 的"超能力"

除了文字写作交流，当前的生成式 AI 技术已经扩展到听、说、读等多个方面。例如，ChatGPT 可以借助 DALL.E 3 的功能进行图像生成，并能解析图片中的内容和信息。此外，OpenAI 在手机应用上也支持通过语音与 AI 进行交互。用户只需口述问题，OpenAI 的 Whisper 模型便能将语音转换为文字，并用接近真人的语音回应用户。

OpenAI 推出的 Sora 视频生成模型在业界引发了轰动，它以全新的姿态挑战了视频制作的传统边界。Sora 的特别之处在于，它不仅能够轻松创作出持续一分钟以上的高清视频片段，还能连续生成视频场景，并从多个视角展现内容，彻底革新了我们对视频创作的认知。这款模型通过吸收广泛的视觉素材进行训练，显示出了大视觉模型在学习能力上的独特优势——它们能高效利用海量的视觉资源，这些资源中蕴含的现实世界规律和细节远比纯文本丰富多样。相比之下，尽管大语言模型的发展取得了显著成就，但仍面临一些局限性，比如高质量文本资料的稀缺，以及文本本身在传达信息复杂度方面的不足。而大视觉模型则不受限于此，无论是日常生活片段，还是影视作品，都能成为其学习的宝库，每一个画面都是对现实的直接反映，富含信息量。正如 360 集团的创始人周鸿祎所观察到的：当人工智能开始观看并分析视频内容时，从电影大片到社交媒体的短视频，它对世界的理解速度将远超基于文本的学习方式，视频作为一种媒介，其信息承载力远超单一图像，这意味着我们距离实现 AGI 的目标，或许比预想的更快，可能仅需几年时间，而非数十年。

此外，Sora 之所以被视为通向 AGI 的重要一步，还因为它展现了构建物理世界模型的能力。OpenAI 正致力于让人工智能理解并模拟动态的物理现象，旨在通过这样的训练帮助解决与现实世界互动的实际问题。Sora 作为首个被证实具备"涌现能力"的视觉模型，意味着它能自我生成未曾直接学习过的复杂行为，如同一个可学习的、由数据驱动的"虚拟现实"。英伟达的研究专家范麟熙认为，Sora 如同一个智能的物理引擎，既能深入理解世界运行的规则，又能据此进行创造性、跨媒介的内容生成，并且在掌握规律的基础上，对现实世界进行一定程度的预测。这一特性让 Sora 及同类大视觉模型超越了传统人工智能的范畴，预示着人工智能将在理解与塑造世界方面迈出革命性的一步。

除了训练模式的转变，Sora 还表现出了模拟物理世界的世界模型的潜力。OpenAI 表示，他们正在教人工智能理解和模拟运动中的物理世界，目标是通过训练模型来帮助人们解决需要与现实世界交互的问题。根据 Sora 的技术报告，它是第一个确认展示出涌现能力的视觉模型。范麟熙断言，Sora 是一个数据驱动的物理引擎，也是一个可学习的模拟器或世界模型。这种模拟世界的性质使以 Sora 为代表的大视觉模型超出了以往所有人工智能的价值定位。一方面，人工智能能够在深度理解世界规律的基础上进行创造性的、多模态的生成；另一方面，人工智能不仅能够对已有材料进行归纳提取，亦能在规律的基础上实现对真实世界的一定预测。

四、"先通再专"还是"先专再通"

通用人工智能技术的进步揭示了一个道理：机器智能的成长路径遵循着"广博基础，而后精深"的原则。这从大语言模型的运用中可见一斑：首先培养的是一个广泛适用的大语言模型，其训练材料越宽泛多样，模型的通用能力就越强大。不过，这些通用模型在处理具体任务时，起初的表现可能不够理想。于是，接下来的步骤就是通过特定领域的数据调整和任务指令训练，让模型不仅能理解特定领域的信息，还能高效执行专门任务。这个过程就像是先打下坚实的通用知识基础，再在此之上发展专业技能。在通用智能阶段，重点是学习如何理解语言、进行逻辑推理及掌握广泛的知识；而进入专业智能阶段，则是要让模型适应不同的任务指令，处理具体的实际问题。这样的发展模式，与人类的学习轨迹不谋而合——我们在基础教育阶段广泛涉猎，到了高等教育阶段则深入钻研特定学科；就像武侠故事里的高手，先是修炼内功打好基础，再精研各种武技。这种"先通再专"的路径，正是大语言模型成长的写照。

这一路径标志着人工智能发展的重大转向。以前，AI 研发主要集中在专项或功能型 AI 上，专注于让机器在特定任务或场景中表现出色，比如下棋、数学运算、语音和图像识别等。传统的观点认为，只有集合多种专项智能，才可能逼近通用智能，或者说，连专项智能都难以实现，通用智能更是遥不可及。因此，"先专再通"成为 AI 发展的普遍共识。但 ChatGPT 这类大规模生成语言模型的出现，打破了这一固有观念，证明了机器智能同人类智能一样，需先有全面的认知基础，才能进一步深化专业理解。这一新见解要求我们重新审视领域人工智能（Domain-Specific AI）的概念。领域人工智能是相对于通用智能而言的，实际上，若没有广泛的认知基础，领域内的认知也是无从谈起的。

以医疗领域为例，传统思路认为可以较为经济地开发针对某一疾病诊断的智能系统，比如专门诊断耳鸣。然而，实践中却难以实现，因为要准确理解某种疾病，医生首先得了解病人的健康状态，而健康的概念超出了某种疾病的范畴。大多数时候，医生的工作是排除那些不需要治疗的健康状况。这表明，深入理解一个领域，其实需要跨领域的认知能力。因此，领域认知实际上是建立在广泛知识基础上的。这些新认识为领域认知智能的发展开辟了新思路，在 ChatGPT 这类通用大模型的支持下，各个专业领域的智能应用迎来了前所未有的发展机遇。

我国已明确要推动构建政府、业界、学界协同合作的 AGI 创新生态，依托核心技术领域加速产业整合进程。多模态大模型[①]作为结合 AGI 关键技术的高端人工智能学习方式，能增强 AI 技术在实际应用中的通用性，有助于应对产业下游分散、需求多变的挑战，被公认为是 AGI 产业走向更深层次融合的重要一环。随着微软、谷歌等国际科技领头羊的引领，国内自主研发的多模态大模型在 2023 年三、四月，迎来了一个迅猛的发展高潮。众多国内企业积极响应，加速推进自身的研发进度和技术创新，依托各自的资源优势，全力投身大模型的构建与应用中（见表 9-2）。这一波"爆发式"增长不仅迅速扩大了市场规模，还预示着在未来数年内，将有力促进 AGI 产业链的活跃联动，激发整个行业在资源整合与技术水平上的新飞跃。

表 9-2　国产多模态大模型

公司	发布时间	模型名称
腾讯	2022.4	混元
百度	2023.3	文心一言
华为	2023.4	盘古
阿里巴巴	2023.4	通义千问
商汤科技	2023.4	日日新
京东	2023.7	ChatJD
网易	2023.7	伏羲 – 玉言

---

① 多模态大模型指可以处理来自不同模态（如图像、语音、文本等）信息的机器学习模型，它以机器学习技术为核心，整合了计算机视觉、语音识别、自然语言处理等 AGI 核心技术，在多领域应用广泛。

通用人工智能面临的挑战及应对

随着通用人工智能技术不断进步并深入我们生活的各个角落，它所带来的安全难题也日渐复杂化。比如，生成式人工智能创造出的东西真假难分，并且在工作时会收集大量我们无意间提供的信息。在实际使用中，设计上的偏颇、模型结果的不确定性以及隐私泄露等问题引发了用户对这些技术的信任缺失。这样的信任危机影响深远，波及众多公司和广大用户群体。如今，通用人工智能虽为我们的生活带来了不少便利，但如何让人接受并相信这些技术，成为创新发展道路上一个急需破解的难题。通用人工智能在实际应用中可能会引发风险和不确定性。

一、科技伦理风险

在进行科研探索和技术革新等活动时，遵循科技伦理原则是保证科技进步健康前行的关键。面对人工智能迅猛发展带来的新伦理挑战，现有的伦理框架已难以跟上创新的步伐。特别是生成式人工智能技术的兴起，提示我们随着技术逼近"通用人工智能"这一概念，伦理问题不再是单纯的技术外在附加，而可能内生于技术发展之中。

现今，生成式人工智能在文字、图像、多媒体内容创作上的广泛应用，彰显了其强大能力，但因缺乏具体的操作规范，容易触及伦理道德的界限，从而降低公众的信任度。在从弱 AI 向强 AI 转变的过程中，AI 自主性增强，要求我们对既有伦理框架和人的思维模式做出深度反思和调整。

生成式人工智能在新闻和学术写作上的高效表现，同时暴露出它被滥用以制造虚假信息和进行学术不端行为的风险。如何规范如

ChatGPT 这类大语言模型的使用，防止内容侵权和学术混乱，成为亟待解决的问题。如果缺乏清晰的指导原则，很可能导致学术诚信缺失、假消息泛滥等伦理困境，进一步加剧对 AI 的不信任情绪，甚至扩散至非 AI 场景。

此外，生成式 AI 输出的内容不确定性，反映出其依赖的数据质量和算法设计的伦理考量。提升数据质量，确保算法合乎伦理，是从根本上减少伦理冲突的有效途径。而对于那些正迈向通用人工智能级别的 AI，它们是否能自主形成类似人类的伦理观，是值得深思的问题。因此，可以考虑把人因工程理念（Human Factors Engineering，HFE）融入 AI 研发中，确保 AI 技术在发展全周期内的安全、可信和可控，这成为前沿探索的方向。

随着 AI 向更高层次进化，其通用性和自主性将对人类控制能力构成挑战，科技伦理的指导作用将更加凸显。只有预先构建起全面的伦理准则，才能确保人工智能技术在服务社会的同时，不偏离人类的伦理底线和价值观。

二、权责划分挑战

近年来，谷歌、特斯拉、优步这类大公司频繁发生无人驾驶车辆事故，激化了人与 AGI 之间责任归属的伦理讨论。为了应对无人驾驶中的法律难题，麻省理工学院开展了一项名为"道德机器"的研究，在全球范围内收集数据来训练 AGI 系统应对驾驶中的特殊状况，以此指导无人驾驶的行为决策。但这让责任区分变得更为复杂，若事先权责不明，可能导致 AGI 技术发展偏离伦理与法律轨道，威胁社会经济秩序稳定。

一方面，由于 AGI 领域的法律和伦理规范尚不完善，侵权事件频出。例如，艺术家莎拉·安德森、凯利·麦克南和卡拉·奥尔蒂斯对

Stability AI 和 Midjourney 等人工智能公司和平台提起诉讼，指控它们侵犯艺术家版权。尽管法官威廉·奥里克倾向于驳回案件，但也留有重新起诉的可能，凸显了确定侵权责任主体和划分责任的困难。安德利亚斯·马提亚在 2004 年提出的"责任鸿沟"指出，当算法在自主学习中产生不可预见的后果时，设计者和运营者往往无法控制，难以按传统方式追究责任。

另一方面，生成式人工智能技术因其易于获取和使用的特点，普及度高，这也相应增加了侵权风险。比如，制造和传播谣言变得简单，部分用户为了流量故意为之，加剧了虚假信息的泛滥。

在实际应用中，生成式人工智能的自我学习和优化功能，加之算法的不透明性，使得传统法律难以追溯因果关系，侵权后的救济和维权工作面临巨大挑战，用户权益保护困难，加深了公众对 AGI 的不信任感。

针对此，中国网信办等七部门联合发布《生成式人工智能服务管理暂行办法》，明确了服务提供者需承担网络信息内容生产者和个人信息处理者的法律责任，为 AGI 责任归属奠定了基础。然而，仅由服务提供者承担所有不当使用或研发环节的侵权责任，可能挫伤其积极性，需要建立更合理的责任分配机制，以平衡各方利益与责任。国内外人工智能相关政策和管理框架见表 9-3。

表 9-3　国内外人工智能相关政策

发布时间	地区/国家	政策名称和管理框架
2021	欧盟	《人工智能法案》
2022	中国	《关于加强科技伦理治理的意见》
2022	欧盟	《数据法案》
2022	加拿大	《人工智能和数据法案》
2022	美国	《数据隐私和保护法》
2022	美国	《人工智能能力和透明度法案》

续表

发布时间	地区/国家	政策名称和管理框架
2023	美国	人工智能风险管理框架
2023	欧盟	《人工智能法案》（授权草案）
2023	中国	《生成式人工智能服务管理暂行办法》

专栏 9.1

AGI 发展面临法律风险，相关治理将迈入法治时代

发展 AGI 面临着两大法律层面的风险。首先，就是隐私与数据安全的隐患。通用人工智能拥有强大的数据分析能力，可能会威胁到用户的个人隐私，导致个人数据被滥用，甚至被用于非法的商业目的和其他不道德行为，例如编造虚假新闻、进行网络攻击或盗取个人数据资产。其次，法律主体资格问题也不容忽视。AGI 的发展目标是创造与人类相似的智能生命体，这将为我们现有的法律框架带来重大挑战，引发诸如版权归属、责任划分、信息真实性和公平正义等方面的争议。例如，AGI 生成的内容是否应受到著作权保护，其内容的所有权归属于谁，以及如何对 AGI 进行有效监管等问题，都凸显了当前监管体系的不完善。

随着产业监管环境的日益规范，AGI 的治理方式也将从软性的规范建议转变为硬性的法规约束。从全球视角来看，主要发达国家在人工智能治理方面的立法工作正日臻完善。尽管我国在此方面起步较晚，但已于 2023 年 4 月发布了《生成式人工智能服务管理办法（征求意见稿）》，旨在将最新的 AI 技术应用纳入法治轨道，推动人工智能治理从社会规范向法律制度转变，从而为 AGI 的发展打造一个更为完善的监管环境。

三、数据安全风险

我国数据要素中蕴含的潜在价值无比巨大，若能有效释放，循序渐进地从潜在价值转化为实际价值，将极大地促进经济社会前进的步伐。在生成式人工智能技术的运用中，数据安全挑战主要分为两个层面：一是训练数据本身可能潜藏的安全隐患，二是数据在收集与使用过程中遭遇的安全威胁。

以大模型训练为例，生成式人工智能的成果直接受到输入数据的影响，实现了前所未有的数据集中。但由于受数据收集条件限制，某些语言群体的数据偏少，如非英语和中文的少数语言资料稀缺，这显示了技术的局限性。政策倡导使用安全可靠的数据源，意味着对生成式人工智能的数据质量有严格要求，任何含有伦理争议的数据都被视为安全隐患，不符合安全标准。

此外，数据收集与应用环节同样面临数据安全难题。数据泄露是信任缺失的主要原因，而生成式人工智能的强大依赖于海量参数，如ChatGPT-4的训练数据量高达13万亿字节。尽管服务商对数据来源保密，但从公开信息看，数据多源自公共网络爬虫和大规模语言数据库。未来，个人和企业可能拥有多个数字助手，这些助手背后的大模型将访问并整合私人数据，对数据安全技术提出更高标准。

互联网的普及使个人信息更容易被收集，从社交媒体到购物、出行应用，乃至智能设备记录的生理信息，都能勾勒出个人详尽的数字肖像。一旦这些信息泄露，个人权利将受到侵害。例如，热门应用"妙鸭相机"因用户条款引发的隐私争议，突显了人脸信息保护的紧迫性。尽管它不强调人脸识别，但通过用户上传照片生成图片的能力，特别是可能生成通过官方验证的证件照，显示了对现有安全体系的潜在威胁。

国家网信办发布的《人脸识别技术应用安全管理规定（试行）（征求意见稿）》草案，意在加强对人脸识别的监管。尽管"妙鸭相机"

等应用声称不涉及人脸识别，但其技术对人脸信息的处理能力，可能干扰现有系统，比如影响公安系统的身份识别准确性，生成的照片可能通过官方审核，从而对数据真实性及公共安全构成挑战。

尽管服务商承诺保护数据，数据安全威胁依然存在，成为赢得用户信赖的关键障碍。数据、算法、算力作为 AGI 发展的三大支柱，如何在保障用户隐私和促进 AGI 技术创新间找到平衡点，是当前亟待解决的问题之一。随着隐私保护意识的提升和数据泄露风险的增加，探索既能保护数据又能推动 AGI 发展的策略，是通用人工智能前行道路上的重要课题。

四、算法操控挑战

在人工智能的新时代，除了面对数据安全的严峻考验，技术本身的特性也引发了新的信任危机。这其中包括算法运行的不可预测性、智能系统自我学习的不可控性，以及深度学习那令人费解的"黑箱模型"，都让用户对技术的信任打了折扣。

从技术进步的角度看，通用人工智能要向前迈进，关键在于处理好数据和算法两大支柱。数据方面，隐私保护、数据偏差及由此引发的不公问题尤为突出；算法方面，则需要关注可解释性和可靠性。实际上，算法在生成式人工智能服务中，无论是硬件设施还是应用层面，都是核心动力，它不仅塑造了用户体验，还间接影响了人们的观念和行为。算法公平背后，既有人为因素，如企业利用 AGI 区别对待客户，也有技术自身难以预料的偏差。

首先，算法不够稳定。生成式人工智能容易遭受各种攻击，像病毒、对抗性输入或是隐藏的后门，都能影响其表现。比如，恶意信息的注入就能误导推荐系统给出错误建议。更甚者，物理干扰，比如伪造的图像，也能欺骗自动驾驶车辆或面部识别系统。

其次，算法的"内心"我们还看不透。深度学习就是一个彻头彻尾的神秘黑箱。我们不仅不明白那些参数量巨大的模型是如何一步步演化的，就连它们做出决定时参考的具体数据都无从知晓。就像ChatGPT-3被问及疫情何时结束时给出了一个具体日期，却没人能说清这一结论是怎么来的，准确性自然也难以保证。

最后，算法中的偏见和歧视问题亟待解决。这可能是设计之初就埋下的种子，比如开发者无意识的偏颇设定，或是数据收集不全面导致的学习偏差。生成式人工智能会根据反馈不断优化，如果反馈中带有偏见，生成的内容也会受到影响。

因此，算法的应用彻底改变了生成式人工智能的训练模式，但伴随而来的是算法不稳定性和不可解释性的重大挑战，这些都被形象地比喻为"黑箱"，因为我们往往无法洞察其背后的逻辑。从社会发展的规律来看，监管制度也需与时俱进，以适应由算法技术驱动的AGI服务变革。

探究和反思真正的AGI还处于起步阶段，未来之路漫漫。人类自身肩上的责任重大，既要警惕AGI可能带来的种种挑战，也要珍惜并充分利用它为我们开启的全新机遇。回溯至公元前，哲人苏格拉底说"认识你自己"。而在当今这个由AGI技术迅速推进的时代背景下，人类正面临着一个全新的命题——"重新认识你自己"。这意味着我们需要在技术的镜子里，重新评估我们的能力、位置，以及与这一新兴人工智能共存的方式。

第十章　未来网络：自缘身在最高层

自从古代的狼烟燃放、飞鸽传书、快马驿送开始，人类就一直在打造更高效、更便捷、更广域的通信网络。19 世纪 30 年代，美国科学家莫尔斯发明了电报，标志着现代通信网络的正式诞生。经过近两百年来通信技术的不断创新与突破，当前通信网络架构已逐步稳定，主要由有线通信、移动通信与卫星通信三大部分构成。其中，以光通信为代表的有线通信技术最为成熟，保持着带宽与网络容量不断提升的稳定趋势。未来网络中想象空间最大、颠覆性影响最深的则是移动通信与卫星通信领域。6G（第六代移动通信技术）与卫星互联网这些"自缘身在最高层"的前沿技术，将有望帮助人类"不畏浮云遮望眼"，开启通信"新纪元"。

从 1G 到 5G：移动通信技术的演进与迭代

在过去几十年内，全球移动通信技术经历了从 1G 到 5G 的重大飞跃。移动通信以约十年为一代的周期进行代际更迭，其间会根据实际需求、技术缺陷和未来业务预期，约两年发布一版新技术标准，推动代际内的技术不断完善与升级。这些技术的演进不仅大大改善了用户通信体验，也快速推动了经济社会的发展与繁荣（见表 10-1）。

表 10-1　历代网络通信技术主要特征

主导技术	出现时间	主要技术标准	技术影响	技术缺陷	主要应用
1G	20 世纪 80 年代	NMT, AMPS, TACS	开启了移动通信时代	通话质量差、频谱效率低、安全性不足、应用领域单一	模拟电话
2G	20 世纪 90 年代	GSM, GPRS, CDMA IS-95	实现了大规模数字通信与漫游服务	数据传输种类较为有限、带宽有限，难以支撑互联网和电子邮件需求	数字通信与短信服务
3G	21 世纪初	WCDMA, TD-CDMA, CDMA2000	初步实现了移动互联网	三大技术标准之间兼容性存在障碍，频谱利用率较低，网速较慢	数字电话、信息传输、网页浏览
4G	2013 年	TD-LTE, FDD-LTE, LTE-A	实现了大范围高速移动互联网	难以支持物联网服务与行业定制化服务	语音、视频、游戏等各类 IP 服务
5G	2019 年	LTE-U, 5G NR, NB-IoT	开启了万物互联时代	信号覆盖面较小，基站建设成本高，智能化程度不足	高清视频、物联网、工业互联网

1G（第一代移动通信技术）：1G 起源于 20 世纪 80 年代，并在 20 世纪 90 年代得到普及。这一时期的通信系统基于模拟信号，主要采用模拟调制技术和频分多址（FDMA）技术。1G 的主要缺陷在于频谱利用率低，且存在信令干扰等问题。由于依赖模拟传输，1G 通话质量较差、交互性弱、安全性不足、传输速度慢，主要限于语音通信，且受网络容量制约较大。

2G（第二代移动通信技术）：2G 标志着从模拟通信向数字通信的转变，主要采用了时分多址（TDMA）和码分多址（CDMA）技术。2G 中的短信服务（SMS）是一个重要技术进步。虽然 2G 能支持基本通话和一些简单信息的传输，但还是无法直接传输电子邮件或软件等数据。主要的 2G 标准包括欧洲的全球移动通信系统（GSM）和美国的 CDMA IS-95，其中中国主要采用 GSM，而美国和韩国则主要采用 CDMA。

3G（第三代移动通信技术）：3G 以智能信号处理技术为核心，支持话音和多媒体数据通信。与前两代相比，3G 能够提供更丰富的宽带信息服务，如高速数据传输、图像和视频传输等。3G 使用更高频率和 WCDMA 技术，具有速度快、效率高、信号稳定、成本低和安全性好等特点，并可开展多媒体业务。

4G（第四代移动通信技术）：4G 结合了 3G 和无线局域网（WLAN）的特点，以正交频分复用（OFDM）为核心，采用长期演进技术（LTE）这一标准，能够传输可与高清电视相媲美的高质量视频图像。4G 系统的下载速度可高达 100 Mbit/s，上传速度可高达 20 Mbit/s，这大大超过了拨号上网速度，几乎可以满足所有用户对移动服务的需求。

5G（第五代移动通信技术）：5G 乃当前主流的蜂窝移动通信技术，它对现有 4G LTE 技术进行了大幅改进，并集成了一些新技术。5G 网络使用 5G NR 这一技术标准统一空中接口，旨在满足未来十年及以后的全球连接需求，可支持各种设备、服务和部署方式，并充分利用频段和频谱资源。在 5G 技术支持下，万物互联时代正式开启，网络通信技术应用开始从消费侧逐步走向生产侧，物联网等新业态开始显现。

尽管 5G 在速率、时延和连接数上相较于前代技术有显著提升，但仍存在一些局限性，如覆盖范围较小、最大连接容量有限、智能化程度不足等，特别是对于特殊行业或特定应用场景下的技术支持，如工业数字孪生、远程医疗、智慧城市等，5G 并不能完全匹配。因此，随着新一轮科技革命和产业变革的持续演进，更加先进的 6G 通信技术理念开始被提上日程。2020 年，国际电信联盟（ITU）无线电通信部门 5D 工作组（ITU-RWP5D）正式开启了面向 IMT-2030（即 6G）的早期研究工作，依照其时间表推算，6G 的首个标准版本——R21 将最早于 2025 年进入研讨阶段。2023 年，世界无线电通信大会（WRC-23）已就 6G 的频谱需求展开讨论，并将于 2027 年进行频谱资源分配，目前潜在候选频段包括太赫兹（100 GHz~10 THz）、毫米波（30~100 GHz）、6 GHz 这三大类。预计最早于 2027 年，6G 商用网络部署将正式启用。

6G：开启"万物智联"新时代

在主要技术参数方面，与 5G 相比，6G 将提供更高的数据传输速率、更低的通信时延和更广泛的覆盖范围，以满足未来数字化、智能化转型需求。从主要指标性能上看，6G 对 5G 的提升幅度均达到 10 倍以上（见表 10-2）。在网络运营模式方面，传统通信网络中运营商扮演着中心角色，提供标准化的语音通信服务。然而，这种模式已经难以满足用户对个性化和多样化服务的需求。5G 时代，运营商为避免"管道化"，已开始通过引入网络切片和 5G 专网等技术，尝试以用户需求为中心的服务。6G 将彻底摒弃传统以运营商为中心的设计思路，网络的设计、建设和运营都围绕用户个性化需求展开。通过引入参与式的组网与业务模式，6G 具备更高的灵活性与敏捷性，能够实现按需编排、灵活适配和快速部署，及时响应市场和用户的变化。同时，6G 深度融合人工智能技术，实现网络资源的智能管理与优化。借助使用机器学习等技术，6G 能够根据用户行为和需求，自动调整网络参数，实现网络的高效率、低耗能运转。

表 10-2　6G 与 5G 的技术参数比较

主要性能指标	5G	6G	提升幅度
频谱支持能力	常用载波：100~400 MHz，载波聚合：200~800 MHz	常用载波：20 GHz，载波聚合：100 GHz	50~100 倍
理论峰值速率	10 Gbit/s	100~1 000 Gbit/s	10~100 倍

续表

主要性能指标	5G	6G	提升幅度
用户使用速率	0.1 Gbit/s	1~10 Gbit/s	10~100 倍
用户使用时延	1 ms	0.1 ms	10 倍
最大连接容量	100 万个 / km²	1 亿个 / km²	100 倍
定位精度	室外 10 m，市内 1 m	室外 1 m，市内 10 cm	10 倍
网络时延抖动	1 ms	0.1~100 μs	10~1 000 倍
网络可靠性	99.999%	99.999 99%	—

如果说 5G 基本实现了"万物互联"，那么 6G 将正式开启"万物智联"。6G 技术代表了从传统"纯连接"的通信网络向具备"连接＋感知＋智能"多功能信息网络的重大演进。根据国际电信联盟发布的《IMT 面向 2030 年及未来发展的框架和总体目标建议书》，6G 将开拓六大典型应用技术场景：沉浸式通信、超可靠低时延通信、超大规模通信、泛在连接、普惠智能通信、感知通信融合。其中，前三个技术场景是对 5G 现有技术与应用的拓展和延伸，而后三个则为 6G 所特有的创新（见表 10-3）。基于这些场景，6G 将支持更具前沿性和颠覆性的技术应用，如元宇宙、全息通信、数字孪生、远程呈现、边缘计算、无人驾驶等。这些技术在 5G 时代因受到技术限制而未能完全实现，6G 将有望助推它们蓬勃发展。其中，新型感知体验和数字孪生是最能彰显 6G 技术实力的"颠覆性创新领域"。

表 10-3　6G 的主要技术特点与应用领域

技术场景	与 5G 之间的技术关联	主要技术特点	主要应用领域
沉浸式通信	从 5G 的增强型移动宽带发展而来	给用户提供大量沉浸式的交互体验，尤其是在人机互动方面	沉浸式 XR（扩展现实）、全息通信、多感官远程呈现
超可靠低时延通信	从 5G 的高可靠低时延通信发展而来	适用于对可靠性和延迟有更严格要求的时间同步操作，如果不能满足，则可能会对应用程序造成严重后果	工业数字孪生、远程医疗、电力配送监控

科技创新的力量

续表

技术场景	与5G之间的技术关联	主要技术特点	主要应用领域
超大规模通信	从5G的大规模物联网发展而来	为各领域提供超大规模的设备或传感器连接	智慧城市、智慧交通、智慧物流、智慧医疗、环境监测、智慧农业
泛在连接	6G原创	加强各区域、各领域之间的互联互通，尤其是那些农村、偏远和人口稀少地区，以弥合数字鸿沟	物联网、移动宽带通信
普惠智能通信	6G原创	普遍支持各类分布式计算和人工智能应用	数字孪生、无人驾驶、边缘计算、医疗援助设备之间的自主协作
感知通信融合	6G原创	提供广域多维传感以及关于未连接物体、连接设备及其周围环境的空间信息，为需要传感功能的新应用程序和服务提供了便利	数字孪生、XR、辅助导航、运动跟踪、环境监测

资源来源：作者根据国际电信联盟发布的《IMT面向2030年及未来发展的框架和总体目标建议书》整理。

"身临其境"：6G助推"感知体验革命"

视觉、听觉等感知信息属于人类最重要的精神需求。近两百年来，从照相机、电话的发明，到收音机、电视机、摄像机的出现，再到现在的超高清、新型显示、虚拟现实等，这一系列的视听技术进步无不体现出人类对美好感知体验的不懈追求。得益于所具备的沉浸式通信、超可靠低时延通信、泛在连接、感知通信融合等技术，6G能够支持XR、全息通信、感官互联等新兴应用场景，为用户提供前所未有的互动体验，开创"新感知经济"。

从技术层面上看，与5G相比，6G在关键技术指标、应用场景多样性以及服务覆盖广泛性上都取得了显著进步。6G 在峰值传输速率、用户体验速率、传输时延、吞吐量以及最大连接数量等关键性能参数上，都设定了更高标准以满足未来通信的严苛需求，因而能从多维度支持新型感知体验。①覆盖范围大。6G 可实现广泛、高质量的网络连接，无论是在城市中心、偏远地区，还是在飞机、船舶等移动平台上，都能提供无缝网络服务。②网络连接广。6G 强调网络连接的泛在性，即在不同环境和情境下都能保持稳定的网络服务，满足用户在多样化场景下的连接需求。③用户体验优。通过提升传输速率和降低时延，6G 能够显著改善用户网络体验，尤其是在那些需要快速响应和高数据吞吐量的应用中。

一、沉浸式 XR

6G 技术的发展将大幅提升 XR 使用效果，云 XR 业务正朝着实时交互、沉浸式体验、高清画质和 3D 效果等方向不断演进。云 XR 分辨率和帧率将从入门级的 4K、60FPS 提升至舒适级的 8K、90FPS，而最终目标是实现 16K、120FPS 以上的流畅视听感知。这就能大大减少传统 VR、AR、MR（混合现实）长时间使用可能导致的如头晕等不适症状，彻底治好 XR "晕动症"，打造沉浸式虚拟享受。为了实现这种极致的 XR 体验，原始传输速率需要较 5G 提高 10 倍以上，这无疑对移动网络的稳定性、传输时延和带宽提出了更高要求，这将有且仅有 6G 才能满足。同时，为了满足日益增长的实时交互需求，未来云 XR 将支持更复杂的交互方式，如语音、手势和眼球交互。云 XR 的目标是利用 6G 将头动（Motion-To-Photon）延迟降低至接近人类感知极限的 1 毫秒以内，这比目前 VR 设备的要求提高了数十倍。在终端设备方面，随着 XR 等视听内容和空间计算在 6G 赋能下得到云化，终端应用能耗将显著降低，推动各类终端设备向更小型化和智能化的方向发展。

二、全息通信

6G 技术发展预示着全息通信时代的来临，它将彻底改变我们远程交流和互动的方式。全息通信可实现视觉、听觉甚至嗅觉、味觉、触觉等感官信息的实时同步传输，为用户带来全方位的沉浸式体验。全息通信能够实时采集和处理人物、环境的全真数据，通过编码、传输和渲染，构建出双方可以深度参与的三维空间场景。这种基于视觉调节的裸眼 3D 全息显示技术能够精确感知景深，用户将能够与远在他乡的家人进行面对面的互动，仿佛彼此就在同一个空间内。然而，在动态变化的环境中，全息通信对网络的带宽、时延、信息同步和安全性提出了前所未有的高标准。移动 3D 等应用对网络带宽有着极高的需求，原始数据速率因图像的大小、分辨率和颜色深度而异，需求从 1Tbit/s 以下至数百 Tbit/s 不等。全息通信还要求视听、触觉、嗅觉和味觉信息之间的传输时延和可靠性达到高标准，确保感官体验的连贯性和真实性。为了满足交互式反馈操作的实时性和精确性需求，网络传输的预期往返时间必须低至 0.1 毫秒。因此，只有当 6G 技术成熟后，全息通信这种高度交互式的远程操作才有可能实现。

三、感官互联

在 6G 技术推动下，未来智能可穿戴设备将能够实现更丰富的感官信息传输。这将意味着，除了目前能通过 4G、5G 网络传送的视觉和听觉信息，味觉、嗅觉和触觉等更深层次的生理感知也将通过所谓的"感官互联网"进行有效传递，以此将人类的感官体验通过网络连接起来，形成一个全面互动的网络系统。此外，6G 技术还有潜力实现人类情感、情绪以及意念等更为复杂的交互感知，这种全面的感官互联将极大地扩展人类的交流维度，为多个领域带来前所未有的机遇。例如，在教育领域，感官互联网可以为远程教育提供更加丰富的教学手段，如通过触觉反馈模拟实验操作，或通过嗅觉体验增强记忆；在医疗领域，感官互联网可以用于远程诊断和治疗，医生可以通过远程操作设备进行手术，同时通过触觉反馈获得手术过程中的实时信息；在交通运输领域，通过感官互联，驾驶员可以更准确地感知车辆周围的环境，提高交通安全性；在远程办公领域，感官互联网可以使得远程工作更加高效，同事之间可以通过更丰富的感官信息进行沟通，提高团队协作效率。

数字孪生：6G 打造"产业元宇宙"

当前，网络技术对实体经济，特别是产业数字化的渗透逐步进入深水区。5G 不仅触达企业核心生产环节，还覆盖生产经营链条上的更多场景，但其面临的技术障碍也不断显现。特别是对于工业、城市、交通等领域的远程控制应用而言，只有得到更大的上行带宽、更高的网络可靠性能力支撑，才能帮助各行业加速实现全局性、系统化转型。6G 具有的超大规模连接、超可靠低时延通信、泛在连接、普惠智能通信等技术特点，实现了网络通信应用领域和能力边界的拓展，有望将"数字孪生网络"这一理念完全展现，从而打造出广域的"产业元宇宙"。

数字孪生是通过应用建模、仿真以及数据分析等技术工具对物理实体进行数字化定义和设计，在互联网虚拟空间创建出与物理实体相对应的"数字孪生体"。这一过程不仅涉及实体的几何拓扑属性和物理属性分析，而且需要通过集成物理模型、传感器数据和运行历史等多源信息，构建一个多学科、多物理量、多尺度和大概率的仿真网络系统。在虚拟空间中，物理世界中的实体和过程将拥有数字化镜像，数字孪生体能够实时反映物理实体的全生命周期，实现对实体的实时演化、仿真、控制和预测,并能够将结果反馈给实体,以优化其性能和操作。数字孪生对无线通信、感知传输和普惠智能技术有着较高要求,智能制造、智慧医疗和智慧交通中的数字孪生场景不仅对时延和可靠性有着更高标准,而且对抖动、时间同步和稳定性等指标也提出了新需求。6G技术满足了这些条件,实现了高速率传输和高精度定位的双重保障,为数字孪生的应用和发展打下坚实基础。

在6G支持下,数字孪生的技术应用具有普适性,想象空间巨大,可在未来工厂、城市管理、工程建设、智慧医疗等多领域渗透,形成诸多"数字孪生+"场景。

一、未来工厂

数字孪生正逐步成为制造业转型升级的关键驱动力,不仅为产品设计、工艺规划、质量管理等环节带来革新,更预示着未来工厂完全自动、极度灵活的全新生产模式。通过模拟"数字孪生体"对物理实体进行仿真分析和优化,数字孪生可反哺改进现实经济中的生产与运营管理流程,实现降低产品故障率、连接各开发流程、缩短开发周期,以此大幅提高制造业的生产运营效率。通过毫米级精准定位,6G深度参与数字孪生的系统流程,推动工业互联网向更高级的智能制造解决方案发展。超高性能的无线链路使得机器摆脱线缆束缚,模块得以自由移动,极大提升了生产灵活性。同时,6G网络支持的泛在射频感知系统,能够主动维护整个生产环境和流程,进一步推动人工智能与数字孪生的结合,使得机器设备与机器人之间的经验知识积累与分享成为可能。这种协同效应可不断优化工艺流程,提升工厂产品生产的良品率与产能利用率,满足大规模定制需求。6G网络和数字孪生的深度融合,将使未来工厂更加智能、高效和环保。未来工厂将完全不需要人工值守,"熄灯制造"的实现将显著降低运营成本和碳足迹，打造更加绿色、可持续的生产方式。

二、数字孪生城市

数字孪生的兴起将推动城市管理模式的颠覆性创新。数字孪生通过1∶1复原真实城市空间，将城市中的场景、人、物等要素数字化，为城市管理者和居民提供了一个全面、动态的视角。数字孪生的仿真模拟和数据挖掘技术将在动态交通规划、安全综合治理、设计施工、城市公共服务等细分领域中得到应用，如其对人流、交通流的仿真功能，可用于模拟不同客流下的限流措施、不同交通流下的管理方式等。智能交互方面，数字孪生城市将具备远程巡检、自动预警和故障分析的能力，依托系统自动控制的各类传感器如烟感、温度、视频监控等，可在数据异常时进行警告，显著提高巡检效率。目前，数字孪生城市在国外已有初步的应用案例，如虚拟新加坡、虚拟赫尔辛基、虚拟惠灵顿等，展示了数字孪生在城市建筑和环境管理、数据统计监控、数据分析模拟等方面的多样化赋能。不同国家的数字孪生城市建设各有侧重点，如虚拟新加坡结合"智慧国家"策略，具备多种智慧管理应用；虚拟赫尔辛基在旅游和虚拟活动中发挥了重要作用；虚拟惠灵顿则注重交通、环境数据的汇总、统计和展示，以辅助公共决策。在6G技术加持下，数字孪生将在未来城市管理中扮演更加重要的角色，为城市智能、高效、绿色发展提供强劲动力。

三、智慧工程

数字孪生将彻底改变传统工程项目从设计、施工、验收到运营的这一整套流程，为各领域工程建设带来前所未有的数字化与智能化支持。在房产建筑领域，数字孪生可在设计阶段采集并整合实景数据，形成可供设计师参考的数字模型；在施工阶段实时反映建设进展与变化，对主要工程指标进行实时监控；在交付阶段通过数字模型与平台检查核对各设计部分及对应参数，实现精细化验收。在矿产资源开采领域，数字孪生技术通过仿真模拟开采情况并实时动态反馈开采过程中的各种参数，有助于全流程可视化、透明化矿产资源开采。这不仅实现了信息互通、装备协同，还提高了矿产资源开采的效率与安全。在水利工程领域，数字孪生被视为推进智慧水利建设的关键。利用数字孪生技术构建的水务系统一张图，将实现自然水系和城市管网的统一管理，以及多源水利数据的直观可视化。

四、智慧医疗

数字孪生在智慧医疗领域的应用前景广阔。在 6G 技术支持下，人体数字孪生技术将成为可能，通过扫描仪器、传感器、可穿戴设备等将人体器官及其主要参数进行数字化复制，可将人体数据映射到虚拟世界中，实现重要指标实时监控以及人体健康状况的全面跟踪，推动医疗数字化转型。在医药研发领域，数字孪生通过收集大量实验数据，对医药临床方案及其副作用进行模拟验证。这不仅提高了研发成功率，而且缩短了研发周期，加快了医药创新速度。在临床治疗领域，通过数字孪生模拟不同的医疗干预措施，医生可以更精准地制定个性化治疗方案，减少不必要的医疗风险，大幅提升治疗效果与效率。

专栏 10.1

从 CAD 到数字孪生：工业生产系统演进史

随着科技飞速发展，工业生产系统经历了翻天覆地的变化。从最初的CAD（计算机辅助设计）和CAE（计算机辅助工程）到如今备受瞩目的数字孪生技术，工业生产系统经历了从单一工具应用到全流程数据整合，再到实时动态映射的演进。这一过程不仅体现了技术层面的进步，更预示着工业生产方式的深刻变革。

20世纪60年代，CAD和CAE技术的诞生标志着工业设计和工程仿真的数字化进程正式开启。这些技术应用极大地提升了产品研发效率，将手工绘图和仿真分析转变为计算机操作，大幅减少了工作量。然而，这一阶段的软件工具主要用于单一环节处理，不包括产品生产全部流程，并没有实现数据在生产全流程中的流转和实时更新。

到了20世纪90年代，PLM（产品全生命周期管理）系统的出现，体现了对工业数据整合与应用的进一步探索。PLM作为一种战略性数字化产品软件与应用平台，不仅集成了与产品相关的流程、资源和信息等内容，而且将数据贯穿于策划、设计、开发、验证、生产、维护的全生命周期，致力于以低成本和高效率生产产品。在该阶段中，数据的重要性有了显著提升。尽管PLM在数据整合方面取得了显著成就，但其针对消费者的需求反馈机制仍存在较长时滞。

2008年后，MBSE（基于模型的系统工程）逐步应用于企业生产过程中。MBSE进一步推动了数字化进程，运用数字化建模代替文档，强调了形式化、系统性以及产品全生命周期的连贯性。鉴于在数字化大潮之下，各类软件技术或解决方案已能支撑设计工艺制造服务一体化，MBSE力争打通产品全生命周期中从需求到设计的"最初一公里"。尤其是MBSE的VV曲线阐释了从研发到生产验证的工作流，体现了设计即可用的理念，为数字孪生技术的发展奠定了基础。

作为工业生产系统数字化演进的最新进展，数字孪生理念最早由迈克尔·格里夫斯教授于2002年提出，旨在通过融合各领域技术，实现物理世界与虚拟世界的实时动态双向映射，以此提升生产效率和产品可靠性，并降低设计和生产风险。随着技术的不断发展与深化，数字孪生理念有望在未来实现更加广泛的应用，为工业生产带来更多可能性。

卫星互联网：新版"星球大战"拉开帷幕

20世纪80年代，美国总统罗纳德·里根提出了"星球大战"计划，意图通过将大量天基侦察卫星与反导弹卫星组成联网，建立一个多层次、多手段的反弹道导弹综合防御系统。随着冷战结束，该计划的推进动力下降，再加上费用昂贵、技术难度大等因素，最终于20世纪90年代宣布中止。"星球大战"中的卫星互联组网这一设想，在21世纪的今天，终于被卫星互联网这一新技术重新展现。卫星互联网也有望成为继有线网络、移动网络之后的第三代网络基础设施，以及未来网络的另一大组成部分。

一、卫星互联网的基础原理

与传统的有线和无线连接方式不同，卫星互联网是通过大量卫星部署构成的网络，实现了全球范围内的实时数据传输与广泛设备连接。因此，卫星通信是卫星互联网的落地基础，并主导着卫星互联网的技术发展方向。随着1958年第一颗试验性通信卫星"斯科尔"的发射，全球卫星通信经历了近70年的发展历程。卫星通信的全球覆盖能力、不受地理距离限制以及快速部署的特点，使其能够为跨洲、海洋的用户提供大范围通信服务。同时，卫星通信还是互联网接入的重要端口。早在20世纪90年代，以美国铱星公司为代表的互联网服务提供商便将国际通信卫星组织的卫星链路直连至互联网核心网络之中，这一创新举措为卫星接入互联网的技术应用奠定了基础，给全球用户提供了新的网络选择。

根据轨道高度,卫星可分为低轨(LEO)、中轨(MEO)和高轨(GEO)三种类型。特别是其中的低轨卫星,由于其轨道高度较低,通常位于地球表面 500~2 000 千米,因此具有传输延迟小、链路损耗低、灵活性高、成本低廉等优点,非常适合构建卫星互联网。低轨卫星互联网通常采用中频数字相控阵技术,以实现同时多点多波束的精准跟踪,从而最大限度地利用卫星有限的太阳能,提供更多的并发用户服务能力,高质量地实现互联网通信。通过增加低轨卫星的数量,可以有效提升网络容量,与高轨卫星通信形成互补。依赖高轨卫星通信的海上和偏远地区用户,也在寻求借助低轨卫星降低通信成本。因此,越来越多的电信运营商、设备制造商和服务供应商开始关注低轨卫星互联网,将其视为提供大规模数据传输服务的新路径,以此解决现有通信网络的瓶颈问题。

二、卫星互联网的架构

卫星互联网架构主要基于低轨星座,即以一组低轨卫星作为一个整体系统一起协同工作,也称为分布式卫星系统。该架构方案涉及由多个低轨星座组成的通信网络,其物理传输介质包括星间链路(卫星之间的连接)和星地链路(卫星与地面站之间的连接)。这些链路共同构成了一个星地网络体系,能够实时接收、传输和处理信息,实现全球范围内的数据通信。在已公布的国际低轨星座方案中,卫星轨道的高度主要集中在 1 000~1 500 千米,而使用频段主要集中在 Ku(12~18 GHz)、Ka(26.5~40 GHz)和 V(50~70 GHz)这三个频段。

自 2015 年起,全球范围内掀起了一阵低轨卫星互联网的建设热潮,其间提出了将近 30 个不同的星座计划。这些计划经历了频率申请、项目融资、应用布局以及新冠疫情等多重考验,目前已有一些正式投入商业运营，其中最具代表性的是"星链"和"一网"项目。SpaceX 通过密集的单月多发方式快速组网，截至 2024 年 4 月，已成功部署了 6 258 颗卫星，并在超过 70 个国家和地区为逾 200 万个用户提供了通信服务。此外，"一网"已完成全部 648 颗卫星的发射计划，并在超过 40 个国家和地区实现落地应用。其他如"光速"（Lightspeed）和"柯伊伯"（Kuiper）等星座计划目前仍处于建设规划阶段（见表 10-4）。这些星座计划的发展不仅显示了卫星互联网的技术进步，也反映出全球对于高速、低延迟、广泛覆盖通信服务的强烈需求。随着技术层面的更加成熟与市场规模的不断扩大，预计未来将出现更多的卫星互联网供应商，进一步完善全球通信网络基础设施。

表 10-4 当前主要卫星互联网建设计划

星座计划名称	星链	一网	光速	柯伊伯
计划发射卫星数量	12 000 颗	648 颗	1 600 颗	3 236 颗
已发射卫星数量	6 258 颗	648 颗	—	2 颗
总容量	约 88 Tbit/s	约 5 Tbit/s	16~24 Tbit/s	约 164 Tbit/s
用户频率	Ku（12~18 GHz）	Ku（12~18 GHz）	Ka（26.5~40 GHz）	Ka（26.5~40 GHz）
采用的星间链路技术	可移动点波束	逐步倾斜技术	跳波束	动态成形波束
开始服务时间	2021 年	2022 年	2025 年后	2025 年后
投资规模	约 300 亿美元	55 亿~70 亿美元	50 亿美元	超过 100 亿美元
运营机构	美国 SpaceX	英国 OneWeb	加拿大 Telesat	美国亚马逊

注：数据截至 2024 年 4 月。

三、卫星互联网的应用领域

卫星互联网产业主要包括卫星组网和卫星技术应用两大部分。卫星组网是产业的前端市场，涉及一系列硬件技术和业务流程，如卫制造、卫星发射、卫星联网与地面站建设、卫星维护与升级等。在各大厂商发射计划大幅扩张的趋势下，卫星组网行业预计在未来几年内将迎来快速增长期。卫星技术应用是产业的后端市场，涵盖了多种通信服务，其发展不仅在民用商业领域有着深远影响，同时也对国防军事安全具有重要的战略意义。

1. 民用商业领域

卫星互联网在民用商业领域应用前景广阔，通过实现"空天地海一体化"，有望打开近万亿的民间市场需求规模。首先，依托手机直连卫星，卫星互联网可实现全球信息覆盖。当前，地球上仍有超过 70% 的地理空间，以及近 30 亿人口未能实现互联网覆盖。与同步轨道卫星相比，低轨卫星互联网具有更低时延和对发射功率要求更低的优势，能够连接传统地面通信难以触及的区域，如偏远地区、高山、沙漠、海洋和空域等，为全球信息荒漠地带提供高速互联网接入服务。这对于扩大数字化包容性，缩小数字鸿沟具有非常重要的意义。凭借着手机直连卫星技术，智能手机能够在任何区域直接实现短信、语音、数据和互联网通信功能。例如，华为于 2023 年推出的 Mate 60 Pro 手机可直连"天通一号"卫星移动通信系统，并与中国电信的天地翼卡业务结合，满足用户在极端环境下的通信需求。

其次，卫星互联网可打造数字空域，推动航空产业智能化发展。现有大飞机以 Wi-Fi 为代表的航空互联网服务大多通过高轨卫星提供，服务收费较高且存在通信速率较低、链路不稳定、时延抖动等问题。低轨卫星互联网的普及将全面改善现有航空通信需求：前舱飞机驾驶员能够实时获取飞行和航路数据，提升驾驶操作合理性与飞行安全性；后舱乘客能够以较低的资费接入互联网，享受直播、视频、实时信息和在线游戏等娱乐服务；地面维护人员通过实时监测飞机主要零部件数据，可改进维护服务质量，延长飞机使用寿命。除了对大飞机的支持，低轨卫星互联网还能够解决无人机大规模、远距离通信问题。目前消费级无人机信号传输距离最远约为 10 千米，工业级无人机约为 100 千米，军用无人机约为 200 千米。接入卫星互联网有望打破这些距离限制，实现无人机在航程范围内任意地点的顺畅通信。

最后，卫星互联网可大幅提升海上通信质量，建设智慧海洋经济。当前，全球 100 总吨以上商船船舶数量已超过 10 万艘，对海上通信的需求巨大。然而，现有海上无线通信、卫星通信、岸基移动通信等方式主要采用窄带通信技术，不仅受气候条件和海洋环境影响较大、通信可靠性不高，而且无法提供高速数据业务，难以满足现代船舶的通信需求。低轨卫星互联网则有望提供数十倍于现有方式的通信速率和更低的通信延迟，全面替代现有海上通信系统，实现海域全方位网络服务。

2. 国防军事领域

卫星互联网在国防军事领域具有重要战略意义，显著提高了军事通信效率和安全性。

首先，卫星互联网可推动军事装备通信的跨越式升级。先进的军事通信系统是现代战争效率的倍增器，能够实现装备战斗力的大幅提升，这对于指挥控制和协调军事行动至关重要。由于多数武器装备如飞机、舰艇、坦克等在战场上处于运动状态，只能依靠无线电或机载数据链等传统通信方式，这就存在通信距离短、数据传输速率低等短板。卫星互联网可实现军事装备的全球互联和高速通信，对当前低速和小范围军事通信系统的改进非常明显。以"星链"为例，其星间链路不仅能够提供更高的传输速率和更低的时延，庞大的卫星数量还可实现几乎全球军事装备的同时联网，从而大幅提高作战效率。

其次，卫星互联网具有集卫星遥感、加密通信及功能模块化于一身的平台优势。以 SpaceX 发布的"星盾"计划为例，"星盾"在"星链"组网的基础上，可提供全球部署的卫星遥感、加密通信、军用平台模块化托管服务，快速传输军用侦察和指挥控制数据，大幅超越传统军事卫星通信系统。与传统军事卫星提供端到端用户数据加密相比，"星盾"使用更高级别的加密功能，托管加密载荷并安全处理数据，能够满足军方最苛刻的要求。同时，"星盾"可发挥"星链"作为当前运行规模最大的轨道激光通信终端这一优势，实现"星盾"网络的空间激光通信。在使用设计方面，SpaceX 的快速迭代能力和"端到端"系统一体化方法使得"星盾"能够快速规模化部署。"星盾"的模块化设计原则也可满足不同任务要求，集成各种有效载荷，提供多种功能选择，为现代战争提供强大信息支持。

专栏 10.2

从"铱星"到"星链"：卫星互联网发展史

卫星互联网的发展历程可分为三个阶段，从摩托罗拉的"铱星"到 SpaceX 的"星链"，卫星互联网产业经历了初步商业化、低谷中复兴再到全面崛起的转变。

"铱星"计划：卫星互联网的起点

卫星互联网商业化始于 20 世纪 80 年代美国摩托罗拉公司发起的"铱星"计划。当时，国际互联网尚未成熟，而电视、广播、电话、电报和传真的需求催生了卫星通信技术发展。1987 年，"铱星"计划正式被提出，旨在解决偏远地区的通信难题，这不仅标志着卫星通信商业化的开始，也标志着卫星互联网的开端。20 世纪 80 年代至 2000 年前后，摩托罗拉公司先后发射了 66 颗低轨卫星，构建了覆盖全球的卫星通信网，用以支持"铱星"计划，并于 1998 年将其正式投入运营。受此推动，其他卫星通信系统如"天空之桥"、"全球星"和"泰利迪斯"等也在同时期相继涌现，全球卫星互联网建设迎来了一个小高潮。然而，随着地面通信技术的快速发展，卫星通信在通信质量、资费价格等方面逐渐失去优势。技术欠缺、建设成本高昂和市场反应平淡等问题，导致卫星互联网在与地面通信网络的竞争中宣告失败。

技术革新：低轨通信星座的复兴

第一代低轨卫星通信系统"铱星"商业化失败后，卫星互联网产业步入一个发展低谷期。进入21世纪后，物联网和移动互联网的普及再次推动了低轨通信星座的发展。"铱星"、"轨道通"和"全球星"等系统完成了升级换代，重新定位为地面通信系统的补充和延伸。在此期间，卫星相关技术不断进步，不仅卫星容量超过了100 Gbit/s，而且分组和压缩调制技术的成熟使得用户数据下载速率达到12~50 Mbit/s，满足了高清视频、多媒体等宽带互联网应用的需求。特别是自2014年起，随着低轨星座建设成本的降低，高科技企业如OneWeb、SpaceX和O3b等通过大量发射低轨高通量卫星进入市场，推动了卫星互联网产业复兴。仅在2014年12月至2015年4月，国际电信联盟收到的低轨卫星网络申请材料就超过了10份，涉及的卫星计划数量高达上万颗。这些企业主导了新型卫星互联网的建设，卫星互联网与地面通信系统开启更多的互补合作与融合发展。

"星链"计划：卫星互联网全面崛起

2015年后，SpaceX异军突起，其推出的"星链"计划成为卫星互联网发展史上的一个里程碑，带动了全球卫星互联网产业再次爆发。鉴于"星链"是一个规划数量达1.2万颗卫星的庞大网络，SpaceX每年必须维持一定的发射量以符合国际电信联盟的规定，因此控制成本对于该计划实现至关重要。SpaceX为此专门打造出了完备的产业链条，已形成集卫星研发制造、火箭发射、地面站建造和卫星运维于一体的生产线，有效规避了庞大的供应链、反复设计、低效外包等高成本环节，大幅降低了"星链"计划成本。"星链"卫星使用SpaceX最先进的猎鹰9号火箭进行发射，并采用"一箭多星"发射方式和火箭回收技术，已能达到"一箭9发9回收"水平，推动卫星单次发射成本降至100万美元，且未来还将进一步下降。

用户体验方面，"星链"用户一般以家庭为单位，在购买地面接收器后，只需将其安装在户外与路由器相连并激活服务，便可随时随地享受百兆互联网体验。随着低轨卫星不断发射，"星链"的覆盖率也在不断上升，这还将进一步改善用户体验。2023年10月，"星链"宣布推出直连手机业务，预计将于2024年底前实现短信发送功能。该服务适用于现有的LTE手机，无须额外的硬件或软件支持即可通过"星链"发送文本、语音和数据。根据规划，"星链"计划的最终目标是实现物联网功能，这将标志着卫星互联网建设步入"智能互联"时代。由于"星链"具有使用简单、覆盖率高等优点，近年来用户数量一直保持高速增长，目前已突破200万户。

未来网络：大国竞争主战场

6G和卫星互联网等未来网络技术不仅可以推动数字孪生、全息通信、无人驾驶等新兴产业与未来产业的发展，制造国民经济新增长点，还可以提升国家在全球科技竞争中的领导地位，创造国防军事等战略优势。因此，世界主要大国均意识到未来网络技术对经济、社会、国家安全乃至国际地位的重要意义，纷纷加紧布局力求抢占技术高点与竞争先机。

一、6G：群雄逐鹿未可知

当前，世界范围内 6G 尚处于研发与试验阶段，各国之间的技术差距并不明显，竞争主要围绕在中国、美国、日本、韩国、欧盟国家之间展开。中国通信技术发展经历了从 3G 的落后到 5G 的国际领先这一跨越式进步：2009 年 3G 网络启用时中国落后欧美八年，2013 年 4G 启用时还落后四年，至 2019 年却已领先于欧美率先实现 5G 商用化。中国运营商在短短十年内完成了三代通信标准的更新迭代，华为、中兴等企业成为全球 5G 巨头，在标准制定上的话语权显著提升。目前，中国已经建立起了世界一流的通信产业链，拥有从基站、传输网、光通信到终端这一完善的上下游产品线，国内企业也早已突破国外厂商的技术壁垒，实现了 5G 业务的大量海外输出。在 6G 领域，中国也积极超前布局，早在 2018 年便启动 6G 研究，并于 2019 年成立了"中国 IMT-2030（6G）推进组"，聚合产学研用的力量推动 6G 技术发展。中国在 6 GHz 频段的规划和使用上也展现出了前瞻性。2023 年 6 月 27 日，中国工业和信息化部发布了新版《中华人民共和国无线电频率划分规定》，将 6 425~7 125 MHz 全部或部分频段划分用于 IMT 系统，其中包括 5G 和 6G。这一频段规划将为 5G 及未来 6G 系统的部署提供重要频谱资源。截至 2023 年末，中国 6G 专利申请量占全球比重约为 40%，高居首位，预计将在 2025 年推出 6G 早期应用，2030 年实现全面商业服务。

由于在 5G 时代被中国反超，美国在 6G 研发上的投入力度远超 5G，并试图通过主导 6G 联盟、强调国家信息安全等手段来排斥中国企业，以保持其在全球通信技术领域的领导地位。美国联邦通信委员会于 2019 年 3 月开放了 95 GHz~3 THz 频段作为 6G 实验频谱，有效期为 10 年。同时，美国电信行业解决方案联盟牵头组建了面向 6G 的"NextG"计划，吸引了包括高通、苹果、三星、诺基亚等在内的 30

多家ICT巨头加入。截至2023年末，美国6G专利申请量占全球比重约为35%，位居第二。欧洲方面，欧盟于2021年正式启动旗舰6G研究项目"Hexa-X"，汇集了包括法国运营商Orange、德国西门子、瑞典爱立信等25家欧洲顶尖企业与科研机构，目标是在6G时代保持其在全球通信技术领域的竞争力。欧洲多国还积极与亚洲国家开展合作，如英国任命越南教授阳光忠为6G电信网络的研究主席，并与马来西亚共建6G新媒体实验室；芬兰、瑞典分别与韩国达成6G合作研发协议等。日韩方面，日本将发展太赫兹技术列为国家重大战略目标之一，提出在2025年实现6G关键技术突破，2030年正式启用6G网络，并规划6G专利的全球占比目标超过10%；韩国则有意在6G时代复制其在5G时代全球首个商用国家的成就，计划于2026年进行6G技术的早期商业化展示，并于2028年启动6G商用网络部署。

二、卫星互联网："一超多强"待追赶

在商业太空技术和太空战略竞争日益激烈的背景下，随着卫星互联网在国家安全领域的重要作用在俄乌冲突等重要场景下不断显现，再加上卫星轨道和频谱资源的有限性，世界大国充分认可其战略价值和商业潜力，已悄然开展卫星发射争夺战。自2018年以来，低轨卫星数量呈现出爆炸式增长态势，占所有卫星发射量比重一直维持在80%以上。2021年全球发射的1 816个航天器中，有1 777个部署在近地轨道，占比接近98%。空间轨道和频段是能够满足通信卫星正常运行的先决条件，地球近地轨道可容纳约6万颗卫星，而主要使用的Ku和Ka通信频段资源正逐渐趋于饱和。预计到2029年，地球近地轨道将部署约57 000颗低轨卫星，届时轨道可用空间会变得极为紧张。

由于卫星制造及火箭发射技术壁垒较高，产业竞争主要在大国之间展开。目前，全球卫星互联网市场呈现出"一超多强"的格局，美

国依靠其强大的技术积累和资金优势占据领先地位，中国、日本、英国、加拿大、欧盟等则处于第二梯队。美国以 SpaceX 为代表的企业得到了美国航空航天局和军方的大力支持，在技术实力、发射能力、卫星数量、投资规模等方面均显著优于其他国家。截至 2023 年底，美国制造及拥有的近地轨道卫星逾 7 000 颗，占全球比重超 70%，美国卫星互联网专利申请量占全球比重近 40%，同样高居首位。中国近年来在卫星互联网领域展现出了迅猛的追赶态势，专利申请量占全球比重已达到 20%，仅次于美国位居全球第二。然而，与美国相比，中国低轨卫星制造成本较高，平均生产成本约为 400 万美元，而 SpaceX 和亚马逊的平均生产成本仅为 50 万和 100 万美元。对此，中国企业也在不断学习欧美同行的新理念、新技术、新工艺，引入协作机器人、工业互联网等先进技术建设智能化生产线，选取通用产品替换宇航级元器件以便于大规模生产，推动卫星制造成本下降。在发射成本方面，中国与美国差距不大。中国已掌握一箭多星、平板可堆叠卫星等高效部署的关键技术，长征二号火箭创下"一箭 41 星"的纪录，低轨发射服务价格每千克低于 5 万元人民币，与 SpaceX 的猎鹰 9 号同处于全球第一梯队。

与传统通信方式相比，"星链"具有的卫星互联网是一种全新的网络连接路径，有效克服了地面通信基础设施的局限性，形成了"天对地"的连接方式，不仅可为用户创造稳定的通信渠道，还有助于传播政府信息和塑造公众意见；而通信服务方面，"星链"的卫星网络抗干扰能力较强，能够完成高效通信保障，使得情报信息能够快速、准确地在不同部队间传递，提高了地面部队间的协调与指挥效率；作战支援方面，"星链"可以为无人机提供必要的通信支持，增强其作战能力。

近年来，中国政府高度重视卫星互联网产业建设。2020 年 4 月，国家发展改革委首次将卫星互联网列入新型基础设施范围。"十四五"

规划中明确提出了要建设高速泛在、天地一体、集成互联、安全高效的卫星互联网产业。中国企业已开始打造自己的星座计划：中国航天科工集团于 2016 年推出了"虹云工程"低轨卫星星座计划，预期发射 156 颗卫星实现全球覆盖，这将是中国首个低轨宽带天基互联网的应用示范；银河航天发起的"银河 Galaxy"则是国内规模最大的星座计划，计划至 2025 年前发射约 1 000 颗卫星。首颗于 2020 年发射的试验星通信能力达 10 Gbit/s，是我国通信能力最强的低轨宽带卫星。2021 年初，中国卫星网络集团有限公司在雄安新区成立，其将通过整合现有相关星座计划，加快推进中国卫星互联网整体建设。

可以预见，未来网络不仅是产业新赛道，更是关系到国家安全的关键核心技术，目前已初步形成了大国竞争的全球格局。应高度重视技术路线变化、领军企业布局以及应用场景塑造，促进我国在 5G 时代形成的新优势在未来网络时代进一步强化提升。

第十一章　量子信息：量力而行与尽力而为

爱因斯坦曾说过："最难以理解的事是这个世界是可以理解的。"这句话在某种程度上揭示了量子信息领域的科学体系、技术特征和产业现状。近年来，以量子计算、量子通信和量子精密测量为代表的量子信息技术发展迅速，受到了国内外的广泛关注和重视。"量子优越性"（也称作"量子霸权"）等热点话题也成为各界热议的焦点。在此背景下，全球各大科技巨头、初创公司、高校与科研院所等纷纷开展量子信息技术相关的研究与应用，取得了一些引人注目的进展。然而，对于支撑这一领域的基础科学、产业化模式以及具体应用场景，真正能搞懂的人并不多，未来量子信息作为产业究竟将如何创造价值，也存在诸多不确定性。即便如此，主要科技和经济大国仍加紧布局，竞相投入，抢占这一未来产业重要赛道的先发优势。

量子计算：算法进展与物理实现

量子计算是一种新型计算方式，它以微观粒子构成的量子比特为基本处理和存储单元，其计算和存储能力可随量子比特数量的增加而呈指数级规模扩展。量子计算与经典计算的本质区别在于两者的信息单元特性不同，经典计算中比特位具有非"0"即"1"的确定特性，量子计算中的量子比特可表征出更多状态，不仅可以是"0"或"1"，还可以是"0"和"1"的叠加态。这使得量子计算具有在某些特定问题上超越经典计算的天然优势。

一、算法研究推动量子计算机发展

阿兰·图灵在1936年发表的一篇令人瞩目的论文宣告了计算机科学的诞生，他证明了存在一台通用图灵机可用于模拟任何其他图灵机。此外，他还宣称在任何算法过程中都可以使用图灵机进行有效的模拟，这就是著名的丘奇－图灵论题，也是计算机科学的基石。该论文发表后不久，约翰·冯·诺伊曼设计了一个简单的理论模型，并用实际元件实现了通用图灵机的全部功能，世界上第一台电子计算机由此诞生。不过，直到1947年晶体管问世后，计算机硬件才开始蓬勃发展。

1965年，戈登·摩尔提出了著名的摩尔定律，即随着晶体管技术的发展，计算机的能力将以恒定的速率增长，大约每18个月增长一倍。摩尔定律在过去几十年里都近似成立，但大多数业内人士认为，近年来摩尔定律开始显得力不从心。随着电子元器件越来越小，其功能会受到量子效应的干扰。一个可能的解决方案是采用不同的计算模式，例如基于量子力学而不是经典物理学思想来执行计算的量子计算。

20世纪60年代末到70年代初，人们发现用图灵机来模拟其他计算模型时，在其他模型上能够有效解决的问题，也能够在图灵机上高效解决。这一观点可概括为加强版丘奇－图灵论题：使用图灵机可以有效地模拟任何算法过程。加强版丘奇－图灵论题首先面临来自模拟计算领域的挑战，但由于受噪声的影响，模拟计算机也不能有效解决图灵机无法有效解决的问题。20世纪70年代中期，随机算法形成了对加强版丘奇－图灵论题的挑战，这暗示着存在一些可以有效求解的问题，但它们不能被确定型图灵机有效地求解。这一挑战可以通过对加强版丘奇－图灵论题稍作修改来解决：任何算法都可以用概率图灵机有效模拟。

受该问题的启发，戴维·多伊奇在1985年试图定义一种基于量子力学原理的、能够有效模拟任意物理系统的计算设备，该量子计算机模型确实向加强版丘奇-图灵论题提出了挑战，并举例说明了量子计算机的计算能力在该问题上超过了传统计算机。随后的近十年内许多研究人员努力改进多伊奇的研究结果。直到 1994 年，彼得·肖尔（Peter Shor）教授展示了在量子计算机上可以有效[1]解决整数素因子分解问题和离散对数问题。该研究之所以受到广泛关注，是因为人们普遍认为这两个问题具有指数级的时间复杂性，在经典计算机上没有有效的解决方案。这预示着在计算效率上，量子计算较经典计算有本质性的提高。这一颠覆性的量子算法研究成果引发了量子计算机的研制热潮。1995 年，洛夫·格罗弗（Lov Grover）证明了在非结构化搜索空间进行搜索的问题也可以在量子计算机上得到加速。[2] 可以说，量子算法的研究对量子计算机的发展起到了关键的推动作用。

二、量子算法研究进展喜忧参半

目前，有三类量子算法优于已有的经典算法。第一类是基于傅里叶变换的量子算法，是广泛运用于经典算法的工具，如 Shor 的整数素因子分解算法和离散对数算法；第二类算法是量子搜索算法，是一类全然不同的量子算法，如 Grover 算法；第三类算法是量子模拟，它利用量子计算机模拟量子系统，模拟自然发生的量子系统是量子计算机擅长而经典计算机难以完成的任务。

从量子算法研究进展来看，尽管研究人员付出了巨大的努力，但主要的算法见解仍停留在十年前。目前我们仍不了解究竟是什么使量

---

[1] 这里"有效"与"非有效"是计算复杂性领域的定义，简单来说，有效算法解决问题所用的时间是关于问题规模的多项式量级；相反，非有效算法需要超多项式（通常是指数量级）的时间。

[2] 迈克尔·A. 尼尔森，艾萨克·L. 庄. 量子计算与量子信息：10 周年版 [M]. 北京：清华大学出版社，2015.

子计算机变得强大，或者它们在哪些类别的问题上可以胜过传统计算机。迄今为止，可提供指数级加速的量子算法仍然只有 Shor 算法。可见，量子算法的研究任重道远。

量子算法研究进展缓慢的原因主要有两个。一方面，受经典思维限制。人类的直觉植根于经典世界，如果只是借助我们已有的知识和直觉来设计算法，就跳不出经典思维的局限。为了设计好的量子算法，需要部分关闭经典直觉，巧妙地利用量子效应去达到期望的算法目的。如果没有对量子纠缠的深刻理解，认为量子计算的加速只是由于指数级的并行处理，便无法触及量子计算的本质，也就难以找到比传统算法更有效的量子算法。另一方面，传统算法已经研究了几十年，各个领域都有大量成熟的算法。如果研究设计的量子算法和已有的算法相比，没有明显的优势，就难以达到预期效果。尽管量子计算机的物理实现有较大进展，但运行 Shor 算法破解 1 024 位 RSA（路由频谱分配）的加密信息仍需要比当前量子计算机的规模扩大五个数量级，错误率则要再降低两个数量级，估计近十年内也难以实现[1]。

三、量子计算机：量子计算的物理实现

在量子计算研究中，其物理实现方法的研究是一个重要领域。一般来说，量子计算的物理实现方法，包括离子阱、中性原子、光学、超导约瑟夫森结、腔量子电动力学、液体核磁共振、硅基半导体方案、富勒球、量子点和液氦表面电子[2]。目前较普遍采用的技术路线主要有超导、离子阱、光量子、量子点和冷原子技术等[3]。主要技术路线的原理不尽相同，各有优劣势。

---

[1] 同迈克尔·A.尼尔森等（2015）。
[2] 薛飞，杜江峰，周先意，等.量子计算的物理实现[J].物理，2004，(10)：728-733.
[3] 郭国平.量子计算技术的产业变革与生态建构[J].人民论坛，2023，(16)：13-17.

超导技术路线是最早被提出和研究的物理实现方法，具有可靠性强、拓展性良好、能依托现有成熟的集成电路工艺等优点，但存在极低温环境运行限制了比特数扩展、人工量子位差异可能导致错漏等局限；离子阱技术路线的优势是量子比特品质高、相干时间较长、量子比特的制备和读出效率较高，现已成为通用量子计算机发展中的领先路线之一，其劣势主要是量子比特操纵速度相对较慢，随着量子比特数的增加，量子比特的操纵在技术上有困难；光量子技术路线具有可在常温环境工作、相干时间长、可采用硅光芯片技术实现大规模扩展等优点，但存在光子间相互作用微弱、构建逻辑门困难、相干寿命较短、高品质光源技术不成熟等局限；硅半导体量子计算体系可与成熟CMOS（互补金属氧化物半导体）工艺相兼容，从而实现大规模集成，但其噪声影响明显、保真度低、需低温冷却，存在难以解决的串扰问题；中性原子技术路线的优势在于，可让多种类型的激光束与其携带的原子相结合，比超导等平台更灵活，且可能突破 1 000 个量子比特，但进一步提升仍需大量研究；其他路线仍处于起步阶段，如硅自旋电子技术能以较低的误差率运行，有助于实现基于硅的可扩展量子计算，但也面临在扩大量子比特数量的同时实现所有组件的高保真度的挑战；分布式超导量子计算可将量子比特分布在多个芯片上并以模块化方式扩展处理器，对大规模量子计算的实现将产生关键影响，成为业界未来关注的重要方向。

从目前的研发情况来看，超导路线拥有最多的技术追随者。但是，一旦芯片上超导量子比特的数量远远超过 1 000 个，扩大规模就变得非常困难[1]。除了超导技术路线，其他"小众"技术路线如离子阱、分布式超导、中性原子等也在迅速迎头赶上。至于哪一种技术路线会脱颖而出，目前还言之过早。

---

[1] 刘霞.量子计算技术路线"百花齐放"[N].科技日报，2023-02-09（4）.

量子计算机，按用途可以分为专用量子计算机和通用量子计算机，按逻辑架构可分为量子逻辑门计算机和量子退火计算机。目前在研制的量子计算机大致可分成三类，模拟量子计算机（如 D-Wave 公司做的量子退火器等），数字 NISQ 计算机（有噪声的中尺度量子计算机）和 QEC 量子计算机（完全误差校正量子计算机）。现阶段，量子计算的物理实现整体上依然处于中等规模含噪声量子处理器阶段[①]。总体来说，量子处理器硬件性能水平距离实现大规模可容错通用量子计算还有很大差距，未来仍需各界共同努力。不过，开发大规模量子计算机本身就颇具挑战性。量子硬件开发的主要挑战之一是量子比特的退相干，即量子比特通过与环境的相互作用而失去其相干特性。这意味着处于叠加态的量子比特将退散到经典比特，因此任何量子优势都会消失。

四、量子霸权：量子计算机的能力究竟有多强大

研究量子计算机的出发点是试图突破图灵计算机的极限。为了理解量子计算机的能力，我们从计算问题的分类出发进行分析。由于量子计算机也遵循丘奇–图灵论题，即量子计算机与图灵计算机可计算的函数类相同。计算机科学中两个最重要的复杂性类——P 问题和 NP 问题，是在经典计算机中能够快速求解和快速验证解的问题。还有一类范围可能更大的问题叫 PSPACE，是指所有可以通过合理内存（多项式空间）来解决的问题（可以任意时间）。所有能用量子计算机解决的问题都叫 BQP 问题类，即可以用多项式大小的量子线路在有界错误概率内解决的判定问题。目前还不知道 BQP 与 P、NP、PSPACE 的准确关系，只知道量子计算机能有效求解 P 类问题，但是不能有效求

---

① 岳悬.量子信息技术引领新一轮科技革命迈入关键发展阶段［N］.人民邮电报，2024–01–12（7）.

解 PSPACE 以外的问题，即 BQP 处在 P 和 PSPACE 中间的某个位置。如果能证明量子计算机的计算能力严格强于经典计算机，那么将会得到"P 不等于 PSPACE"的结论①（见图 11-1）。有许多计算机科学家尝试过证明该结论，但都没有成功。尽管有一些证据（如 Shor 算法和 Grover 算法）支持这个命题。当然，也有可能最终能够证明量子计算机比经典计算机更强大。

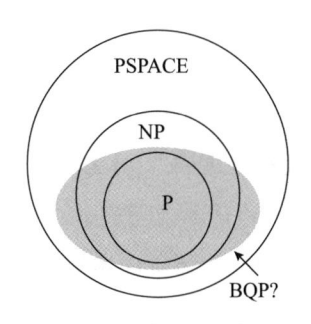

图 11-1 经典与量子问题类的关系

资料来源：参考迈克尔·A. 尼尔森等（2015）绘制。

对于某些特定的计算问题，量子计算机展现出的对经典计算机的领先优势，也被称为"量子优越性"或"量子霸权"。目前，量子计算优越性主要体现在解决三类问题上，分别是随机线路采样、IQP 线路和玻色采样。2019 年 9 月，谷歌首先宣布实现量子霸权，在第一类特定任务"随机线路采样"中，量子计算机"悬铃木"使用 3 分 20 秒完成了经典超算上万年才能完成的任务；而 2020 年中国的光量子计算原型机"九章"则是在第三类特定任务玻色采样领域实现了量子计算优越性，"九章"使用 3 分 20 秒采集到的样本，需要世界上最强的超算花费 6 亿年的时间②；2021 年和 2023 年中国先后构建了 62 比特超导量子计算原型机"祖冲之号"和 66 比特的"祖冲之二号"，针对"随机线

---

① 同迈克尔·A. 尼尔森等（2015）。
② 刘金明. "九章"量子计算原型机 [J]. 物理教学，2022，44（1）：2-4, 39.

路采样"特定任务实现了量子计算优越性，比当时最快的超级计算机快7个数量级，计算复杂度较谷歌的"悬铃木"提高了6个数量级。

专栏11.1

中国量子计算发展历程

中国量子计算发展历程可以分为三个阶段。

第一代：基于光量子技术的量子计算原型机"九章"。这是中国在2019年首次实现"量子优越性"的里程碑，也就是说，在某个特定的问题上，量子计算机的计算能力超过了最强的传统计算机。"九章"是使用了76个光子100个模式的高斯玻色取样量子计算原型机，其处理速度比目前全球最快的超级计算机快100万亿倍。"九章"的命名寓意着中国古代数学著作《九章算术》和九个光子源的组合。

第二代：基于超导量子技术的量子计算原型机"祖冲之号"和"祖冲之二号"。这是中国于2021年在另一条技术路线上实现"量子优越性"的成果，也使得中国成为目前唯一在两条技术路线上达到"量子优越性"的国家。"祖冲之号"和"祖冲之二号"分别使用了62比特和66比特的可编程超导量子计算原型机，其求解量子随机线路取样问题的速度比目前全球最快的超级计算机快1000万倍以上。"祖冲之"的命名寓意着中国古代数学家祖冲之和62个超导量子比特的组合。

第三代：基于超导量子技术的量子计算原型机"本源悟空"。这是中国在2023年上线的最新一代量子计算机，也是目前中国最先进的可编程、可交付超导量子计算机。"本源悟空"搭载了72位自主超导量子芯片"悟空芯"，其性能预计将比"祖冲之二号"提升1000倍以上。"本源悟空"的命名寓意着孙悟空的72变，表达了对中国传统文化的致敬。

"本源悟空"的上线是中国量子计算领域的又一次重大突破，它会为量子计算的应用探索和产业化发展提供更强大、更智能的计算能力，为社会和经济的发展贡献力量。

2019年，新兴量子技术国际大会发布的《量子信息与量子技术白皮书》将面向规模化、实用化方向演进的量子计算的研究路线概括为：第一阶段是实现量子霸权，量子计算模拟机具备针对特定问题超越传统超级计算机的计算能力；第二阶段是实现具有应用价值的专用量子计算模拟系统，并在组合优化、机器学习、量子化学等方面发挥巨大作用；第三阶段是实现可编程的通用量子计算机，并在经典密码破解、大数据搜索、人工智能等方面发挥重要作用。近年来，量子计算应用研究广泛开展，但目前尚未在实际问题中展现出有现实意义的量子计算优越性，仍处于原理性与可行性验证的探索阶段。我们应该清醒地认识到，达到"量子霸权"是远远不够的，"量子霸权"通往实用化道阻且长。

抢占量子计算战略制高点

进入21世纪以来，量子计算研究逐步经历了技术验证、原理样机研制和实际应用探索阶段。未来，量子计算可用于药物开发、量子化学、新材料设计、人工智能以及复杂优化调度等多个领域，对各国技术创新、产业发展乃至经济社会的诸多方面带来颠覆性影响。在新一轮信息科技革命和产业革命的背景下，量子计算已成为世界各国抢占经济、军事、安全、科研等领域全方位优势的战略制高点。为抢先获得"量子霸权"，掌握技术制高点、标准制定权和舆论主导权，全球主要发达经济体已将量子计算提升到国家战略高度，纷纷发布量子信息科技战略，部署一系列促进量子计算发展的政策措施，指导政府、学术界、产业界等多方协同开展量子计算技术与应用研究。[1][2]

一、各国家和地区推动量子信息技术和产业发展的举措

1. 美国

美国是最早将量子信息技术列入国家战略、国防和安全研发计划的国家。早在 20 世纪 90 年代中期，美国国家标准与技术研究院以及国防部即围绕量子信息科学召开研讨会。2015 年，量子信息科学成为《国家战略计算计划》中的关键部分。2016 年 7 月，美国国家科学技术顾问委员会发布《推动量子信息科学：国家的挑战与机遇》报告，指出量子计算能有效推动化学、材料科学和粒子物理的发展，未来有望颠覆人工智能等诸多科学领域。2018 年 6 月，美国众议院科学委员会通过《国家量子倡议法案》，计划在十年内拨给能源部、国家标准与技术研究院、国家科学基金会 12.75 亿美元，全力推动量子科学发展，"制造量子计算机"是其三大目标之一。2020 年 2 月，美国白宫国家量子协调办公室发布《美国量子网络战略愿景》报告，提出将量子计算机和其他量子设备连接成庞大的量子互联网，重点应用于国家和金融安全、患者隐私、药物发现、新材料的设计和制造，以及宇宙科学等技术领域。2022 年 11 月，美国众议院通过了《量子计算网络安全防范法案》，积极应对量子计算机带来的网络安全威胁。2023 年 11 月《国家量子倡议重新授权法案》接续部署，计划在 10 年内追加超过 48.75 亿美元。

---

[1] 钱野. 量子计算：算力飞跃带来科技革命[J]. 杭州科技，2022，53（3）：19-21.
[2] 田倩飞，唐川，王立娜. 国际量子计算战略布局比较分析[J]. 世界科技研究与发展，2020，42（1）：38-46.

2. 欧盟

欧洲高度重视量子信息技术对国家安全、经济发展等方面的影响，投入大量资源以发展相关技术。2005年，欧盟发布第七框架计划并提出《欧洲量子科学技术》计划和《欧洲量子信息处理与通信》计划，在量子信息技术领域发起了新一轮大规模国际合作。2016年，欧盟委员会发布《量子宣言》，呼吁发起量子旗舰计划，力争在第二次量子革命中抢占先机。2018年10月，欧盟理事会出台《量子技术旗舰计划》，计划10年内投资10亿欧元，主要开展量子通信、量子计算、量子模拟等领域研究，旨在为欧洲建设一个量子网络，用于连接量子计算机、模拟器与传感器。2020年欧盟发布《量子技术旗舰计划战略研究议程》，以开发全欧洲范围的量子互联网为目标，为量子旗舰计划制定了全面详尽的发展路线。其中，法国、德国等7个国家出台了量子信息相关战略和行动计划；西班牙、瑞典等5个国家在量子信息领域虽尚未进行明确的战略部署，但已有拨款预算；其他14个欧盟国家则通过国际合作发展量子信息产业。欧盟之所以能在全球量子竞争格局中成为重要一极，得益于其成员国数量众多。

3. 英国

英国高度重视量子信息科学的基础研究。近年来，正逐步转变为基础研究和商业应用并重。2013年，英国政府针对"国家量子技术计划"（第一阶段2014—2019年）投资2.7亿英镑，并成立量子技术战略顾问委员会。2015年，英国发布《国家量子技术发展战略》和《英国量子技术路线图》，旨在10年内逐步使量子系统组件、量子通信、量子传感器等一大批量子信息技术实现商业化应用，并在20年内实现量子计算的商业化。2018年，英国政府针对"国家量子技术计划"（第二阶段2020—2024年）投资3.15亿英镑，支持新建1个国家量子计算中心，以及其他4个量子中心。2019年，英国又宣布投资1.53亿英镑发展量子计算技术。① 2023年3月，英国发布《国家量子战略》，将在2024—2034年提供25亿英镑的政府投资，并吸引至少10亿英镑的额外私人投资。② 2024年初，英国政府宣布将投资4 500万英镑推动量子计算发展，加速量子技术在医疗、能源、交通等领域的发展应用。

4. 日本

日本于2001年起布局并重点研发量子技术。2017年2月，日本量子科技委员会发表了名为《关于量子科学技术的最新推动方向》的中期报告，指出日本未来应重点发展的量子技术领域及量子计算的应用方向。2018年，日本文部科学省发布"量子飞跃旗舰计划"，10年总投资达200亿日元，支持量子模拟与计算、量子传感、超短脉冲激光器等三大关键方向，其中"量子模拟与计算"项目以研发通用型量子计算机为目标。2019年，日本启动1 000亿日元（约合6.68亿美元）的"登月研发计划"，其主要目标之一就是在2050年之前制造出一台先进的、容错的通用量子计算机。2020年，日本发布《量子技术创新战略》，立足自身在材料领域的独特优势，强调差异化量子竞争，提出将量子材料领域作为布局重点。

5. 中国

与美国、英国、日本等主要科技大国相比，我国量子科技布局相对较晚。自2016年起，我国政府陆续发布了多项量子技术相关政策。2016年，国务院颁发《"十三五"国家科技创新规划》，将量子计算机列入"科技创新2030—重大项目"，提出要研制通用的量子计算原型机和实用化量子模拟机。2017年，科技部发布《"十三五"国家基础研究专项规划》，将量子通信研究、量子计算机研究、量子精密测量

---

① 同田倩飞（2020）。
② 潘建伟. 量子信息科技的发展现状与展望［J］. 物理学报，2024，73（1）：7-14.

研究列入组织实施的重大科技项目。2018年，国务院颁发《关于全面加强基础科学研究的若干意见》，加强对量子科学等重大科学问题的超前部署，拓展实施国家重大科技项目，加快实施量子通信与量子计算机等"科技创新2030—重大项目"。2021年，"十四五"规划提出，聚焦量子信息等重大创新领域，组建一批国家实验室，重组国家重点实验室。瞄准量子信息等前沿领域，实施一批具有前瞻性、战略性的国家重大科技项目。在量子信息等前沿科技和产业变革领域，组织实施未来产业孵化与加速计划，谋划布局一批未来产业。全国多个省级行政区出台地方发展规划，支持量子计算产业发展。中国政府开始在量子计算领域重点投入，并成立量子计算产业联盟，吸纳中国建设银行、中国移动、平安银行等行业领军企业相继开展商业化应用探索。

从各国近年来加大对量子计算的研究与商业化支持力度来看，已经形成量子计算从基础研究到商业化、应用化全覆盖的局面。

二、产业生态塑造的路径差异

1. 美国主要依靠领军企业

目前，全球已有上百家量子计算领域的初创企业，业务范畴覆盖量子计算软硬件、基础配套和应用探索等多个方面，企业主要集聚在北美和欧洲地区。尽管量子计算目前仍处于产业发展的早期阶段，但军工、金融、化工、材料、生物、航空航天、交通等众多行业已开始关注到其巨大的应用潜力，空客、摩根大通等纷纷开始通过投资或合作等方式探索相关应用，量子计算的产业生态链日渐壮大。在量子计算研究和应用发展的同时，其产业基础配套设施也在不断完善。在美国，除高校外，IBM、微软、谷歌、亚马逊等科技巨头也是量子科学探索的主力。2019年10月，谷歌率先宣布在超导量子体系达到了"量子计算优越性"里程碑。此后，谷歌仅在超导量子计算单一方向就追加 10 亿美元投入，实验室每年的运行经费约 6 000 万美元。2022 年 10 月，IBM 宣布未来 10 年将投资 200 亿美元加强半导体、量子计算等的研发和制造。[①] 同年 11 月，IBM 推出拥有 433 个量子比特的量子芯片"鱼鹰"，成为当时世界上最大的通用量子处理器。2023 年 12 月 4 日，美国 IBM 公司发布了包含 1 121 个量子比特的"秃鹰"超导量子处理器，向全球展示了其在量子计算领域的实力。

2. 中国加大对相关领域大学科研机构的投入力度

相比于美国科技巨头进入量子计算领域的时间，我国科技公司阿里巴巴、腾讯、百度、华为等相对较晚，近年来通过与科研院所合作或聘请知名科学家等方式成立了相关实验室，在量子计算云平台、算法、软件和应用等方面研究布局。华为发布了 HiQ 量子计算云平台，并推出昆仑量子计算模拟原型机；阿里巴巴与中国科学技术大学合作推出量子计算云平台；腾讯在量子 AI、药物研发和科学计算平台等应用领域开展相关研究；百度成立了量子计算研究所，积极开展量子计算软件和信息技术应用等技术研究；中国本源量子创立本源量子计算产业联盟，携手中船重工鹏力（南京）超低温计算有限公司共建量子计算低温平台。整体而言，我国科技公司在量子处理器研制和量子计算应用推广方面与美国相比仍有较大差距。[②] 2023 年以来，阿里巴巴和百度相继停止量子计算机研发，除了企业战略调整，量子计算技术难度大、应用前景不明朗等也是主要原因。这可能会对国内量子计算领域产生一定的影响，促使其他企业或投资机构更加审慎评估未来在量子计算领域的投资布局。

[①] 同潘建伟（2024）。
[②] 同钱野（2022）。

量子通信：安全性与应用进展

量子信息科技可以分为量子通信、量子计算和量子精密测量三个主要研究方向。经过近 30 年的发展，我国在量子信息科技领域整体上已经实现了从跟踪、并跑到部分领跑的飞跃，尤其是在量子通信的研究和应用方面处于国际领先地位。

一、量子通信的基本原理和应用方式

量子通信是基于量子力学的海森堡不确定性、波粒二象性和量子纠缠等基本原理，通过对量子态的操作，实现信息安全保密传递的一种通信方式。海森堡不确定性是指微观粒子的位置和动量是一对相互关联的特性，无法同时给出确定的状态，只能给出微观粒子在时空的概率分布。波粒二象性是指微观粒子不同于宏观物体，它既具有波的特性，也具有粒子的特性，两种特性同时存在，相互制约，相互影响。量子纠缠是指相关纠缠的两个微观粒子，无论距离多远，改变其中一个粒子的状态，另一个粒子的状态同时就会发生改变。量子通信是目前人类已知的、唯一可以在数学上证明的、绝对安全的通信方式。

量子通信包括量子密钥分发和量子隐形传态两种应用方式。其中，量子密钥分发是指利用量子态来加载信息，通过一定的协议使遥远地点的通信双方共享密钥。基于量子密钥分发的量子保密通信是迄今为止理论上唯一绝对安全的通信方式，也是最先走向实用化和产业化的量子信息技术。量子隐形传态利用量子纠缠来直接传输微观粒子的量子状态（即量子信息），而不用传输这个微观粒子本身。量子隐形传态技术可以通过连接量子信息处理单元来构建量子网络，同时也是构建远距离量子密钥分发所需的量子中继的关键环节。①

但是，在实际应用中，量子通信的安全性严重受限于工程技术的发展，量子通信设备和量子传输信道实际上的非绝对安全性严重影响了量子通信理论上的绝对安全性。在实际的量子密钥分发系统中，光源、信道节点和接收机的不理想特性使其难以满足理论协议模型的安全性证明要求，成为可能被窃听者利用的安全漏洞，所以针对实际量子密钥分发系统进行攻防测试和安全性升级将是其运营维护面临的一个问题。另外，在现有的长距离量子通信传输中，基于可信中继节点的密钥存储和转发不满足无条件安全性证明的要求，可能成为整个系统的安全风险点。②

二、产业化速度远超预期

近年来，我国的量子通信技术取得了显著的进展，并逐渐满足了实用化的要求。在行业内，我国已经积累了众多的成果应用，其中多项技术更是达到了国际领先水平。

我国已经部分建成了量子保密通信网络，为政府和国防等领域提供了更为安全的信息传输保障。2017 年，我国成功建成了全长 2 000 多千米的世界首条量子通信保密干线，为重要信息的保密传输提供了强有力的支持。此后，"武合干线""济青干线"等骨干网络也相继投入建设，加快了量子通信网络的布局。"金华量子城域网""武汉量子城域网""济南量子城域网""海口、北京量子城域网""萧山量子城域网"等量子城域网络也陆续建成，进一步扩大了量子通信的应用范围。2021 年，我国实现了跨越 4 600 千米的星地量子密钥分发，这标志着中国已经初步构建起了天地一体化的广域量子通信

---

① 同潘建伟（2024）。
② 中国社会科学院工业经济研究所未来产业研究组.影响未来的新科技新产业［M］.北京：中信出版社，2017.

网络。2022年，我国又成功实现了100千米的量子直接通信，这是目前世界上最长的量子直接通信距离。目前，连接北京和上海的量子通信网已经建成，同时由中国科学技术大学组建的跨越4600千米的天地一体化量子通信网络也已成功运行，使我国在该领域的发展处于世界领先地位。

"京沪干线""墨子号"量子通信卫星等重大项目的成功实施，不仅证明了量子通信的可行性，也标志着量子通信技术已经从理论走向了实践。量子通信与量子计算相比，产业化进展较快，已经在多个国家出现了下游应用，且量子通信的产业链基本形态已经清晰。

量子通信产业链涵盖了上游的基础元器件和核心设备、中游的网络传输干线与系统平台服务，以及下游的建设运维和终端产品等环节（见图11-2）。

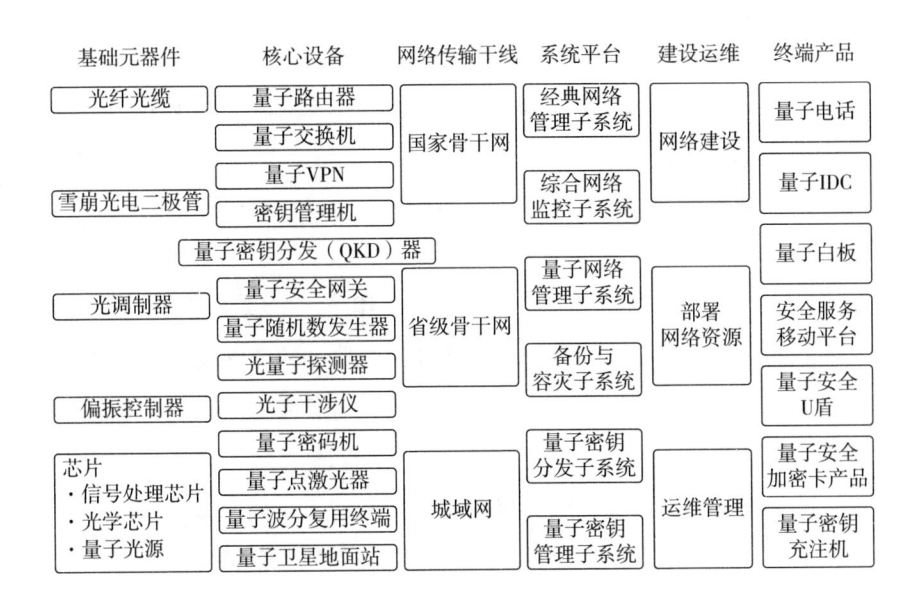

图 11-2　量子通信产业链

资料来源：根据上奇产业通《2023未来产业研究报告（量子通信）》等相关资料整理。

产业链的上游主要参与者包括元器件供应商和核心设备供应商。上游元器件及芯片等供应商众多，以中航光电、国芯科技、光迅科技、亨通光电、光库科技为代表的厂商正在深入布局并加速上游国产替代。国内的核心设备供应商主要有国盾量子、问天量子、九州量子等公司，这些公司技术实力强大，具有较高的技术门槛。此外，国外部分科技公司如IDQ、东芝、英伟达等也在量子通信产业链上游有所布局。

产业链中游主要是量子通信网络的传输层和平台层。例如，在中国"京沪干线"的建设中，中国有线电视网络有限公司提供了传输干线服务，神州数码和中国通信建设集团有限公司等则提供了系统集成服务。

产业链下游主要包括运维和终端应用等环节。随着量子通信由政策驱动转向市场驱动，下游应用场景不断得到挖掘和拓展，如量子加密通话、量子加密智能办公本、量子安全U盾、量子加密电表等新兴应用场景不断涌现。此外，信息安全产品的下游用户群体拥有大量重要信息和敏感数据，对信息安全的需求强烈，这也为量子通信市场的发展提供了广阔的空间。

以中国科学技术大学、清华大学、中国科学院等为代表的高校、科研院所，是国内从事量子通信基础研究的主力军。整体来看，我国量子通信产业链的基础研究、设备供应、建设运维以及安全应用这四大环节紧密相连，相互促进，共同推动着产业链的健康发展。

由于量子通信传输速率有限，更适合传输信息量小、对保密性要求高的应用场景，因此政府、军队、金融业成为第一批量子通信客户。量子技术与经典通信的深度融合，为网络运营商进入量子通信行业提供了天然的便利。当前量子通信服务行业处于寡头垄断市场阶段，运营商拥有较强的议价能力。同时，由于当前相关产品的生产成本较高，导致产品售价相较于传统通信方式要昂贵许多。这些因素在一定程度上限制了量子通信产品的大范围应用及推广。

专栏 11.2

中国电信——量子通信商业化的积极参与者、引领者和推动者

中国电信较早系统布局量子科技，2019 年开始筹划量子科技产业规划；2020 年，发起"量子铸盾行动"，不仅借此展示了在量子安全领域的深厚实力，也为整个行业树立了新的标杆；2020 年 11 月成立中电信量子公司；2021 年 1 月，中国电信正式推出首个运营商级的量子安全产品，为量子通信的商业化应用开辟了新的道路；2023 年 5 月成立中电信量子集团。

这招"先手棋"，进一步凸显了中国电信在量子科技领域的战略布局。仅用了不到半年时间，截至 2023 年底中电信量子集团便结出一系列硕果：推出的量子科技产品已有 20 多项，应用范围涵盖政务、应急、文宣、工业、卫健、金融等十多个行业；与产业链携手，支持量子密话原生通话的多款手机上市，其中便包括华为爆款 Mate 60 Pro；推出"天衍"量子计算云平台，实现了天翼云超算能力和 176 量子比特超导量子计算能力的融合……作为新质生产力的典型代表，量子技术正全面融入中国电信主业务，通过"通话+量子""网+量子""云+量子""平台+量子"等，进一步加速量子安全商业化的进程，从而形成产学研用的正循环。

2024 年 3 月，中国电信首次亮相世界移动通信大会（MWC），向全球展示中国量子通信技术的新连接、新体验。现场展示的量子安全办公、量子融通话、量子融云网、量子融平台等业务和应用，让参观者切实体会到生活与生产因它而发生的巨大改变。两部量子密信手机终端吸引了众人的关注，使用它们就可以防止电话被窃听、信息被拦截。量子密信是国内首个运营商级的量子加密通话产品，由 App（应用程序）客户端、量子安全 SIM（用户标志模块）卡以及量子密钥服

务平台组成，将量子加密技术与即时通信技术紧密融合，实现消息一次一密、音视频通话全帧加密、多人群聊文件传输加密等功能。旁边展出的量子加密对讲产品，则是通过量子TF卡、量子密钥管理服务平台与业务服务器、调度服务器专用对讲终端，让对讲、媒体共享、调度信息都经过高等级加密防护。

量子安全办公板块展示了量子云印章、量子安全视频会议、量子安全U盾等应用。量子云印章解决了传统印章管理难题，为用印的全流程监管提供了安全可靠的智能管理及量子安全防护，它将传统的实物印章装入智能印章设备中，通过软硬件对传统印章进行24小时管控，将线下的用印申请转移到线上，员工实时申请，领导在线审批，高效且确保信息安全。

量子融合平台板块则聚焦量子安全智能高清布控球、汇聚型量子安全SD-WAN网关、量子气象通信终端等新产品、新应用。

中国电信作为领军企业进入量子通信产业链，既可以为需要大量前期投入的量子基础设施建设提供资本，也可以通过产业链优势和自有渠道迅速将产品"送"到离用户最近的地方。

资料来源：根据《中国量子通信在新赛道领跑》(《IT时报》2024年3月22日第009版) 等报道整理。

各国争相建设量子通信系统

量子通信网络有着信息基础设施的特性，相关技术又有明确的应用导向。因此，只有量子通信网络不断扩大，才能吸纳下游行业和领域的用户接入使用；只有行业应用和用户不断扩展，才能促进量子通信网络的建设，这样才能形成"网络建设—接入应用—网络扩容"的良性循环。

自 20 世纪 90 年代开始，世界各国普遍加大了对量子通信网络建设的投入力度，并且取得了显著成就，特别是在光纤量子通信系统和卫星量子通信系统建设方面进展迅速，极大地推动了实用化的量子通信系统的发展。典型的量子通信系统建设情况见表 11-1。

表 11-1 量子通信系统建设情况

时间	国家/地区	量子通信系统	建设情况
1997 年	美国	量子密钥分发系统雏形	建成了具有 1 个管理员 +3 个用户的量子密钥分发系统雏形
2002 年	美国	BBN 量子密钥分发系统	BBN 公司基于网络控制器，构建了世界上第一个能够实际应用的量子密钥分发系统
2008 年	奥地利	维也纳量子通信系统	在维也纳现场演示了一个 6 节点的量子通信系统，覆盖西门子公司总部和子公司的网络连接，可提供安全保密的电话和视频会议等功能
2010 年	日本	东京量子密钥分发系统	建设了东京量子通信系统，全长 90 千米，该网融合了 6 套量子密钥分发系统，距离 50 千米时密钥率可达 100 Kbit/s，距离 90 千米时密钥率可达 2 Kbit/s
2014 年	美国	美国量子通信干线	美国航空航天局在局机关和下属的喷气推进实验室之间着手建立了一条全长 1 000 千米的光纤量子通信干线，并实现与量子通信卫星进行互联，打开了量子通信的航天应用的大门
2015 年	英国	英国量子通信系统	投资 4 亿英镑建设国家量子通信系统，于 2021 年完成测试
2016 年	俄罗斯	俄罗斯量子通信系统	建成了一个 4 节点的量子通信系统，相邻节点之间距离 30~40 千米，跻身世界第一梯队
2016 年	韩国	环首尔量子通信系统	开始建设国家量子通信系统，一期为环首尔地区量子通信系统，于当年完成，全长 256 千米。截至 2022 年底，已建成国家级量子保密通信系统，全长 800 千米
2016 年	中国	"墨子号"量子通信卫星	发射世界首颗量子通信卫星，构建天地一体化量子通信网络雏形，实现了 1 200 千米级地表量子态传输

续表

时间	国家/地区	量子通信系统	建设情况
2017年	中国	"京沪干线"	建成世界首条量子保密通信主干网——"京沪干线",覆盖北京、合肥、济南和上海等地,全长2 000千米,可以在相邻的中继站之间进行量子密钥分发,速率大于20 Kbit/s,可以满足上万名用户的使用需求,并且"京沪干线"与"墨子号"在北京实现了对接,成功组建了世界上第一个天地一体化量子通信网络,并进行了世界上首次洲际量子通信
2017年	中国	阿里云量子通信系统	阿里巴巴依托网商银行部署了云上量子加密通信业务,成为全球首个云上量子加密通信案例
2018年	欧盟	欧盟量子通信卫星	发射了一颗地球低轨道量子通信卫星
2020年	日本	日本量子通信系统	大力推动量子中继技术研究,为其建设全球量子通信系统打下基础
2022年	德国	耶拿-爱尔福特量子通信系统	出资1 100万欧元,建设耶拿和爱尔福特之间的量子通信系统
2022年	中国	量子密钥分发系统	郭光灿团队构建了世界最长的量子密钥分发系统,全长833千米
2022年	中国	济南一号	发射世界首颗微纳量子通信卫星,尝试构建低成本、小型化的量子卫星通信系统
2023年	美国	可操作量子增强通信系统	投资3 800万美元,用于建设全球首个可操作量子增强通信系统,提升通信安全性
2023年	中国-俄罗斯	金砖国家量子通信系统	中俄两国基于"墨子号"卫星建立了量子通信链路,为金砖国家量子通信系统的建立储备了技术和经验,并进行了有益尝试

资料来源:李冲霄,李卓.量子通信技术及应用研究综述[J].空间电子技术,2024,21(1):72-80。

近年来,欧洲也在大举建设量子通信网络。2021年,欧盟提出天基安全连接计划,计划将卫星星座和欧洲量子通信基础设施集成,以借助量子加密技术为欧洲政府和军事组织提供安全通信，预估经费总额为 60 亿欧元。2022 年，欧盟发布旗舰项目——欧洲量子通信基础设施（EuroQCI），旨在建立一个横跨整个欧洲及其海外领土的量子通信基础设施，根据规划，EuroQCI 将在 2025 年底或 2026 年初发射第一颗量子卫星 Eagle-1。

中国在量子通信系统建设方面起步较晚，但是发展速度较快。在 2016 年，中国成功发射全球首个量子卫星"墨子号"；利用"墨子号"积累的成功经验，我国研制并发射了世界首颗量子微纳卫星"济南一号"，为构建低成本、实用化的量子星座奠定了基础。同时，地面接收站的重量也由十几吨降到 100 千克左右，可初步支持移动量子通信。结合"墨子号"量子卫星与"京沪干线"，我国率先构建了天地一体化广域量子通信网络的雏形，成为近年来国际量子信息领域的一大标志性事件。

虽然目前中国在量子通信领域处于领先位置，产业链基本形态也初步形成，但是该产业仍然处于量子通信技术应用的初级阶段。未来随着技术的不断进步，量子通信的应用领域将更加丰富多样。可能的远景目标是向量子互联网的方向发展，以量子隐形传态或量子纠缠交换技术作为链接，将用户、量子计算机、量子传感器等节点连为一体，产生、传输、使用量子资源。但这个目标的实现，除了依赖量子通信技术的进步，更多地需要倚仗实用型量子计算机的出现。而这需要更具创新性的思维。

第十二章　再生医学：打造"人体 4S 店"

当我们皮肤黏膜受损、软组织挫伤甚至是骨折的时候，身体都可以自愈；但对于有些疾病，身体就有些束手无策了，比如肾病综合征、冠心病或阿尔茨海默病，这时就需要依靠外部力量。尽管目前临床上存在一些治疗方案，但大都是延缓疾病进程，对症缓解疾病的急性发作、逆转相应脏器损伤、根治疾病缺乏关键手段。科学家正在寻找一些疗法和策略，从根本上消除疾病，实现彻底治愈，这就是再生医学。

再生医学是通过生物材料、再生因子、干细胞等重建组织器官发育所需的微环境，引导组织器官在体内或体外实现再分化过程的技术，其中融合了生命科学、基因技术、组织工程、细胞技术、材料科学等多学科。通过修复或替换因疾病、损伤、年龄等问题而受损的组织或器官，再生医学正逐渐将一些不治之症变为可治之症。

干细胞疗法与组织工程：再生医学的技术实现

再生医学的发展成功打造了"人体 4S 店"：就像修车一样，除了对人体的"零部件"进行及时养护，在"零部件"出现问题时要进行及时修理；而当某些"零部件"不能修复时，就需要进行更换。随着再生医学技术的不断突破以及相关产品的涌现，"人体 4S 店"提供的人体组织器官的护理、维修以及更换服务将更大力度地保障人们的健康生活，并且大幅提高老年时期的生活质量。

根据人体要替换的"零部件"的种类不同，再生医学可以分为两条技术路线：直接替换干细胞的干细胞疗法以及替换分化后的组织器官的组织工程。

干细胞是一种具有增殖和分化能力的细胞，就像是"生命的种子"，可以说它造就了人体的每一处血肉，因此被医学界称为"万能细胞"。2006年，日本京都大学教授山中伸弥通过四个因子诱导成体细胞获得多功能干细胞（iPS cell），意味着未成熟的细胞能够发展成所有类型的细胞，这是干细胞研究的一个里程碑，山中伸弥教授也因此获得2012年度诺贝尔生理学或医学奖。干细胞疗法就是将健康的干细胞移植到患者体内从而修复病变细胞或是重建正常细胞。我们所熟悉的骨髓移植就是一种干细胞疗法：通过将健康的造血干细胞移植到患者体内，重建患者的造血和免疫系统以达到治疗疾病的目的。除了造血干细胞，间充质干细胞、神经干细胞、皮肤干细胞、胰岛干细胞等都可用于移植或治疗相应部位的疾病。

组织工程则是在干细胞疗法的基础上更进一步，这一技术范式将一种或多种干细胞在体外培养出具有生物活性的组织和器官，用于替换或修复原有病变或损坏的组织和器官。但这一疗法目前存在着三个主要的技术难题：一是如何诱导干细胞定向分化，形成紧密的生理结构，并执行相应的生理功能；二是如何规定干细胞按照器官的外形生长，形成立体结构；三是如何解决器官克隆过程中的不稳定因素，如细胞突变、培养基、细胞因子的影响。

因此，在目前的临床应用中，只有部分结构、功能简单的组织器官可以成功实现组织器官移植，包括再生膀胱与再生气管。随着再生技术的发展以及其广泛的应用前景，全球一批创业公司投入再生医学领域，产品主要包括再生血管、再生皮肤、再生软骨、再生神经等。

各国研究人员虽也在尝试培养心脏、肾脏，但目前大多还停留在实验室阶段，尚未找到市场化的最佳场景和技术经济性实现渠道，难以规模化和商业化。

专栏 12.1

变"不治之症"为"可治之症"

一开始，"他"忘记了水龙头该往哪个方向拧；后来，"他"会在小区里迷路；渐渐地，"他"开始不记得家人的样子……这就是阿尔茨海默病的典型症状——进行性遗忘。随着老龄化社会到来的脚步加快，这种以进行性认知障碍和记忆减退为主要特征的中枢神经退行性疾病困扰着越来越多的老年人，全世界每三秒就增加一名阿尔茨海默病患者；但该疾病的准确病因与发病机制尚未被验证，因此，目前临床上尚无可根治该疾病的药物或其他手段。根据《科学美国人》杂志的数据，阿尔茨海默病药物研发的失败率高达99.6%，比癌症药物研发的失败率高出18.6个百分点。而通过再生医学的手段，再生患者丢失的神经元为根治这一疾病提供了新方式。

海马体和新皮质处的突触丢失与神经元凋亡是阿尔茨海默病的典型病理表现，也是导致认知功能障碍的主要原因。而这个难题的解法似乎就存在于人体之中。人类的许多脏器，诸如大脑、肝脏、眼睛中都有可分裂的细胞，再生医学试图将人体自身分裂的细胞进行自体置换。神经干细胞体外培养和移植的成功，为脑损伤修复及阿尔茨海默病的治疗带来了希望。2018年10月，日本京都大学科研人员开展了首个运用诱导多能干细胞衍生的神经细胞治疗帕金森综合征的临床试验。在斯坦福大学医学院的一项新近研究中，科学家将干细胞移植到小鼠体内，发现阿尔茨海默病典型的大脑异常现象有所减少[①]。尽管对于阿尔茨海默病治疗手段的探索还存在于动物实验阶段，但医学进步的速度往往会超过我们的预期，相信在不久的将来，在再生医学的帮助下，阿尔茨海默病不再是"不治之症"，就像卵巢功能早衰一样。

在2018年前，卵巢功能早衰还是一个"不治之症"。由于卵巢功能衰退是不可逆的，医学上也只能根据不同的致病因子采取补救措施，延缓其衰退的速度。为攻克这个难题，中国科学院遗传与发育生物学研究所戴建武再生医学研究团队与南京鼓楼医院生殖医学中心合作，在国际上率先开展了脐带间充质干细胞卵巢内移植治疗卵巢功能早衰合并不孕症临床研究，成为我国实行干细胞临床研究备案制度后首批备案的八个干细胞临床研究项目之一。戴建武团队设计了可注射智能型胶原支架材料用于卵巢功能再生。脐带间充质干细胞附着在可降解的胶原支架材料上，然后利用支架帮助干细胞定植、分化，激活原始卵泡，修复早衰的卵巢，从而使卵巢功能早衰的女性能够重新获得生育能力。2015—2018年，一名卵巢功能早衰患者在南京鼓楼医院接受了三次干细胞卵巢内移植术，最终确认恢复卵巢大卵泡活动，实现自然受孕，成为全球首例以再生医学手段治疗卵巢功能早衰并成功诞下婴儿的病例。

同样的方式还可以用于治疗急性脊髓损伤：将干细胞"种"在胶原蛋白做成的支架材料上，然后把支架移植到脊髓损伤部位，促进神经干细胞定向神经元分化，引导神经再生从而达到脊髓损伤再生修复的目标。2015年，戴建武团队在中国武警脑科医院顺利完成了首例神经再生胶原支架治疗急性完全性脊髓损伤临床手术。经过一年的康复，患者的运动功能得到显著改善，生活自理能力显著提高。这一案例实现了我国在生物材料移植治疗急性完全性脊髓损伤临床研究中的重大突破。

[①] Yongjin Yoo et al., A cell therapy approach to restore microglial Trem2 function in a mouse model of Alzheimer's disease [J]. *Cell Stem Cell* (2023). 2023.07.006.

从细胞培养到医疗应用：再生医学的产业应用

一、新赛道的发展潜力

进入 21 世纪，科技发展日新月异，生命科学与生物技术成为前沿科学研究的活跃领域。亚太经济合作组织在 2009 年发布的《2030 年生物经济：制定政策议程》报告中判断：到 2030 年，生物技术对全球 GDP 的贡献率将达到 2.7% 以上；生物经济的发展给医学领域带来的变化更是革命性的。作为生命科学与医学领域的前沿与制高点，再生医学已然成为未来产业的"必争之地"，是生物医药这一庞大行业中最可能出现颠覆性创新的领域。2020 年，麦肯锡全球研究院在报告中预测，生物革命将在未来 10~20 年对全球每年产生 2 万亿~4 万亿美元的直接经济贡献，其中近一半来自医疗卫生行业[①]。

再生医学技术的发展与商业化应用为医疗保健行业带来了前所未有的机遇，同时也催生了新的经济增长点。随着人口老龄化问题的加剧和慢性疾病发病率的提高，再生医学市场的需求不断增长。这种需求不仅推动了再生医学技术的研发和应用，也带动了再生医学领域的投资和融资活动，为经济增长提供了新的动力。根据数据统计互联网公司 Statista 的统计，2021 年全球再生医学市场规模达 169 亿美元，预计 2030 年将达到 955 亿美元。

再生医学的技术突破正在让一些不治之症变为可治之症，为老龄化社会不断增加的退行性疾病提供了新的解决方案，为人类对抗出生缺陷提供了新的技术手段，为医学美容领域提供了新的生物材料……再生医学产业的发展不仅是驱动生物经济发展的核心，更可以减轻社

---

① 麦肯锡全球研究院. 生物革命：创新改变了经济、社会和人们的生活 [R]. 2020.

会的医疗负担，提高社会的整体健康水平，满足人类对健康和美的不懈追求。

二、产业链构成

聚焦到再生医学产业链上，这是一个集科研、制造、应用和服务于一体的复杂系统，每一个环节都蕴含了深厚的科技内涵和精细的工艺流程。它涵盖了从上游的细胞库、细胞培养基、医学设备、科研试剂等原材料的采集与制备，到中游的干细胞药品、植入类医疗器械、再生材料生产制造等核心技术的研发与应用，再到下游的医院、医疗机构、医疗美容机构等实际应用场所的完整链条（见图 12-1）。

上游	中游	下游
原材料与设备	产品研发与制造	技术与产品应用
细胞库、培养基、设备、试剂、天然生物材料等	干细胞药品、免疫细胞药品、植入类医疗器械、再生材料、类器官等	免疫系统重建、细胞再生修复、衰老性疾病、医疗美容

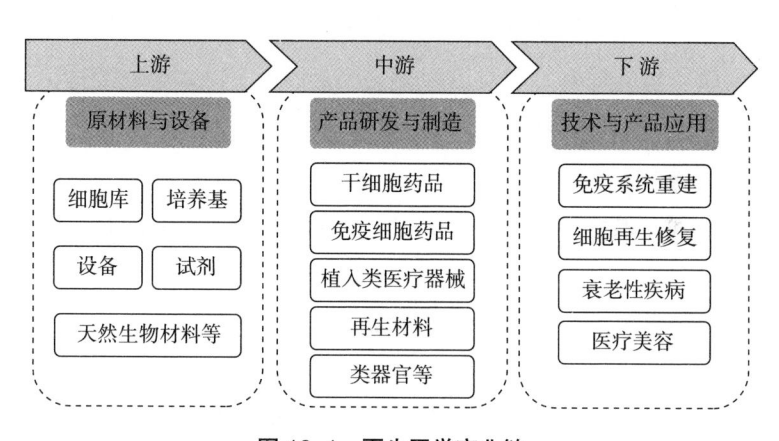

图 12-1　再生医学产业链

产业链上游是再生医学行业的基础支撑，原材料的采集、制备与保存的质量和安全性关系到再生医学产品的效果和安全性，最终直接影响到生物医药整个产业链条的成果转化。在当前阶段，拥有好的上游核心原材料，意味着研发企业手中掌握着生物科技产业链的"芯片"。同时，医学设备也是上游产业链的重要组成部分，包括生物反应器、细胞分离仪、生物成像设备等,这些设备的性能和质量也直接影响到再生医学实验的准确性和效率。

产业链中游包括干细胞疗法的药品研发,植入类医疗器械的制造,再生材料、类器官的制备等,是整个产业链的核心。药品研发、再生材料制备等相关技术的难度与研发失败率较高,是目前发展最不成熟的部分。这些技术的研发和应用,不仅要求高度的专业知识,还需要跨学科的合作和持续的创新,是再生医学产业未来主要的发展方向。

产业链下游则主要是再生医学技术与产品的应用,涉及医疗机构与医美机构等,通过提供细胞再生修复、器官修复、医疗美容、免疫系统重建等服务,将再生医学产品应用于实际治疗中,从而改善患者的生活质量。

整体而言,再生医学产业链是一条高度复杂且充满挑战的产业链,它需要在多个领域进行深度的交叉融合与创新,以实现对人体健康和生命质量的提升,同时也为相关产业带来了巨大的商业价值。随着科技的不断进步和临床应用的不断扩展,再生医学产业链的发展前景将更加广阔。同时,这也对产业链上的各个环节提出了更高的要求,需要不断提升科研水平、优化生产工艺、提高服务质量,以应对日益激烈的市场竞争和不断变化的市场需求。

大国争相布局的探索之路

一、美国:先行者与高回报期待

美国再生医学的发展领先全球,但其发展历程也存在着一些波折。2000 年,克林顿政府宣布准许用政府经费进行人体胚胎干细胞研究,美国随之着手再生医学技术与产业的战略布局;但仅在一年后,布什政府颁布禁令，禁止联邦基金用于胚胎干细胞实验，并禁止私人基金或其他非联邦基金对该领域研究的资助，再生医学领域的研究也遭到一定程度的打击；直到 2009 年，奥巴马政府取消了该禁令，美国再生医学领域的发展进入"大胆试错"新阶段。2016 年，美国发布了《21 世纪治愈法案》，其中强调，美国国家卫生研究院应协同美国食品和药物管理局大力支持再生医学先进疗法研发，尤其是成体干细胞的临床研发工作。截至 2021 年 9 月，全球已有 21 种干细胞产品获批上市，其中美国有 8 种获批上市，是上市干细胞产品最多的国家，占比达 38%。此外，美国还有超过 2 000 项干细胞临床试验正在进行，也是进行临床试验数量最多的国家。

尽管如此，美国再生医学的应用水平似乎还是没有达到美国民众以及州政府的预期。鉴于美国食品和药物管理局严苛的审批政策，美国的许多州走上了"自治"之路，开始自设宽松的细胞政策。2017 年，美国得克萨斯州率先为全球干细胞治疗政策的破冰"打响第一枪"。该州颁布了一项非常宽松的干细胞法案，允许该州的诊所和公司使用未经美国食品和药物管理局审批的干细胞治疗，这意味着患者有权利自行选择是否接受干细胞治疗。这样的政策尽管有助于提供医疗便利并促进干细胞产业的发展，但其中蕴含着药物滥用以及药物安全性等巨大风险。

美国再生医学领域"大胆试错"的研发态势是以巨额的投资作为支持后盾的。美国国家卫生研究院对再生医学领域每年的资助金额达 3 亿~9.4 亿美元。除联邦政府外，美国许多州政府也通过财政拨款的方式大力资助干细胞及再生医学技术的相关研究。

2022 年，美国"2022 财年综合拨款法案"授权在美国国家卫生研究院内设立美国健康高级研究计划局（ARPA-H），目标是推动健康研究的变革型创新，并加快突破性的应用与实施，重点支持一些"大胆激进"的想法。2023 年，该研究计划局首批共资助九个项目，其中三个是再生医学领域项目，包括干细胞来源的胸腺年轻化（CDTR）、再生组织打印（HEART）以及弹性扩展自动细胞疗法（REACT）。由此可见，再生医学的研究伴随着高风险、高费用、高耗时等多种负面因素，但同时也是医学发展的未来方向，是人类与顽疾抗争的重要"武器"。该研究计划局已决意带领美国生物医学研究进入"高风险、高回报"的新时代。

二、中国：政府推动与体系建设

中国十分重视再生医学领域技术创新与产业发展，自2015年国家卫生和计划生育委员会（现国家卫健委）出台首批干细胞临床研究的管理文件起，再生医学的研究发展逐步走向规范化，并且在国家层面将再生医学列为国家发展重要战略部署（见表12-1）。

表12-1 中国再生医学相关政策

年份	相关政策文件	主要内容
2015	《干细胞临床研究管理办法（试行）》	规定干细胞临床研究机构的条件与职责；规定干细胞研究立项与备案要求；确立研究报告制度；确立专家委员会职责以及监督管理要求等
2015	《干细胞制剂质量控制及临床前研究指导原则（试行）》	提出了适用于各类可能应用到临床的干细胞（除已有规定的造血干细胞移植外）在制备和临床前研究阶段的基本原则，包括干细胞制剂的质量控制与干细胞制剂临床前安全性与有效性评价
2015	《关于开展干细胞临床研究机构备案工作的通知》	加强对干细胞临床研究机构的管理，切实落实干细胞临床研究机构的主体责任，确保符合条件的医疗机构规范地开展干细胞临床研究
2016	《"健康中国2030"规划纲要》	将"干细胞与再生医学"列为国家重大科技项目
2016	"十三五"规划	培育发展战略性产业，加快发展合成生物和再生医学技术

续表

年份	相关政策文件	主要内容
2021	"十四五"规划	加快发展生物医药、生物育种、生物材料、生物能源等产业,做大做强生物经济
2021	《"十四五"生物经济发展规划》	发展基因诊疗、干细胞治疗、免疫细胞治疗等新技术,强化产学研用协同联动,加快相关技术产品转化和临床应用,推动形成再生医学和精准医学治疗新模式
2023	《人源性干细胞及其衍生细胞治疗产品临床试验技术指导原则(征求意见稿)》	对临床试验设计、临床试验结束后研究、干细胞备案临床研究结果用于药品注册评审的评价要点提出了具体要求

除了政府相关政策支持,各高等院校、研究机构也都十分重视再生医学领域的技术研究与产业发展。2022年,由上海市东方医院(同济大学附属东方医院)联合国内42家医疗机构、大学、科研院所、企事业单位、社会团体等共同发起成立了"中国干细胞产业联盟",旨在突破干细胞及转化研究关键技术问题,加快干细胞产品及衍生产品临床转化与应用。这不仅顺应了全球生物技术加速演进的趋势,更是我国医疗科技发展的必然方向。

2016年,由科技部统筹的"国家重点研发计划试点专项行动"首次设立了"干细胞及转化研究"重点专项。2016—2020年,专项正式申请项目946项,获得立项136项,其中包含45项青年科学家项目。中央财政共提供项目经费26.4亿元,部分项目提供了单位自筹经费支持,总配套经费3.0亿元。[1] 项目研究内容以基础研究类占比最大,产品研发和应用示范类最小;从项目承担单位性质看,高校和科研院所承担项目数量占绝大多数,企业参与度较低(见表12-2)。这与我国干细胞领域的发展现状高度一致,即基础研究先行,力争取得科学理论与核心技术的原创突破,继而推动干细胞研究成果向临床应用转

---

[1] 杨喆,陈琪,郭伟,等.我国"干细胞及转化研究"重点专项的组织实施及思考[J].中国生物工程杂志,2022,42(9):116-123.

化。在专项支持下，干细胞领域的部分难点、热点问题有了许多新的突破，在多能干细胞研究、细胞命运决定机制研究、基因修饰大动物研究、化学小分子诱导细胞重编程等方面取得了世界领先的原创性成果；但也存在着研究内容较为分散、不够系统深入、缺少重大原创性理论突破与成果等问题。

表 12-2 按承担单位性质统计申请及立项项目情况

单位性质	立项数（个）	资助经费（亿元）	经费占比（%）
高校	88	15.4	58.3
事业型研究单位	34	7.8	29.5
其他事业单位	13	3.0	11.4
企业	1	0.2	0.8

资料来源：杨喆，陈琪，郭伟，等.我国"干细胞及转化研究"重点专项的组织实施及思考[J].中国生物工程杂志，2022，42（9）：116-123。

在临床与产业转化方面，我国统筹考虑再生医学领域特点，通过"干细胞临床研究"和"药品临床试验"两条路径同时推进。截至 2023 年 12 月初，我国医学研究登记备案信息系统和国家卫健委公布的干细胞临床研究备案项目已超 127 项，批准设立的干细胞临床研究备案机构已达 141 家（含部队医院）。从 2018 年国家药品监督管理局药品审评中心重新受理干细胞新药临床试验申报开始，干细胞药品申报从 2018 年的 5 个增长至 2023 年的 29 个，截至 2023 年 12 月，国内共有 106 款干细胞药品临床试验申请获得受理，其中 79 款获准默许进入临床试验。[①] 我国干细胞药品研发正迎来突飞猛进的阶段。从临床备案数量及申报药品数量上来看，在全球范围内，中国紧随美国之后，位于世界前列。可以说，中国干细胞技术已处于世界领先水平。尽管目前还未有干细胞相关药品获批上市，但细

---

① 国家药品监督管理局药品审评中心。

胞药物研发在稳步推进中越发成熟，相信将来会为我国独立自主的细胞治疗研发道路注入澎湃生机。

三、欧洲：审慎推进与强化监管

欧盟对于新技术的研发与应用向来持谨慎态度，监管速度通常早于技术发展的速度。早在1998年7月，欧洲议会和欧盟理事会就制定了《关于生物技术发明的法律保护指令》，以立法形式对干细胞研究进行监管和规范。2014年，欧盟发布"地平线2020"（2014—2020年）计划，即欧洲的科技重大专项计划，预算接近800亿欧元。该计划赞助了多个以再生医学临床研究、技术开发为主题的项目，包括骨再生药物、脑组织重建、心脏修复等多种治疗技术与治疗药物的研发。[①] 计划中同时设立了小型企业的医疗健康项目，从而推动包括再生医学在内的生物医学技术及产品商业化和市场化。

由于欧洲人口中糖尿病、癌症、肌肉骨骼异常等多种慢性疾病的患病率较高，增加了欧洲各界对再生医学疗法的需求。与中国有所不同的是，大型医药企业是欧洲组织开展临床试验和研究活动的重要主体，诸如瑞士盖氏制药有限公司、德国巴德公司等。

在全球获批上市的21种干细胞产品中，有两种产品获得欧洲药品管理局的批准上市，其中一种来自英国葛兰素史克公司，另一种则是美国蓝鸟生物公司的产品。尽管存在着对再生医学技术以及相关药物的迫切需求，但欧洲再生医学产业的发展似乎遇到一些瓶颈。欧洲在再生医学领域的投资远不及美国和中国，而再生医学技术需要更多的临床试验来验证其安全性和有效性，高昂的研发成本限制了技术的发展与创新；并且欧洲具有严格的伦理要求以及监管标准，而各国对

---

① EU research results.

于再生医学的伦理和监管标准尚未形成统一的认识，一些新兴技术如基因编辑等引发了广泛的伦理争议，为再生医学技术的研发与应用带来障碍。欧洲各国医疗体系和医保政策的不同也为再生医学技术的普及与应用制造了一定的困难。因此，在再生医学这一领域，欧洲可谓是前路漫漫。

四、日本：应对老龄化社会的深度布局

随着老龄化问题的加剧，日本社会医疗支出逐年攀升。应对老龄化社会这一难题的方法就是提供更加高效的医疗技术与产品，减轻医疗负担。日本政府早在1999年就将再生医疗发展列入"千年项目"，于2000年将再生医疗写入《生物技术战略大纲》，并在随后20多年的时间内多次针对再生医疗出台相关法律及研究指南（见表12-3）。

表12-3 日本再生医疗法律及研究指南

年份	法律及研究指南	主要内容
2006	《利用人体干细胞进行临床研究的指南》	允许少数医疗机构开展临床试验
2009	《人类胚胎干细胞研究指南》	允许对本国及进口的胚胎干细胞进行研究
2013	《促进再生医疗安全并迅速推进法》	让国民迅速且安全地接受再生医疗，让再生医疗从研究扩展到了临床应用
2013	《再生医疗安全确保法》	规定医疗机构可以委托企业进行细胞培养加工；根据再生医疗的风险程度，规定了三个等级的提供标准及计划的备案手续，以及细胞培养和加工设施的标准和批准手续
2013	《医药品和医疗器械质量、有效性及安全性确保法》	引入了基于再生医疗产品特性的早期批准制度；要求记录、保存对患者的说明和告知事项，以确保产品销售后的追踪和保障

通过把干细胞疗法置于政府监管之下，并由政府组织实施和推行，日本政府在大大缩短再生医疗产品的审批时间的同时确保再生医

学研究的安全性以及科学有效性，使日本成为最早将干细胞等再生医疗技术用于临床的国家。同时，日本政府建立了完备的再生医疗监管体系，根据风险高低对临床再生医疗技术进行分类审批（见表12-4），率先将再生医疗产品单列为第四类医疗产品，独立于药品、医疗器械及化妆品之外，并根据其自身生物特性建立专门的审批制度，兼顾科学性、安全性和临床需要。获得批准上市的再生医疗产品将列入《国家医保药品名录》或《国家医保医疗材料名录》中，民众使用此类再生医疗产品享受国家健康保险报销。

除了较为完善的法律制度与监管体系，日本政府对于再生医学研究的资金支持力度也是强有力的。以2012年山中伸弥获得诺贝尔生理学或医学奖为契机，日本政府决定在10年内投入1 100亿日元（约合10亿美元）支援以干细胞为中心的再生医疗研究。干细胞研究成为日本再生医学研究的主要支柱。约1/4的资金被投入干细胞储备项目中。

表 12-4 日本再生医疗技术分类审批制度

风险等级	细胞	审批制度
高风险	胚胎干细胞、iPS细胞及其近似细胞、基因修饰细胞、异体细胞或外来基因细胞	"特别认定再生医疗委员会"、厚生科学审议会、厚生劳动大臣三方讨论90天，审议通过即可
中风险	经过体外特殊处理已改变了原有生物特性的成体干细胞	"特别认定再生医疗委员会"向厚生劳动大臣提出计划，审议通过即可
低风险	未经过体外特殊处理的成体干细胞	"再生医疗委员会"向厚生劳动大臣提出计划，审议通过即可

注："再生医疗委员会"为再生医疗技术及法律方面的专家组成的合议制委员会，而"特别认定再生医疗委员会"是"再生医疗委员会"中具有高度审查能力和第三方性质的机构。

在资金和法律的支持与保护下，日本再生医学技术的应用取得了较多进展。2003年，日本在世界上首次将脂肪干细胞应用于临床，开创了干细胞临床应用的先河。2014年，日本实施世界第一例干细胞人体移植试验，对一名罹患退行性眼病的日本患者进行治疗，试验愈后良好，完成度极高。2016年，日本研究人员利用猴子皮肤细胞产生的干细胞让五只患病的猕猴受损的心脏再生，在实现器官再生领域取得重要进展。2018年10月，日本京都大学科研人员开展了首个运用干细胞衍生的神经细胞治疗帕金森综合征的临床试验。

京都大学干细胞研究所制定的2030年目标包括以干细胞库为支柱，普及再生医疗；实现利用干细胞的个性化医疗，并针对一些难治之症研发新药；利用干细胞开拓新的生命科学和医疗领域等。日本已经批准iPS来源的细胞用于老年黄斑变性、帕金森综合征、脊髓损伤、心脏衰竭等的临床试验。但目前在日本已上市的干细胞产品仍只有间充质干细胞。

再生医学研究永远在路上

在医学领域，人类永远是一个小学生。随着生命科学创新深化，干细胞研究的不断深化与再生医学的发展革命性地改变了医学的研究范式，并将带来生命健康领域的产业变革。但同时也要看到，再生医学技术及其产业化发展仍面临一些问题和挑战，这些不确定性既来自技术范式，更蕴含在再生医学自身的科学伦理之中，具体而言，表现在细胞来源、免疫反应等方面的技术难题，亟待解决的行业监管与伦理问题，极高的研发成本、高昂的治疗费用与有限的医疗资源等方方面面。

鉴于再生医学的重要性，世界主要大国与地区都对再生医学进行了重要的战略部署，通过制定相关法律法规以及提供研究资金支持等助力再生医学产业的发展；形成了以美、中为第一梯队，日、欧紧随其后的再生医学领域的发展格局。从目前的发展情况来看，再生医学技术的发展还处于起步阶段，在全球获批上市的干细胞产品数量相对不多，组织工程领域大多还停留在实验室阶段，难以规模化和商业化，整体来看可谓是"道阻且长"。但可以肯定的是，能够享受到成熟的再生医学成果的国家和人群，将大大加持生命周期中的健康福祉。

从这一意义上讲，对再生医学的研究，人类还在路上，并将永远在路上。

第十三章　下一代能源技术：继往开来的能源革命

自人类学会用火开始，能源就作为必不可缺的物质条件长伴人类文明发展，其间经历了以薪柴为代表的原始能源时代，正在走过以煤炭、油气为主的化石能源时代，向着风能、太阳能、水能、核能等可再生清洁能源时代进发。而回溯工业化历程，历次工业革命也都必然伴随着能源革命。在当下全球气候治理引致的能源转型需求及科技创新带来的技术变革推动下，新兴电池、储能、氢能、先进核能等新一代清洁、可再生能源技术正以现有技术为基础进行高速迭代，深刻影响未来工业、交通、基建等领域新兴产业的发展。其中，电池技术较为成熟，已在发电、交通、储能领域得到广泛运用，相关产业已成为大国博弈、抢占产业发展先机、应对颠覆性风险的前沿阵地。以氢能和可控核聚变为代表的新技术潜力巨大，开始成为未来产业发展和技术研发热点，有望加速清洁能源发展和碳中和进程。

光伏与动力电池：迭代升级

新能源应用技术中的主流电池按其功能不同，可分为产能电池和储能电池。前者以光伏电池为代表，其研发赛道以提高光电转换效率，降低生产成本为主；后者则以动力电池为重要应用产品，能量密度和安全性是其关键指标。当前受性能提升需要以及各企业、国家间产业竞争等因素的影响，两者均已进入换代时期。

一、N 型光伏电池：八仙过海，各显神通

2015 年以来，中国从实施"领跑者"计划开始，不断鼓励企业生产、交付高转化效率的电池和组件产品，旨在促进国内光伏行业由追求规模扩张向提质增效转变，对其进入自研时代起到了关键作用。在此过程中，受快速增长的内需支持，中国光伏最终形成了产业链完整度高、技术积累深厚、产业基础扎实三大优势。尤其是作为核心的电池片技术加速迭代，已从最初的 BSF 技术快速升级至现在的 TOPCon、HJT、钙钛矿等高效电池片技术（见图 13–1），其技术水平处于世界领先地位：2023 年，国内主流光伏电池产品（PERC）效率已超过 23%，部分企业量产电池最高效率已超过 25%（如 2023 年爱旭 ABC 电池效率达到 26.5%），当前，中国光伏电池的全球市场占有率已突破 85%[①]，居绝对主导地位。从全球来看，目前国内的光伏电池技术路线之争代表的就是世界最高水平的光伏技术演进。

近年来，国内主流 P 型 PERC 技术在性能上已越来越接近其理论转换效率极限（24.5%），继续进行研发投入很难实现较高的边际收益，且随着光伏产业链上游产能的超大规模释放，电池片产品盈利空间被极大压缩，迫使各大企业转向研发具有更高转换率、更高双面率、更长使用寿命等优点的 N 型电池。当前以隆基、晶澳、晶科等为首的光伏企业均宣布对下一代先进产能的扩产计划，但由于光伏行业高负债、重资产的特性，押注多条技术路线对单一企业来说难度过大。各家技术路线选择出现了明显分化，除隆基、爱旭押注 BC 路

---

① 康克佳.向创新要动能，推动光伏行业高质量发展［N］.中国城市报，2024–03–25（9）.

线，华晟、东方日升加码 HJT 路线外，其余新扩张的企业基本是 N 型 TOPCon 产能。据不完全统计[①]，截至 2023 年底，21 家已公开新型产能计划的企业，在建、投产的 N 型电池总产能超 540 GW，其中 TOPCon 产能占比超过九成。同时全球领先的再生能源与科技研究顾问公司 Infolink Consulting 的统计显示，截至 2023 年 11 月，国内 HJT 电池总规划产能约 391 GW，落地产能约 50 GW；BC 技术规划产能约 159 GW，相对较少，但落地产能与 HJT 差距不大，约 44 GW。

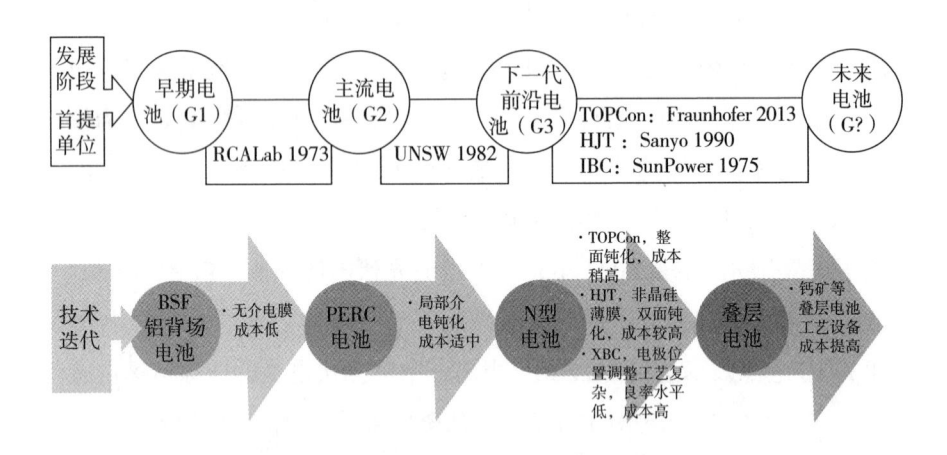

图 13-1　中国光伏电池路线演进及特点

资料来源：根据隆基绿能、正泰新能源、国家知识产权局相关公开资料整理。

虽然从转型难度来看，TOPCon 受益于与传统 PERC 生产线兼容性强的特点，成本控制和产能扩张难度低，已是当下主流，但 BC 和 HJT 因其优异的结构设计在转换效率提升方面要优于 TOPCon。尽管因建设周期长和生产成本较高而暂未实现大规模量产，不过两者降本路线清晰，已可以通过硅片薄化、节省银浆用量等方案有效摊薄电池生产成本，未来仍有后来居上的可能。

---

① 曹恩惠. 540 GW N 型电池产能"决战"2024［EG/OL］. 21 世纪经济报道，2024-01-04.

纵观中国光伏电池发展历程，从多晶到单晶，从 PERC 到现在的 N 型电池，持续的创新促进了行业内主流技术快速迭代。这虽然利于降本增效，但对行业整体而言，一旦技术路线大幅更新，设备淘汰速度超过折旧速度，先期布局大量产能的企业，其先发优势有可能难以为继，反而造成巨大的沉没成本损失和浪费，致使行业中只有相对先进的产能才得以生存，甚至连先进产能也存在还未赢利就过剩的可能。这种长期存在的颠覆性风险对行业内企业前瞻性地把握未来技术路线发展方向的能力提出了极高要求，尤其是对电池技术路线的判断和降本执行力，或已成为影响头部企业间竞争走向的决定性因素。

二、固态电池：蓄势待发，引领未来

近年来，全球新能源车的市场化推广如火如荼，动力电池作为其能源存储载体，主导国家间的产业竞逐日趋白热化。在当前主流液态锂电池体系下，一方面我国动力电池受新能源汽车推广政策的引导，特别是自 2016 年底以来，新能源汽车补贴政策目标由单纯增加电动汽车保有量向支持增加续航里程等方向转变，促使企业技术快速迭代，以三元锂电池为代表的高能量密度动力电池技术连续取得突破，短短几年时间内主流锂电池正极材料已由磷酸铁锂升级到中高镍三元、高镍三元，甚至变相促进了磷酸铁锂电池性能的进一步挖掘，拓展了其在新型储能领域的应用场景，使其重回动力电池的主流赛道；另一方面受益于国内新能源汽车市场带来的巨量应用实践，中国动力电池行业已在生产技术、产业链完整度等多方面领先全球，近十年来国内主流动力电池能量密度提升了三倍，成本下降了超过 80%。[1] 同时

---

[1] 叶伟.2030 年固态电池有望实现产业化［N］.中国高新技术产业导报，2024-02-05（12）.

韩国SNE Research公开的数据也显示[①]，中国在全球动力电池产业版图中已占据头部地位，日韩的市场份额正被中国同行不断蚕食，原先长期存在的中日韩三足鼎立局面，正受到我国产业链和技术双重优势的冲击。

然而，目前液态锂电池能量密度潜能几乎被挖掘殆尽，并且长期以来其安全性和低温适用性未能得到根本改善。近年来，新能源汽车动力电池热失控事故频发、冬季实际续航能力大打折扣已成为国内新能源车企两大关键痛点，可见液态锂电池仍不能作为完善成熟的机动车能量源，产业界急需性能更完善、安全性更高的电池技术。固态电池技术比较完美地满足了各方期待，其以固态电解质代替液态锂电池中的隔膜和易燃、易爆的有机电解液（见图13-2），排除了电池在恶劣工作条件下易燃漏液的风险，安全性得以大幅增强；而且取消了隔膜，减少了电解质用量，有效缩减了电池质量和体积，能量密度显著提升；同时固态电解质凭借离子传递速率高，工作温度区间广，兼具良好的快充和耐低温性能。

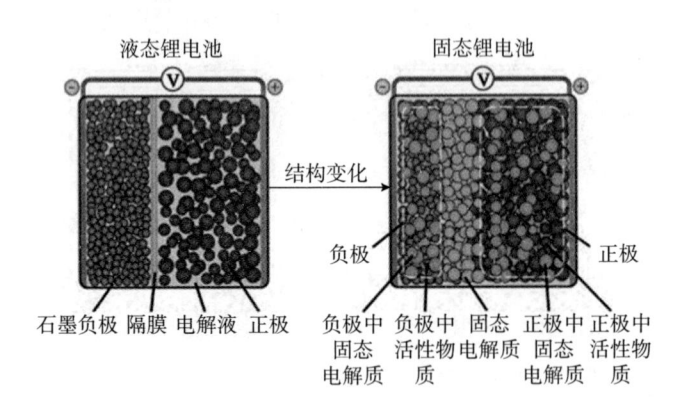

图 13-2　液态电池与固态电池内部结构对比示意图

资料来源：JANEK J, ZEIER W G. A solid future for battery development [J]. *Nature Energy*, 2016, 1(9): 1-4。

[①] SNE Research. From Jan to Dec in 2023, Global EV Battery Usage Posted 705.5 GWh, a 38.6% YoY Growth [R]. 2024-02-07.

综合各方面优势，固态电池对传统液态锂电池已形成安全和性能方面的碾压，业内已形成共识，公认全固态电池为下一代动力电池的首选方案。目前由于固态电池中固态电解质需要承担传导离子及传统液态电池隔膜的双重功能，故开发具有较高离子电导率的固体电解质材料是固态电池研发的重中之重。依据固态电解质材料的差异，在研的固态电池可分为聚合物、氧化物、硫化物三种技术路线，具体情况见表13-1。

表13-1　固态电池主要技术路线对比

电解质类型	主要体系	优点	缺点
聚合物	聚环氧乙烷（PEO）等	技术相对成熟，率先小规模量产	室温下离子导电率低；热稳定性有限，高压稳定性差；常温电导率低；电池能量密度难提升
氧化物	薄膜（LiPON）、非薄膜	倍率性能优越，化学稳定性高，离子导电率高于聚合物	常温电导率低；电解质材料易断裂、制备工艺难度大，成本高；电池容量不高，能量密度不如硫化物电解质电池，规模制备能力低
硫化物	硫硅酸锂等	室温下离子导电率最高、机械性能好，兼容锂金属负极与高电压正极	开发难度最大，制备工艺难，化学稳定性差，对生产制造环境要求高，成本也相对较高

早期固态电池技术以聚合物电解质为主，但随着聚合物电解质在试验和量产阶段性能达到上限，加上聚合物本身存在的化学稳定性差、无法适用高电压正极材料、需要60℃以上的工作温度才可正常充放电等缺点，已被淘汰出主流赛道，固态电池电解质技术研发重心逐渐转移到氧化物及硫化物体系。

鉴于上述客观情况，欧美、中日韩等国家和地区或为保障产业链、供应链安全自主，或为保持和重塑固有电池技术及产业优势，均加大了对全固态电池技术路线的投入力度，以期实现对当前电池产业优势国家的换道超车。为此，各国和地区已竞相制定下一代固态电池发展战略（见表 13-2），从各方发展规划来看，2030 年前后是产业化突破的关键节点，未来 5~10 年则是研发的关键窗口期。

表 13-2　全球主要经济体的固态电池产业政策

国家/地区	时间	规划/文件名称	主要发展目标
中国	2020 年 11 月	《新能源汽车产业发展规划（2021—2035 年）》	固态电池上升至国家战略层面，列为动力电池核心技术攻关，要加快固态动力电池技术研发及产业化
中国	2022 年 8 月	《"十四五"新型储能发展实施方案》	到 2030 年实现新型储能全面市场化发展，核心技术装备自主可控，技术创新和产业水平稳居全球前列
日本	2022 年 9 月	《蓄电池产业战略》（经济产业省）	2030 年实现全固态电池正式商业化应用，确保卤代电池、锌负极电池等新型电池的技术优势，并完善全固态电池量产制造体系
美国	2021 年 6 月	《锂电池 2021—2030 年国家蓝图》	到 2025 年电芯成本每千瓦时 60 美元，2030 年能量密度 500 Wh/kg，电池包成本进一步降低 50%，实现零钴、镍的固态电池以及锂金属电池规模量产
欧盟	2018 年	《电池 2030+ 规划》	明确全固态高性能锂电池、金属锂空气电池、锂硫电池迭代路线，到 2030 年电池实际性能与理论性能差距缩小至少一半，耐用性和可靠性至少提升三倍
欧盟	2021 年	《2030 电池创新路线图》	锂电池迭代目标为更高能量密度和更高安全性，明确以固态电池技术为研发方向
欧盟	2022 年 5 月	《固态电池技术路线图 2035+》（Fraunhofer）	硅基负极+高镍三元+硫化物电解质固态电池 2025—2030 年能量密度达 275 Wh/kg、650 Wh/L，2035 年达 325 Wh/kg、835 Wh/L，锂金属负极+高镍三元正极+硫化物电解质固态电池 2030 年能量密度达 340 Wh/kg、770 Wh/L，2035 年达 410 Wh/kg、1 150 Wh/L
韩国	2021 年 7 月	《电池发展战略》	质量轻的硫化物、安全性高的氧化物全固态电池，2025—2028 年具备 400 Wh/kg 的商用技术，2030 年完成装车验证；锂金属电池，2025—2028 年具备 400 Wh/kg 的商用技术，2030 年完成装车验证

具体来看，各国研发推进方式和技术路线各有千秋。欧美因电池制造是自身传统弱项，采取抱团策略，主要表现为德美合作、老牌整车厂商投资初创电池科技企业进行联合研发：宝马、大众、奔驰、福特等均通过投资如 Solid Power、Quantum Scape、Factorial Energy 等技术领先的美国本土初创公司以获取相应技术储备。从最新进展来看，该模式的运行较为成功，Solid Power 和 Quantum Scape 公司已分别产出了硫化物和氧化物固态电池样品，其中 Quantum Scape 的样品通过了大众的耐久性测试，实证了业界对固态电池优异性能的预判。日本作为固态电池发展最早、先发优势最强的国家，正以举国体制推动全固态电池的研发和产业化，目前其国内"官—产—学"产业联盟业已形成，丰田、本田、松下、出光兴产等企业已在硫化物全固态电池方面进行深度布局，其中以丰田公司拥有的专利最多，超过 1 300 件，居全球首位，已有形成技术壁垒的趋势。韩国则选择氧化物和硫化物路线并行，研发以企业界为主导，三星 SDI、LG 和 SK On 已成立联合基金，共同开发固态电池，政府则通过提供设备和税收抵免支持研发。

我国进入固态电池赛道的时间较晚，且固态电池研发耗时长、制造工艺复杂、成本高昂，加之我国企业在传统液态电池路线上已占据绝对优势，存在路径依赖问题，致使部分新能源企业在固态电池研发方面缺乏动力，技术路线不明确，早期研发主力以科研机构和院校为主，缺乏产学研协同，研发进程较慢。近年来随着动力电池技术换代时间点逐渐到来，各家企业在全固态电池方面开始加大投入，加速专利布局。多家车企、电池厂商及大学和科研机构参与组建的固态电池产业创新联合体和中国全固态电池产学研协同创新平台已于 2023 年 12 月和 2024 年 1 月相继成立，这对形成跨领域、跨学科的协同攻关合作起到了良好的推动作用。目前全固态方面，国内企业集中攻关氧化物和硫化物技术，氧化物路线以太蓝新能源、蓝固新能源等公司为代表，硫化物路线则主要有宁德时代、国轩高科等公司。部分企业如卫蓝新能源、清陶新能源、赣锋锂业等已开始依托国内锂电成熟产业链，对固态电池进行试产。但考虑到全固态电池研发和制造加工门槛较高，固液混合电池作为中间形态的量产制造技术更容易突破，多数国内动力电池厂商以渐近性半固态电池作为产品化技术路线，预计在2025年前可推广上市，但全固态电池仍需5~10年时间才能实现商业化应用。

总体而言，目前影响固态电池技术发展的关键基础科学问题（如固态电解质中的离子扩散速率低，电极与电解质之间固–固界面阻抗问题等）以及量产技术问题在全球范围内尚未得到有效解决。虽然技术研发上存在先后差距，但各国产业化进展实际上相差不大。不过必须清醒认识到，全固态电池技术与当前主流液态电池技术相比，在原料及基材生产、电芯及电池包装配、从电池生产应用到电池回收各环节均存在极大差异，属于颠覆性技术，一旦某个国家或企业率先实现低成本商用化，全固态电池将对现有动力电池产业链全生命周期造成颠覆性冲击，进而重塑该领域竞争格局和产业链。

储能技术与市场：辅助刚需凸显

一、需求刚性渐显

2022年以来，随着地缘政治局势的紧张，各国能源安全敲响警钟，全球能源供需格局深度调整，变相加速了能源绿色低碳转型进程。储能技术可有效平抑新能源发电波动，解决电网适配方面的关键痛点，在未来以风光发电为主力的电力系统中的价值（见图13-3）和战略地位得到进一步重视，多国已将发展储能列为加速清洁能源转型的必选项。

	发电侧	电网侧	用电侧	市场体现
削峰填谷	存储超发电量	缓解调峰压力	错峰用电，节约电费	能量市场反映分时价值
电力辅助	平滑出力波动	提升电网可靠性和电能质量	作为后备电源	辅助服务市场反映可靠性价值
容量支撑	提供可靠容量支撑	保证容量充裕度	减少用电尖峰负荷	容量市场反映容量支撑价值
输电资产		缓解阻塞，延缓输配电投资		储能作为输电资产的价值

图 13-3 储能在电力系统不同场景下的价值

资料来源：根据中关村储能产业技术联盟（CNESA）公开资料整理。

据中国能源研究会储能专委会 / 中关村储能产业技术联盟数据[①]，2023 年全球储能市场新增投运电力储能项目装机规模达到 52.0 GW，同比增长 69.5%。其中，新型储能新增投运规模创历史新高，达到 45.6 GW，几乎相当于 2022 年同期累计装机规模。中国、欧洲和美国继续引领全球储能市场发展，三者新增合计占全球市场的 88%，其中国

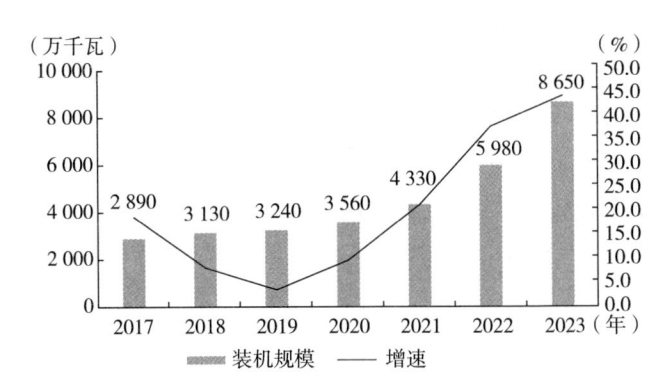

图 13-4 2017—2023 年中国已投运电力储能项目累计装机规模及增速

数据来源：中关村储能产业技术联盟全球储能项目库，国家能源局，中国电力企业联合会。

---

① 中关村储能产业技术联盟.储能产业研究白皮书 2024［R］.2024.

内占比近一半。截至2023年底我国已投运电力储能项目累计装机8 650万千瓦，占全球市场总规模的30%，同比增长45%，继续领先全球。

二、发展重点

1. 抽水蓄能

目前我国已投入使用的各类储能技术中，抽水蓄能技术最为成熟，全生命周期成本低，是当前储能装机中的第一主力。2021年以来，抽水蓄能行业价格疏导机制得到国家发展和改革委员会《关于进一步完善抽水蓄能价格形成机制的意见》《关于抽水蓄能电站容量电价及有关事项的通知》的落实，明确了竞争性电量电价的形成，并将容量电价纳入输配电价回收，强化与电力市场建设发展的衔接，此举极大地稳定了市场预期和地方建设信心，促使引入多元资本的市场化投资体制在行业内逐步建立。自2022年开始，三峡集团、中国电建、国能、国家电投、华电等传统电力央企和杭州钢铁、湖南湘投等地方企业开始进入抽水蓄能建设领域。投资主体的多元化使得行业投资能力大幅增强，激发了行业建设活力，抽水蓄能行业驶入发展快车道。截至2023年底，国内抽水蓄能已建规模5 094万千瓦，约占全球抽水蓄能装机的25.7%，居世界首位。水电水利规划设计总院预计，到2025年，我国投运抽水蓄能电站规模约为6 200万千瓦；到2030年该规模达到1.6亿~1.8亿千瓦。

但抽水蓄能项目选址受地理条件限制，建设投资规模大、建设周期长等问题均难以通过技术手段解决。仅凭抽水蓄能，既无法满足近年快速上涨的新能源储能装机需求，也无力应对未来电力系统对储能的时空配置灵活、多元化的要求，与各类新型储能特别是电化学储能设施的发展速度和潜力相形见绌。

2. 新型储能

近年来，新型储能产业加速发展，随着《关于加快推动新型储能发展的指导意见》《新型储能项目管理规范（暂行）》《"十四五"新型储能发展实施方案》，以及进一步推动新型储能参与电力市场、科学优先调用和加强储能标准化工作的一系列政策文件的出台，支撑国内新型储能发展的政策体系逐步完善，市场环境不断优化。新型储能选址灵活、建设周期短、响应快速、功能和应用多元的优势得到充分发挥，于新型电力系统建设中的基础性定位被不断强化。

截至 2023 年，全国已建成投运新型储能项目累计装机规模超过 3 139 万千瓦 /6 687 万千瓦时，平均储能时长 2.1 小时，仅 2023 年就新投运装机约 2 260 万千瓦 /4 870 万千瓦时，几乎相当于之前历年累计装机容量总和的两倍。[1] 从现阶段新型储能的技术应用反馈来看，磷酸铁锂电池因热稳定性强，循环寿命长，且其特殊的晶体结构能形成持续电流，可实现一定时间尺度上的能量存储[2]，十分契合储能的技术要求。同时得益于动力电池行业对其长期研发和生产，其综合成本低、运维便利，已在主流动力电池中脱颖而出，持续主导电化学储能行业。截至 2023 年底，磷酸铁锂电池储能在新型储能装机中的占比高达 97.4%，见图 13-5。

当下依托于锂电池技术的电化学储能产业链的上游主要包括电池原材料及生产设备供应商；中游为储能核心设备生产、集成商；下游为储能系统的安装及运营等。中游是产业链的核心部分，包括电池组、电池管理系统（BMS）、能量管理系统（EMS）、储能变流器（PCS）生产以及系统集成商等。从现阶段来看，储能系统集成商，尤其是欧美集成商（典型如 Fluence 公司）一般不自研零部件，而是

---

[1] 国家能源局 2024 年一季度新闻发布会文字实录，2024 年 1 月 25 日。
[2] TARASCON J, MARMAND M. Issues and challenges facing rechargeable lithium batteries [J]. *Nature*, 2001, 414: 359–367.

依赖中国的动力电池和 PCS 供应商。故电池组和 PCS 是电化学储能产业链中壁垒高、价值占比大的核心环节，主要企业为跨界电池厂商，如宁德时代、比亚迪等布局较早，已成为龙头链主。值得注意的是，国内现阶段多数企业储能电池产品差异不大，储能市场同质化严重，又逢电池行业成本下降，众多企业蜂拥而入，加上配储项目不断压低价格，产业竞争加速，价格战竞争白热化造成中游制造企业盈利压力加大。这迫使越来越多的电池企业开始针对电力储能的专门需求开发与之相匹配的，具有更高储能密度、更快充放电速度、更高智能程度和更长循环寿命的电池产品。

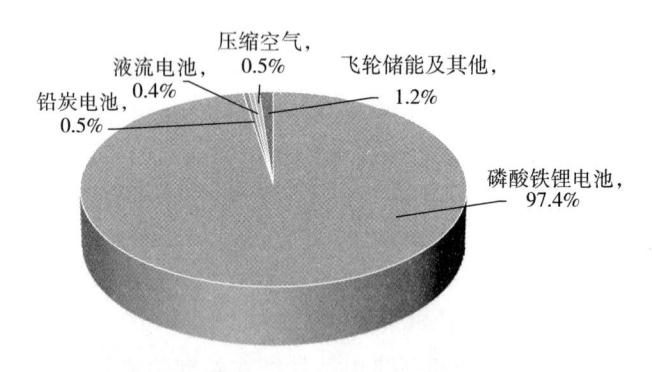

图 13-5　截至 2023 年国内新型储能占比

数据来源：中国化学与物理电源行业协会储能应用分会，国家能源局。

　　从行业整体来看，储能项目可归为新基建范畴，投资成本及回报率是决定其规模化发展的重要因素。但多数配储项目规划在技术选型、配置容量及比例、功能定位等方面缺乏深入分析研究，且在运配储项目的调用方式、充放电运行策略、经济效益衡量等方面的数据尚不充足，暂时难以总结形成可供推广的商业应用模式，还须进一步积累经验。独立储能项目虽受到投资者追捧，但运营和管理经验匮乏，项目投资高，盈利水平低，尚未形成稳定的收益模式。解决上述问题的关键在于充分发掘储能电站的商业价值，提升项目盈利能力，一个可行思路是削弱跨区域电力交易壁垒，借鉴欧美储能市场机制，放开电价管理并建立竞价机制，使储能主体能够从电价波动和对电网的调频辅助服务中获得商业利益。

"氢"启未来：助力能源和化工转型

在当前全球气候治理，能源绿色转型的背景下，氢能作为一种可再生、零碳排放的二次能源，具有来源广泛、燃烧热值高、清洁无污染、应用场景丰富的优势，可作为优质储能介质应用于在不同行业和地区间进行能量再分配。故发展氢能一直被视作提高能源安全、引领未来能源化工产业进行低碳绿色升级的重要途径。2018—2023年全球和中国氢能消费量如图13-6所示。

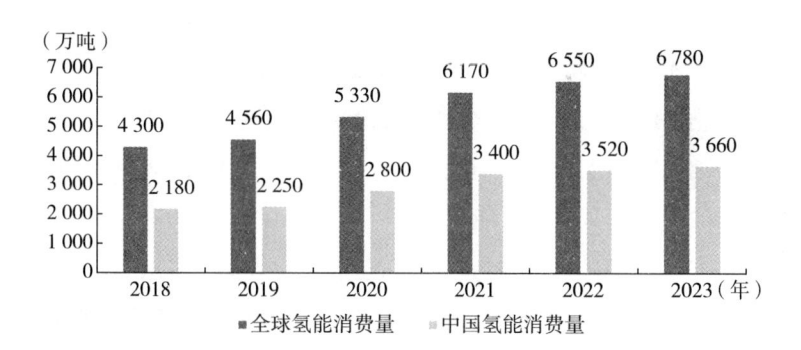

图13-6　2018—2023年全球和中国氢能消费量

资料来源：根据中国氢能联盟相关公开资料整理。

一、"氢"风得意：主要国家氢能发展态势

美国是全球最早探索氢能应用的国家。21世纪以来，美国出台《国家氢能路线图》《氢立场计划》等多项氢能发展政策和行动计划。

2023 年的《美国国家清洁氢能战略和路线图》提出重点发展绿氢技术，通过《通胀削减法案》抵免税收，推动绿氢的产业化进程。在长期战略布局推动下，美国绿氢产业相关技术全球领先：AirProducts、Praxair 等企业的绿氢生产和氢储运技术领先，杜邦公司对电解用质子交换膜的研究处于世界前列，Proton Onsite 公司的 PEM 制氢机占据 70% 左右的全球市场份额。① 目前美国拥有约 2 560 千米的纯氢运输管道以及三个储氢地质洞穴，各用途氢燃料电池车保有量超过 6 万台，并已在加州建有较为完善的氢能应用市场。②

欧盟早期通过清洁能源立法支持氢能与燃料电池发展，近期先后发布《气候中性的欧洲氢能战略》、REPowerEU 计划、《可再生能源指令（新版）》等战略规划，明确到 2030 年要达到生产 1 000 万吨、进口 1 000 万吨可再生氢的目标，并计划到 2030 年和 2035 年分别实现 50% 和 70% 的工业用氢向绿氢过渡。2023 年《净零工业法案》助推欧洲氢能银行成立，其拟出资 30 亿美元③，计划通过构建欧盟境内氢能市场、扩大氢能进口、分析域内氢能需求以协调氢能基础设施建设、整合利用现有融资工具等手段支持欧洲氢能产业发展。

日本自 20 世纪 70—90 年代起就开始出资支持氢能和燃料电池技术研发，2002 年更是成立了氢能源推进机构（NEDO）。2003—2022 年，日本六次发布《能源基本计划》，其中对氢能定位进行了多次战略性调整，直至提升为国策。2023 年其新版《氢能基本战略》明确了氢能的战略定位和对象范围，制定了实现氢能社会发展的具体规划和目标，包括实现稳定、经济、低碳的氢（氨）供给体系，以及创造各类应用场景的市场需求，规划到 2030 年和 2050 年氢能产能分别达到每年 1 000 万吨和

---

① 邹才能，李建明，张茜，等. 氢能工业现状、技术进展、挑战及前景［J］. 天然气工业，2022，42（4）：1-20.
② 张庆生，黄雪松. 国内外氢能产业政策与技术经济性分析［J］. 低碳化学与化工，2023，48（2）：133-139.
③ 樊围国，尧威. 欧盟正式设立"欧洲氢能银行"［J］. 生态经济，2023，39（5）：1-4.

2 000 万吨，计划到 2050 年利用氢能解决全日本的电力所需。[①] 当前日本氢能技术全球领先，全产业链的专利数在全球占比超过 50%。

我国氢能产业起步较晚，2019 年《政府工作报告》首提积极推动加氢等基础设施建设，逐步探索制氢—储氢—用氢的商业化路径。2022 年《氢能产业发展中长期规划（2021—2035 年）》明确氢能是战略性新兴产业的重点方向，是构建绿色低碳产业体系、打造产业转型升级的新增长点。2023 年发布的《2023 年能源工作指导意见》和《氢能产业标准体系建设指南（2023 版）》，强调充分发挥标准体系对氢能产业发展的规范和引领作用，加快绿氢产业技术攻关，推动氢能规模化应用。在中央顶层设计引领下，全国多地密集出台氢能发展指导性意见或中长期规划，2023 年广东、海南、新疆、甘肃、内蒙古等地纷纷出台氢能产业发展计划，大批氢能项目上马，仅内蒙古新增可再生能源制氢项目就达 39 个，新增项目规划投资 2 538.5 亿元，占全国新增同类项目规划总投资的一半左右。2012—2023 年中国氢气产量如图 13-7 所示。

图 13-7　2012—2023 年中国氢气产量

资料来源：根据中国氢能联盟相关公开资料整理。

---

① 日本经济产业省. 水素基本戦略（案）[N]. 2023-06-06.

目前中国是最大制氢国，2023年年制氢产量约4 380万吨，约占全球产量的30%，但绝大多数仍为化石能源制氢。不过随着各层级对氢能产业的重视和投入力度加大，以绿氢为源头，以降碳为主要目标，实现氢能多元化、商业化应用的新局面正在逐步形成。

二、"氢"装上阵：中国氢能产业技术现状

氢能产业链主要包括上游氢制取，中游氢储存、运输、加注的工艺流程及所需设备制造，下游的氢应用场景设计及应用终端的设备生产制造等。目前我国已掌握氢能制备、储运、加氢、燃料电池和系统集成等主要工艺流程，初步形成了氢能"制—储—运—加—用"全产业链布局（见图13-8）。

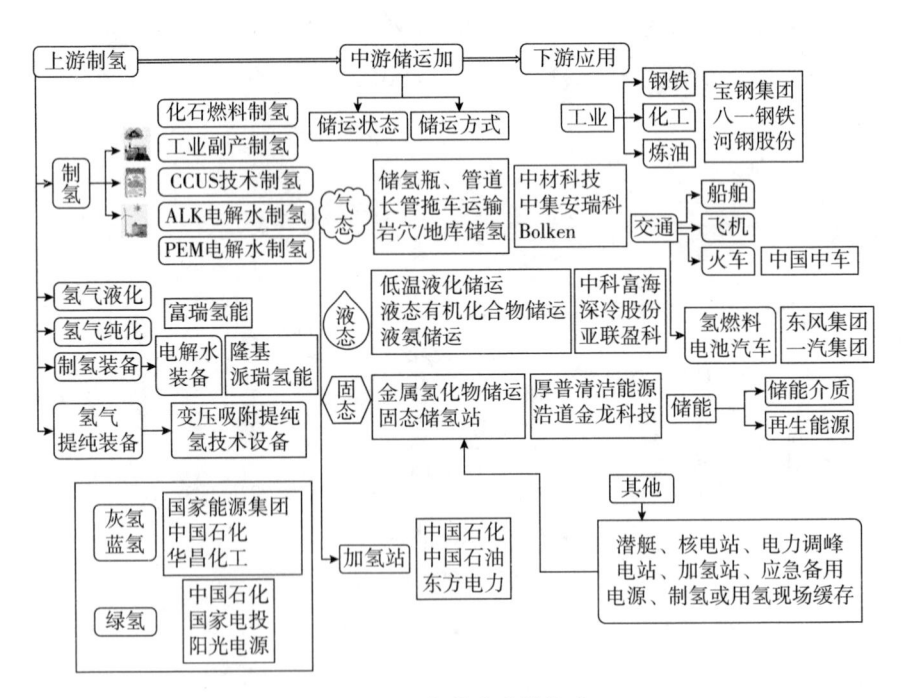

图13-8　氢能产业链构成

制氢环节居于产业链首位，按氢气生产来源划分，主要可分为"灰氢""蓝氢""绿氢"三类。

·"灰氢"通常指利用煤炭、石油和天然气等化石能源制氢和工业副产品制氢，该技术路线成熟，但制氢过程中会产生大量碳排放，与低碳减排潮流相悖。

·"蓝氢"主要指在化石能源制氢或工业副产品制氢的过程中借助于CCUS技术，大幅度减少碳排放。"蓝氢"的原料来源广，随着CCUS技术的发展和成本降低，将成为氢能发展中期的过渡性氢源。

·"绿氢"则是指利用风电、光电、生物质、水电等可再生能源制取的氢气，制氢过程中基本没有碳排放，其对能源转型意义重大，是未来氢能的重要发展方向。

1. "氢"出于"绿"：绿氢制取方兴未艾

绿氢制取技术主要有利用可再生能源电力的电解水制氢、光催化制氢、光电催化制氢、微生物制氢几种，其中电解水制氢技术路线主要有碱性电解水（ALK）、酸性质子交换膜电解水（PEM）、阴离子交换膜（AEM）和固体氧化物（SOEC）四种。目前只有ALK、PEM技术已比较成熟，进入商业化应用阶段，其他制氢技术还处于实验室阶段。

ALK制氢技术是指在碱性电解质（一般为强碱KOH或NaOH溶液）环境下进行电解水制氢，该技术相对成熟，但该技术以强碱为电解质、石棉为隔膜，有潜在的环境危害，且制氢的启动及调节速度都较慢，与存在波动性的可再生能源电力适配性差。

PEM原理与ALK基本相同，其使用固态聚合物阳离子交换膜代替碱性电解液和石棉隔膜，具有电流密度高、动态响应速度快、与可再生能源适配性好等优点，近年来在国外发展迅速。但该技术设备需要使用含贵金属（铂、铱）的电催化剂和特殊膜材料，成本高昂。

我国 ALK 制氢技术成熟，早期多个大型绿氢项目均采用此技术。首个万吨级光伏绿氢示范项目"中国石化新疆库车绿氢示范项目"选定了 52 套 1 000 Nm³/h 碱性电解槽。在政策支持和市场预期的鼓励下，2023 年以来国内切入 PEM 赛道的企业不断增多，PEM 技术已在国内得到实际应用，新审批的大型绿氢项目中"碱性 +PEM"的组合正在成为一种趋势。如内蒙古华电达茂旗绿氢示范项目、中能建松原氢能产业园等均为该类模式。

整体来看，受电解槽设备成本高企、质子交换膜等关键技术被国外垄断及国内电价政策不适用的影响，我国绿氢生产和应用成本下降难度大，产量仅占氢气总产量的 1% 左右，市场竞争力受限，与能源转型的需求相距甚远。但未来随着风、光能源的迅猛发展，风光上网余电利用技术逐渐成熟，绿电供应充足化、廉价化是可预期的，相应地绿氢产能会有大幅提高，并成为中长期内氢能产业发展的主要方向。

2. "氢"来运转：氢储运加技术任重道远

（1）氢储运环节。

由于氢气易燃、易爆、易渗透，氢储运对储运的介质材料、技术及环境条件要求非常苛刻，相关条件不达标会使该过程存在很大安全风险。目前比较成熟的储运方式有高压气态储运氢、低温液化储运氢、管道储运氢、液态有机化合物或无机物储运氢、固态金属氢化物储运氢（见图 13-9）。

（2）加氢。

加氢站是该环节主要的基础设施，平时将氢气压缩并储存在高压储气罐中，有用氢需求时通过加氢机完成加注服务。截至 2023 年底，我国已累计建成加氢站 428 座（见图 13-10），但因加氢站建设运营成本较高，普遍处于亏损状态，实际运营的只有274座。

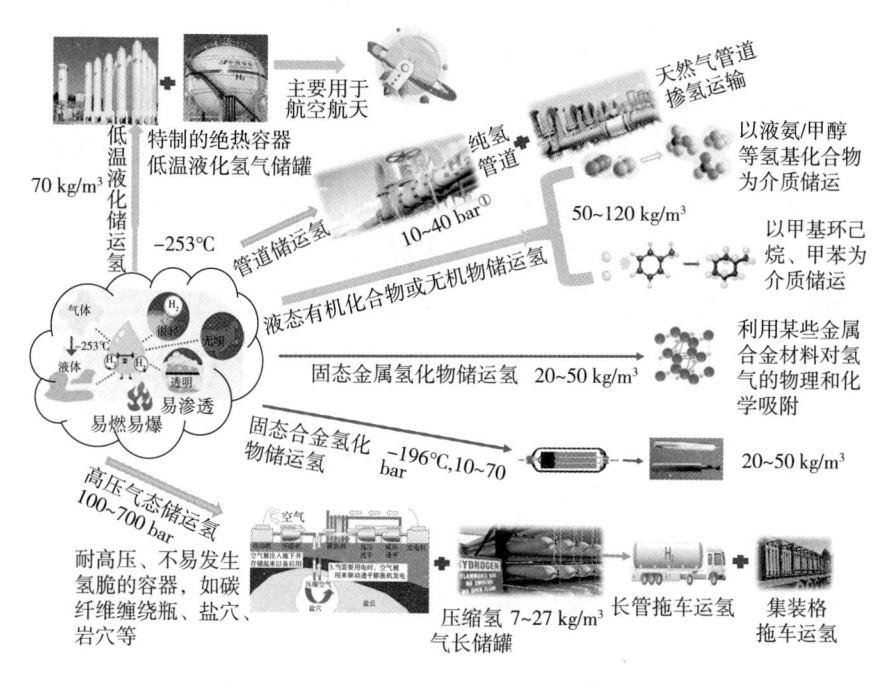

图 13-9　氢储运方式示意图[①]

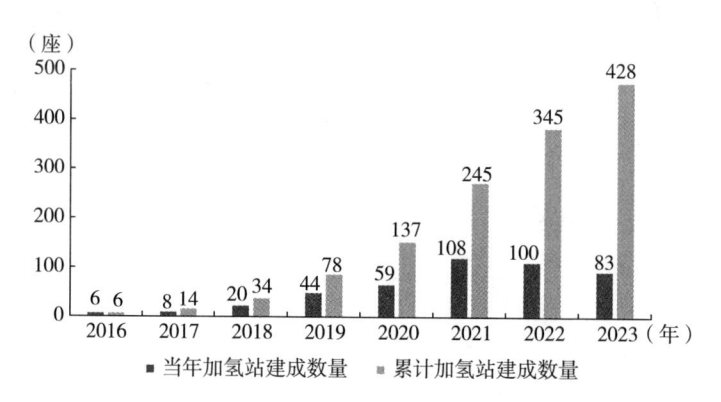

图 13-10　中国历年加氢站建成数量

---

① 1 bar = 0.1 MPa。

当前我国绿氢生产和消费存在空间错配，生产集中在内蒙古、河北、新疆、甘肃等北方地区，氢需求量大的化工产业在东南地区，两者距离遥远，同时由于政策和技术原因，我国尚未建成可实用的氢气存储和运输网络，储运加的基础设施也不存在整体布局，产业链上下游难以形成有效联动，影响了氢能的规模化、商业化发展进程，急需政策规划和扶持体系的引导。如制氢加氢一体加氢站的建设审批流程仍由地方自行规定，未形成全国统一的规划和审批流程，为改善这一现状，2024年初中石化联合国内数十家企业建立了《制氢加氢一体站技术指南》团体标准，有利于制氢加氢一体站建设。

三、"氢"尽其用：氢能未来重点应用场景

氢气兼具能源和化工原料双重属性，可广泛应用于工业、交通、电力、建筑等领域。具体应用场景如图13-11所示。

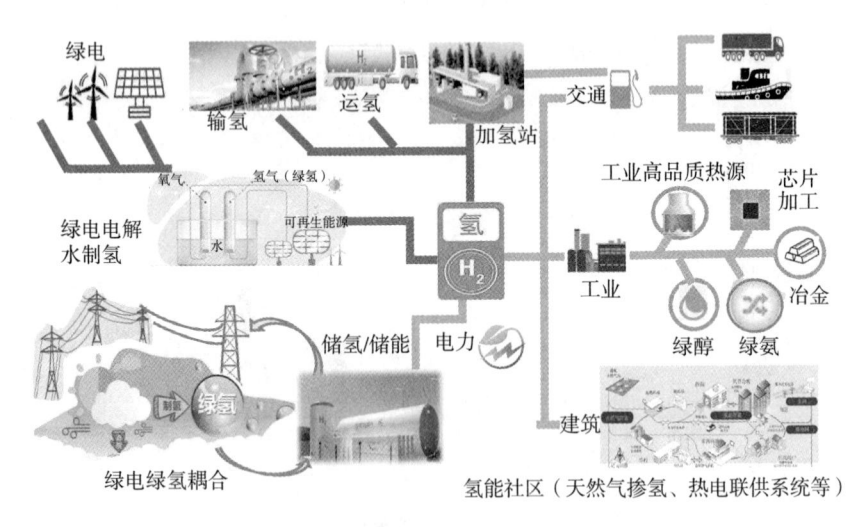

图 13-11　绿色氢能制取及未来重点应用场景图

在工业领域，氢可用于合成氨、合成甲醇、电子器件加工还原保

护气体、工业高品质热源和冶金等。国内主要应用场景有以下两种：

· 绿氢与绿氨联动。我国是世界上最大的合成氨生产国和消费国，氢合成氨和氨制氢相关技术成熟可靠。氨具有储运容易、成本低、不易爆等优势，可作为氢的能量载体。"氨氢联动"可以较好地解决氢气储运和加氢站建设问题。未来以绿氢代替灰氢用于合成氨，可有效降低合成氨碳排放，还可以将氢以氨为介质进行储运，以突破氢能的运输瓶颈，降低运氢、用氢成本。截至2023年底，国内至少已有13处绿氨项目开工。

· 绿氢与绿醇联动。绿醇与其他甲醇的主要区别在于生产过程中没有碳排放。现有甲醇生产主要依赖煤气化技术制取，生产1吨甲醇需要排放3.5~4.0吨二氧化碳，针对煤制甲醇工艺，引入绿氢为传统煤制甲醇的合成气供氢，可在不改变大规模设备、工艺的情况下，大幅降低碳排放。同时利用绿氢将二氧化碳通过CCUS技术转化为甲醇，可实现二氧化碳近零排放甚至负排放。

目前，通过"绿氢—绿氨""绿氢—绿醇"联产只能生产有限的小分子化工原料，其衍生种类尚不能满足传统化工对大分子原料（如烯烃类化合物）的需求。因此，短期内绿氢技术对传统化工产业基础难以产生颠覆性影响。未来，如果绿氢技术及CCUS技术更进一步，使绿氢联产合成技术能够有效制取大分子化工原料，那么对传统化工产业就会产生颠覆性影响。

在电力领域，主要为绿电和绿氢耦合。由于风光发电受天气影响电量波动性很大，需要通过储能或网电来平抑电力波动，实现并网。在不便于建立抽水蓄能的地区，可以尝试将氢能应用于新型电力系统中"源—网—荷—储"各环节，构成电氢耦合发展生态模式，使风光水等资源得到充分高效利用。

在交通领域，主要是氢燃料电池车。我国北方地区地域辽阔，冬季寒冷，重载交通工具长途运输物资需要消耗大量能源，锂电池冬季续航能力差，不适合作为重载车辆绿色低碳转型下的能量来源。氢燃料电池续航里程长、无污染、低温适应性好，在能耗大、排放高的重载交通赛道上具有一定的应用场景和竞争优势。目前我国在交通领域氢燃料电池在规模化生产及使用寿命方面虽已达到国际先进水平，但大部分基础材料及零部件仍依赖进口。

当前国内氢能发展受国外部分先发国家技术路线影响，关注方向过于单一，很大部分局限在氢燃料电池及相关交通载具和配套设施方面，这与我国氢气实际消费需求结构不匹配，也与氢燃料电池车的发展潜力不一致。2024年2月壳牌公司宣布永久关停其在美国加州的所有汽车加氢站（7个），此前壳牌已在2022年10月关闭了其在英国的全部三个加氢站。而在壳牌关停加氢站之前，加州拥有的55个加氢站已经关闭了11个。即便加州作为全球氢能乘用车应用先发地区，拥有比较完善的氢能供应网络，氢能乘用车仍未能形成市场认同。根据中国汽车协会数据，2023年氢燃料电池车销量5 805辆，市场规模相当有限，中国氢燃料电池车的实际市场推广情况长期低于预期。中美两国氢能源乘用车的推广实践表明，绿色氢能的重点应用场景不在交通领域，尤其不在乘用车领域。

氢作为能源载体在我国传统能源密集型产业及新型氢能化工应用场景中的需求尚未得到全面开发，相关产业成熟度偏低、规模不大。

"人造太阳"：可控核聚变

核聚变与太阳燃烧的原理相同，是一种利用氢同位素氘和氚聚变反应产生能量的过程，与传统的核裂变技术相比，核聚变不会产生大量放射性废物，且反应原料储量丰富，其可控化技术被认为是人类能源终极解决方案。故在能源结构加速绿色低碳转型的时代背景下，可控核聚变技术发展受到前所未有的重视。

一、可控核聚变主要技术

核聚变是将氢的同位素氘和氚的原子核极限压缩，使其发生聚变反应，通过质能转换释放巨大能量，这也是氢弹的基本原理（见图13-12）。但氢弹爆炸是不受控的聚变过程，不能作为能源来使用，要作为能源使用就需要"驯服"该类能量释放过程，即可控核聚变。核聚变理论虽早已成熟，但实现核聚变可控的外部条件极其苛刻，包括极高的燃烧温度、超强的燃烧压力以及连续约束时间等，一旦有微小的变量偏差，反应就会立即中止，这就要求可控核聚变必须具备成熟的加热和约束技术。

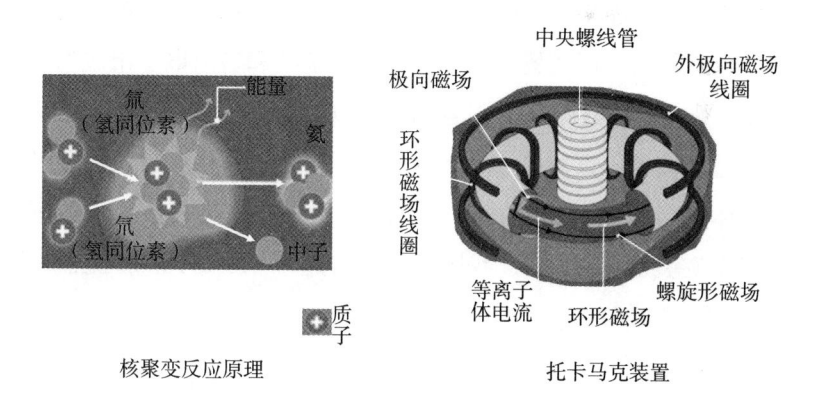

图13-12 核聚变反应原理和托卡马克装置示意图

资料来源：根据国际原子能机构相关资料整理绘制。

1. 加热技术

根据费米计算，要实现核聚变发电，聚变材料至少要被加热到

5 000万摄氏度以上[①]，但地球上不存在此类天然高温环境，只能以人为方式设法达到。目前，国际上通行的加热策略是高频电磁波加热和中性束注入加热两种方式。[②] 前者通过共振的方式将射频微波能量转移到聚变材料的原子核上，以实现加热目的。后者则是将高能离子束转变成高能中性束，并注入聚变装置中，以提高聚变材料温度，因其可在短时间内显著提高温度，故在受控核聚变使用中被广泛采用。

2. 约束技术

由于当下人类尚未掌握能承受聚变所需极端高温的实体材料，现行策略主要采用非实体约束技术，以保持高温状态下聚变材料的密集状态，使其持续聚变。根据约束的不同方式，主要分为惯性约束和磁约束。前者不需要使用磁场限制，而是利用大规模、高功率的激光器产生的激光压缩并加热含有氘和氚的燃料颗粒，以启动聚变反应。代表性装置为美国加州劳伦斯·利弗莫尔国家实验室建造的国家点火装置。磁约束则是利用磁场将氘、氚等轻原子核和自由电子组成的超高温等离子聚变材料约束在有限空间内，以实现聚变反应。主流的磁约束装置是环流器，又称托卡马克（TOKAMAK），其可有效限制带电等离子体的运行路径，使离子体处于平稳状态。代表性装置如国际热核聚变实验堆（ITER）、我国的"东方超环"EAST和环流器二号HL-2M等。

[①] McCracken Garry, Stott Peter. *Fusion: The Energy of the Universe* [M]. Pittsburgh: Academic Press, 2012.

[②] 王怀君，凡新. 可控核聚变：未来世界的炽热之心［J］. 实验教学与仪器，2023，40（5）：1-4.

三、"人造太阳"照亮地球还要多久

1. 国内外可控核聚变发展态势

进入 21 世纪后，特别是近几年，世界主要核能应用国均加大了对聚变的研发投入。2023 年欧盟通过了 2023—2025 年欧洲原子能共同体研究与培训计划，提供 1.32 亿欧元资金支持聚变研究。2023 年英国计划投入 7.76 亿英镑以落实本土核聚变战略研究。2023 年德国宣布将在未来五年投资超过 10 亿欧元用于核聚变研发。2023 年日本发布核聚变能源开发战略方案，鼓励企业参与研发实验用聚变反应堆，并争取在 2050 年前后实现核聚变发电。2023 年 12 月 5 日，美国在《联合国气候变化框架公约》第 28 次缔约方大会上提出推动核聚变发电商业化的国际战略合作计划，以加快全球核聚变的商业化进程。作为对该倡议的回应，2024 年 2 月美国通过了《原子能发展法案》，其中包括《聚变能源法案》等重要内容，该法案旨在加快先进核反应堆的部署，为商业核聚变装置颁发许可，以简化商业核聚变审批流程。

得益于各国长期以来对聚变领域研发的持续投入，近期全球可控核聚变技术研发实现多个里程碑式的突破。2022 年 12 月 5 日美国加州劳伦斯·利弗莫尔国家实验室的国家点火装置首次实现了可控核聚变的能量增益比值（Q 值）大于 1。据称，其输入 2.05 MJ 的高能激光束，输出了 3.15 MJ 的聚变能，Q 值为 1.53。2023 年 11 月，由日本和欧盟共同合作建造运行的全球规模最大的核聚变反应堆 JT-60SA 超导托卡马克装置成功点火，标志着人类实用核聚变技术的重大突破，预示着核聚变商业化进程有望加速。

近年来，我国加快可控核聚变技术的研究，并取得了一系列成果。2006 年，中国正式签约加入"人造太阳"国际热核聚变实验堆（ITER）项目，且自 2008 年以来，我国已承担了该项目 18 个采购包的制造任务，涉及磁体支撑系统、磁体馈线系统、可耐受极高温的反应堆堆芯"第一壁"等核心关键部件。2019年9月，中核集团、中核工程牵头的中法联合体与ITER签订TAC-1安装合同，标志着中国开始深度参与实验堆"心脏"——托卡马克装置核心设备的安装，合同履约总体评价高，获得国际同行高度认可。

在聚变实验方面，2021年5月中国科学院合肥物质科学研究院所属EAST装置成功实现了在1.2亿摄氏度下运行101秒和1.6亿摄氏度下运行20秒的纪录；同年12月，该装置在近7000万摄氏度下实现运行1056秒，创造了高温等离子体运行的世界最长时间纪录；2023年4月，该装置又一次刷新世界纪录，成功实现稳态高约束模式等离子体运行403秒。

2. 可控核聚变实用化面临的挑战

从可控核聚变技术当前实验和研究进展来看，其实用化受到材料科学、等离子体物理学等多个基础科学领域发展不足的制约，目前其作为实用能源技术发展面临以下主要挑战。

一方面，因超导材料能够为反应提供更强磁场，可有效缩小托卡马克装置体积，理论上是适应聚变环境的理想材料。但其力学性能差、不易加工，无法规模化量产。同时实现聚变堆氚自持和发电的堆芯核心部件，如产氚包层的优势氚增殖剂材料填充率有限，无法自由调控，稳定性不能保证。故从短期来看，适应和支撑核聚变反应的关键材料性能不达标，实现可控核聚变的现实物质材料基础尚不具备。

另一方面，可控核聚变能量增益问题始终得不到解决。从衡量可控核聚变是否具有实际应用价值的重要指标Q值来看，Q值大于1时方才具有将聚变作为能源使用的理论可能性。但实际上，Q值要大于5，聚变反应堆才能够自主运行。若进一步考虑材料生产、维持运营的成本以及电站热能、机械能、电能间的转化损耗，国际上公认 Q 值要达到 10 以上核电站才能有收益，而要实现商业化，Q 值还需要达到 30 以上。但从目前实验反映的可控核聚变 Q 值及运行时间看，其与发电应用还有巨大差距。

综合来看，短期内可控核聚变还不具有发电的基础和商用价值，开展可控核聚变研究的科学意义远大于实用意义。但在追求该"终极能源"的道路上，新材料、新技术的持续产出往往会以不可预知的方式催生出新兴产业和生态系统，达到无心插柳柳成荫的效果。

创新引领能源革命

纵观当前全球新型能源技术发展动态和主要经济体推动下一代能源科技创新的举措，可以发现，绿色低碳化转型已步入深水区，本轮能源技术变革的目标导向十分清晰，各先发和追赶方通过先期判断，均能前瞻性地明确所需技术，并以此制订行动计划，主动引导现有能源技术向低碳清洁化和安全智能化方向发展，技术研发和迭代周期被大幅缩短，部分被替代的能源技术潜力甚至并未得到充分发掘，这与过去两次主要能源革命中的技术发展模式存在很大不同。从表面上看这种改变是产业界受双碳目标刚性约束的结果，急需拿出能够基本媲美化石能源应用技术的低碳化解决方案，背后则是主要国家试图通过新一轮技术创新和垄断以获取未来全球能源产业链、价值链主导权的需求导向和战略引领使然。为此，一方面，产业政策、举国体制的应用成为主要国家加速前沿能源技术研发和产业化的普遍选择，以此形成各国内部有助于协调和促进前沿能源技术产业化进程的制度安排；另一方面，西方发达国家在新一轮能源技术研发中抱团化、友岸化、阵营化趋势不断增强，且该趋势正在以市场合作、全产业链联盟化的形式进一步延伸。从这个角度来看,未来能源产业的颠覆性风险不仅存在于技术应用层面,更有可能源自盟友、伙伴优先的排他性国际关系新机制带来的对传统国与国之间能源技术合作及产品贸易逻辑的冲击。

但也要看到,能源科技创新仍以解决其所处历史阶段中能源使用过程面临的突出问题为首要目的,其偏向于应用的固有特点和规律并没有发生本质变化。这意味着国内庞大的能源消费和应用市场能够赋予我国在能源技术创新和产业化过程中相当的试错和完善空间,使得我国能够较为从容地应对本轮能源技术的国际竞逐,有充分的战略缓冲推进本国企业通过技术创新、产能累积和管理水平提升的方式稳步提高竞争能力。同时我国先进能源科学技术的发展必须坚持"以我为主",在密切追踪世界能源技术前沿时,对先发国家的优势技术路线不能盲目跟随,需要立足于我国能源转型总体战略关键技术储备所需、产业现有技术基础及面临的现实应用问题加以甄别,从而形成具有中国特色、满足中国需要的能源技术升级路径,不断完善提高中国能源科技创新能力和装备制造水平。

综上,为更好地推进我国能源科技创新突破,助力下一代能源产业革命,缩小与国际先进能源技术的差距,保持新能源产业来之不易的优势,要将能源新技术及其关联产业培育成带动我国产业升级的新增长点,以促进新质生产力发展。

一、加强顶层设计,形成各方发展合力

能源科技是面向应用的阶段性发展过程,其创新行为具有多学科交叉、技术难度高等特点。针对新一轮能源技术创新形势的快速变化,相关国家级中长期发展战略/行动计划等顶层设计更应注重完备性,需组织各方专家从技术难度、应用前景、全产业链布局规划出发,梳理下一代各环节关键技术与产业化需求清单，前瞻评估颠覆性风险所在，确定发展重点和优先级，对央、地、企、校各方所拥有的技术发展要素进行优化配置，形成科学系统的管理模式。以此统筹各地区科研和产业项目发展资源、统一推进尖端能源科学研究设施和产业化推广所需的下一代能源基础设施建设，避免重复投资过多，产业趋同过剩造成资源浪费、竞争低端化。

二、多措并举提升关键矿产资源安全保障能力

全球能源转型下新能源技术的迭代和突破使各国对传统化石能源的竞争进一步扩大到对关键矿产资源的争夺上，涉及动力电池、氢能关键催化剂生产的钴、镍、锂、稀土等新能源产业关键矿产资源的需求因此暴涨，美欧等主要经济体已将其上升至国家战略安全高度进行重点布局，由此带来的"找矿"对抗在国际上已初见端倪。关键矿产资源的稳定供给是我国进行当前一轮能源技术变革的基石，不容有失。为此需从开源、节流两方面发力：前者主要包括加强国内相关资源的勘探开发和保护，同时努力促成与相关资源富裕型国家达成重要矿产协议，扩大关键矿产国外获取来源；后者则需要进一步完善国内电池回收及循环再利用体系，引导电池企业在技术、产品设计开发等前端环节就与资源回收企业进行更充分的合作，以此提高关键资源的回收再利用率，突破资源瓶颈。

三、加大技术研发投入力度，引领关键技术发展，培养急需人才

产业链上下游控制性技术与关键核心技术的突破以及成本降低是促进新兴能源技术产业化应用的决定性因素。针对当前我国下一代能源技术经济性且关键技术储备不足的情况，需要在政策层面加大对相

关技术研发的支持力度，尤其是要努力破除风光电能、氢能、核能等各可再生能源体系间技术相对割裂的态势，促进不同能源体系间相互联系、支持的共性技术及核心关键技术的突破。

为此，要加快构建以企业为主体、产学研相结合的技术创新体系。一方面国家要研究出台针对企业的研发补贴和税费减免政策，持续加大产业链中关键环节的资金投入与政策扶持力度，确保在关键领域进行多路线尝试，促进核心技术的突破和创新成果的转化，支持有条件的高校开设新兴能源相关技术专业，并依托重大能源攻关项目加速研发、管理、成果转化等方面的骨干人才培养，实现对产学研合作急需的复合型专业人才的持续供给。另一方面企业主体要充分利用新一轮能源技术变革的战略机遇期，进一步做实链长制工作机制，可效仿欧美、日韩企业围绕电池研发、绿氢制备等前沿方向成立技术开发联盟，加快构建朋友圈、生态圈，充分发挥各企业产业链各环节的资源技术优势，促进国企与民企间的协同合作、优势互补，形成发展合力。

四、重视市场开发，主动拓展下一代能源技术应用场景

能源新技术要实现产业化，获得消费认同是关键一步。目前已有多种下一代能源技术示范项目得到开展，但规模化、可复制的商业模式仍有待培育。为此可充分利用我国超大规模新能源市场优势，对国内已有的新能源应用场景，如光伏建筑、交通载具、生态治理等，进行技术换代和升级，并根据下一代能源技术新特点、新优势开发新产业、新模式、新业态，以提高成果转化率，推动前沿能源技术成果的实际应用和市场普及，形成持续的市场热点，吸引社会资本和风险投资，促进产业集群式发展，加速新能源技术迭代实用化，促进中国新能源产业竞争优势持续壮大。

五、密切国际交流合作,努力追踪前沿进展,坚持开放式创新

一人计短,众人计长。由于技术认知局限的客观存在,各国在前沿能源技术的开发和应用方面各有侧重,下一代能源技术的整体推进绝非单个国家可独立完成。良好的国际合作能够实现技术研发上的成本共担及开发经验的优势互补,且有利于前沿能源技术的国际标准和规范的形成,能够进一步推动其国际化和市场化进程。考虑到在本轮技术竞逐过程中,西方国家建立排外性技术联盟的意图非常明显,故对我国而言,密切跟踪国际最新技术发展趋势,保持技术敏感性,坚持开放创新必须成为本能。实现该目的可从学术、产业界两方面入手:一方面充分利用国内外高校间的学术交流机制,促成相关领域学者学术论坛以及访学计划的成行,以此打造前沿信息沟通渠道,增进彼此了解;另一方面支持中国企业与国外先进企业合作建厂,共同拓展海内外市场,并在此过程中实现双方生产技术和标准的融合发展,提升国际上对中国技术的认同度和接纳意愿,为中国融入国际下一代能源技术产业链供应链体系打下基础。

第五篇

未来展望

第十四章　以新质生产力推进新型工业化

进入新发展阶段,中国工业发展所处的内部条件和外部环境发生了深刻变化。面对不确定性因素叠加的世界大变局,迫切需要加快转变发展方式,深入系统推进新型工业化。新质生产力是由习近平总书记首创的,是对新一轮科技革命和产业变革下生产力与生产关系演进规律的深刻认识和全面把握,为中国工业高质量发展确立了理论指引,也为新型工业化提供了新方向、新动能。

理论创新与时代贡献

回溯世界范围内工业化发展历程,工业革命之所以称得上是"人类历史上最伟大的事件"之一,就在于历次工业革命都是以科学技术创新为引领,通过劳动者运用先进生产资料改造劳动对象,打破生产关系对生产力发展的约束和桎梏,实现了生产力全面解放,创造了前所未有的物质财富,从而为文明演进、社会进步和个体发展奠定了物质基础。

从历史趋势看,人类社会进入工业化发展阶段以来,工业化成为现代化建设的前提和基础,两者互为条件和支撑。然而,通过考察工业化的国际经验和历史趋势可以发现,迄今为止,世界范围内真正实现经济现代化、进入高收入国家行列的国家和地区并不多。当后发优势的边际效应逐渐减弱，经济增速由快转慢，后发国家工业化发展往往因无法获得发展新动能而被锁定在低水平模仿的"技术—经济"范式之中，进而对低价资源和投资拉动型增长方式产生依赖。其中，一些结构严重失衡的国家和地区会自此陷入"中等收入陷阱"，生产力进步出现停滞，经济社会发展长期徘徊不前，部分拉丁美洲国家便是典型实例。这些国家的主要教训在于囿于要素禀赋和静态比较优势，过度依靠有形投入发展工业，既无法将产业升级引向通过技术创新、不断提升全要素生产率的发展路径，也没有形成与生态文明高度兼容的现代工业文明和社会文化体系，问题的根源和实质则在于未能及时识别并有效解决生产力与生产关系之间的矛盾变化。

毋庸置疑，我国经济建设最为显著的成就之一是在较短时间内建立起完备的工业体系，发展成为世界第一工业大国，创造了14亿人口大国工业化的壮举。近年来，经济增速放缓叠加多种风险因素对中国实体经济造成了复杂影响和负面冲击，但总体上看，工业部门仍表现出较强的韧性，这种相对稳定性源自中国工业生产体系较为健全、工业生产率整体上相对较高、市场化改革更到位、对外开放程度更高、市场主体更丰富、研发创新更活跃、上下游关系更紧密、国际竞争力更强等全方位的体系性优势。然而，也要看到，缔造了"增长奇迹"的中国工业化具有鲜明的后发式、赶超型、压缩式特征，在相当长时期内采取粗放的发展方式导致中国工业化基础不够扎实、工业整体技术水平不高、工业布局不尽合理、工业劳动者素质有待提升等一系列结构性矛盾，这表明传统工业化模式对生产力发展构成了阻力和障碍，已经不能适应新一轮科技革命和产业变革下生产力解放的内在要求，中国工业"由大转强、从全到优"必须摒弃传统工业化模式，坚定不移地走新型工业化发展道路。

针对迈向新发展阶段中国工业转型升级面临的新形势、新变化，习近平总书记强调"新时代新征程，以中国式现代化全面推进强国建设、民族复兴伟业，实现新型工业化是关键任务"①，并就推进新型工业化作出重要指示："积极主动适应和引领新一轮科技革命和产业变革，把高质量发展的要求贯穿新型工业化全过程，为中国式现代化构筑强大物质技术基础。"②

习近平总书记关于新型工业化的论述进一步指明了工业化是一个国家和民族走向繁荣富强的必由之路。这条高质量发展道路也必然是创新之路，对生产力发展水平和生产方式变革提出了更高要求，同时也意味着推进新型工业化必须以先进生产力为内在动力和基础性支撑。立足于新发展阶段理论创新的现实需求，习近平总书记2023年在地方考察时提出了"新质生产力"的全新概念，发展凝练出其科学内涵和本质特征："概括地说，新质生产力是创新起主导作用，摆脱传统经济增长方式、生产力发展路径，具有高科技、高效能、高质量特征，符合新发展理念的先进生产力质态。它由技术革命性突破、生产要素创新性配置、产业深度转型升级而催生，以劳动者、劳动资料、劳动对象及其优化组合的跃升为基本内涵，以全要素生产率大幅提升为核心标志，特点是创新，关键在质优，本质是先进生产力。"③

生产力是马克思主义政治经济学乃至马克思主义哲学、科学社会主义理论体系中的基础性概念。随着新一轮科技革命和产业变革深入发展，新科技、新产业、新业态、新商业模式加快重塑生产方式和经济体系，生产力的内涵和外延正在发生深刻变化。新质生产力概念的提出在历史前进和世界变化之中把握住了生产力发展的客观规律。新质生产力的本质特征源自"其新""其质"，主要表现为：要素构成新、产业载体新、发展动能新、推进机制新；生产效率高、劳动素质高、

---

① 习近平就推进新型工业化作出重要指示［EB/OL］.新华网，2023-09-23.
② 同上.
③ 习近平.发展新质生产力是推动高质量发展的内在要求和重要着力点［J］.求是，2024（11）.

开放水平高、发展质量高；产业结构优、生态环境优、发展环境优、民生保障优。其中，新质生产力最核心的内涵是创新，这是新质生产力区别于传统生产力的基本属性。由此可见，新质生产力与新型工业化在发展逻辑和推进机制上是相通互促的，两者既是新一轮科技革命和产业变革的必然产物，也是实现高质量发展的内在要求、根本动力和关键任务。立足于新质生产力创新性、先进性、可持续的本质特征，从数智化转型方向、绿色低碳底色、人本原则的发展维度出发，以新质生产力推进新型工业化，将有力支撑建设工业强国、实现中国式现代化的宏伟目标。

理论与实践紧密结合、高度统一是马克思主义理论生命力和创造力的具体体现。习近平总书记强调："我们政治经济学的根本只能是马克思主义政治经济学，而不能是别的什么经济理论。"[1] 新质生产力和新型工业化的概念提出与理论阐释根植于马克思主义政治经济学体系，作为马克思主义理论中国化时代化的重大创新成果，深刻揭示出在"世界之变、历史之变、时代之变"交织叠加的大变局下，科技力量对生产力与生产关系塑造和提升的发展逻辑，指明了新型工业化对传统工业化道路和增长方式进行扬弃的历史性、客观性和必然性。新质生产力与新型工业化互为促动，丰富拓展了生产力和工业化理论，用于指导现代化建设的中国实践，为高质量发展提供了根本遵循和行动指南，为马克思主义政治经济学创新发展做出了时代贡献。

重大意义与现实紧迫性

进入新发展阶段，我国科技综合实力显著提高，战略性新兴产业

---

[1] 习近平.不断开拓当代中国马克思主义政治经济学新境界[J].求是，2020（16）.

快速发展，未来产业新赛道不断涌现，以"新三样"出口为代表的国际竞争新优势加快塑造，全球治理能力逐步增强，为培育发展新质生产力提供了日益完善的创新体系、高质量的产业载体、多样化的市场主体、超大规模的国内市场和更高水平的开放发展环境。同时，也要看到，随着发展阶段转换和外部环境变化，一些影响高质量发展的结构性问题和制约生产力水平提升的深层次矛盾进一步凸显。

从国内情况来看，传统产业转型处在"登梯爬坡"的艰难阶段，数字化、绿色化"双线作战"导致众多企业，特别是中小企业投入多、难度大、要素适配性低，中央精神与民营企业发展的现实环境存在落差，国内统一大市场仍有堵点，国内国际双循环互为促动的格局有待完善，应对全球产业链供应链"去中国化"的战略空间受限、工具箱不够充实等，其中一些问题和矛盾已经持续了一段时间，加之疫情后经济增速和社会消费恢复弱于预期，对中国实体经济造成了损害。应该看到，上述问题是多种因素造成的，在很大程度上既是国内发展阶段转换的结果，也是世界大变局下中国经济对诸多外部风险和不确定性集中承压的反应，反映出现阶段深层次改革的社会成本高企与扩大高水平开放共识不足并存的现状。需要引起高度重视的是，这些问题持续时间越长，其传导效应可能会越复杂难料，市场预期和企业信心就越难以恢复提振，有必要释放高强度、大力度、更具创新性和协同性的政策信号，加紧推出有利于增强经营主体安全感、提高人民群众获得感的有效举措。

再从外部环境看，国际金融危机发生后，世界经济始终处在深度调整过程中，国际竞争格局的复杂性、严峻性、不确定性明显上升。一方面，数字化、绿色化转型加快，颠覆性创新催生未来产业新赛道，为产业升级提供了新机遇；另一方面，由于新产业、新赛道价值实现和创造效应存在"时滞期"，在较长时间里世界范围内发展新动能缺位。新一轮科技革命和产业竞争进一步加剧了大国科技和产业竞争，生产本土化倾向凸显和产业韧性偏好增强拉大了不同经济体之间的发展级差，叠加疫情的"疤痕效应"、日益严峻的气候危机以及不断恶化的地缘形势，将世界经济拖入过去30年来增速最低的5年。同时，安全问题泛化导致全球化进程受挫，贸易保护主义和单边主义强化了全球价值链短链化、区域化、碎片化趋势，近岸外包和友岸外包对全球产业链重构的影响加深显化，"低端分流与高端回流并行"的全球制造业布局空间特征对中国企业形成了"双向挤压"，美西方在高科技领域和重点产业链上"小院高墙"式的打压封堵，放大了中国在核心技术、关键零部件、基础算法、先进材料、软件系统、标准体系、规则制定等环节被"卡脖子"的短板，对我国产业链供应链安全造成了冲击。

上述发展障碍是世界大变局下各种风险因素集中显现的结果，同时也深刻反映出后发国家技术进步内生化困境与制度创新的动力源问题。受限于传统工业化模式，后发国家往往先进技术来源不够丰富，技术进步路径单一，即便某些技术实现突破或在部分赛道取得领先，如果不具备技术自主迭代能力，也很可能在激烈的科技竞赛中失速偏航，这也是进入工业化中后期跨越中等收入陷阱、迈向高收入国家行列所面临的严峻挑战。同时，随着改革开放初始条件发生改变，生产力解放的制度性动力减弱，深层次改革的社会成本高企与扩大高水平开放共识不足并存，导致有效需求不足，部分行业产能过剩问题频发、社会预期偏弱，进一步彰显出以技术创新与制度创新协同驱动生产方式变革，以新质生产力推进新型工业化的重大意义和现实紧迫性。

推进路径与政策着力点

发展新质生产力是实现中国式现代化的关键步骤，也是新型工业化的重要任务和目标方向。进入新发展阶段，要遵循生产力发展的客观规律，完整、准确、全面贯彻新发展理念，统筹生产力三要素的发展要求，科技创新与制度创新并重，深层次改革与高水平开放协同并举，着力突破阻碍新质生产力发展的内在矛盾，塑造形成与新质生产力相适应的生产力，以新质生产力推进新型工业化，引航高质量发展，担负起建设社会主义现代化工业强国、实现第二个百年奋斗目标的历史使命。

一要坚持创新引领现代化产业体系建设，强化新质生产力的产业载体。加大基础研发投入力度，引导企业和科研机构聚焦前沿科技，开发原创性、颠覆性创新成果，着力攻克核心技术，增强产业基础能力，拓展生产资料和劳动对象的边界，提升新质生产力的科技含量，实现高水平科技自强；发展壮大战略性新兴产业，主动谋划布局未来产业新赛道，塑造国际竞争新优势，抢占全球科技创新和产业竞争制高点；数字产业化与产业数字化共同赋能，运用数智技术加快传统产业升级，深入开展要素利用方式、生产流程、能源管理的低碳转型，完成实体部门全体系再造，从而将中国工业引向高端化、智能化、绿色化的高质量发展路径，不断夯实现代化建设的产业基础。

二要坚持深化改革与扩大高水平开放，建立、完善更有利于新质生产力涌现的体制机制。深入贯彻党的二十届三中全会精神，有为政府与有效市场配合发力，增强经济政策与非经济政策的一致性，先破后立，打破传统生产力的利益格局，扫清要素流动障碍，破除国内统一大市场建设堵点。创新制度型开放新思路，积极倡导数字贸易、气候治理、能源转型、减贫防灾国际合作新议题；立足中国完整产业体系和突出的产能优势，以重点产业链为突破口，主导区域产业链构建延展；深耕新兴市场，推动"一带一路"不断走深走实，在畅通国内国际双循环、维护产业链供应链安全的同时，实现中国工业化经验和发展成果全球共享。

三要坚持因地制宜，分阶段分步骤有重点推进。新型工业化是一项长期任务，培育发展新质生产力更要贯穿中国特色社会主义现代化建设全过程。为此，要深刻领会习近平总书记关于"因地制宜发展新质生产力"的重要指示，充分考虑中国经济要素之间、行业之间、地区之间发展不平衡的客观条件和现实基础，持续调动地方积极性，激发市场主体的创造力，发挥人民群众的首创精神，从资源禀赋、产业基础、科研条件的实际出发，分类指导，有序开展，探索实践更具创新性、多样性、开放性、包容性的新型工业化道路，形成新产业活跃、新模式丰富、新动能强劲的新质生产力培育发展体系。

四要坚持人本导向，全面提升劳动者整体素质和社会保障水平。劳动者自身充分发展是解放生产力的终极目标，新质生产力的涌现归根结底要依靠人的进步。要将劳动者自然性、社会性、知识性的高度统一作为培育方向，政府、社会、企业、员工共同参与，加强新知识、新技术普及培训，加快实施新就业计划，加紧创造新就业岗位，着力提高劳动收入，建立完善全要素参与的收入分配制度，促使各种要素在新型工业化进程中充分展现活力，释放动能，创造价值，以高素质、先进性的中国劳动者队伍有力支撑高质量发展和现代化建设。

跨越中等收入陷阱，迈向工业强国

面对世界百年未有之大变局，要想更好地回答时代和历史给我们提出的现代化拷问，就必须加快科技创新，引领中国式现代化产业体系建设。实际上，考察典型国家工业发展的历史趋势可以发现，跨越"中等收入陷阱"的国家和地区在要素禀赋、发展模式和制度选择等方面虽具有多样性、差异性，但基本上都遵循了产业演进和结构变迁的客观规律，在发展逻辑上表现出一定的共性特征。其中，最具启示性的经验在于，科技创新作为生产力发展的决定性因素，始终是产业升级、国力提升、民生改善的根本动力，跨越"中等收入陷阱"需要产业体系、技术能力与要素条件协同推进。对于中国这样的后发工业化人口大国，建成现代化国家的使命和任务显然更具挑战性。总体来看，过去近百年特别是改革开放以来，工业发展的巨大成就为中国工业实现高质量发展打下了深厚基础，具备了向高收入国家迈进的现实条件，这是中国工业转入新发展阶段的基本面，也是建设工业强国的信心所在。

当然，世界范围内迄今为数不多的成功范例昭示出进入高收入国家行列的复杂性、艰巨性。在迈向现代化的进程中，中国工业难免遭遇种种问题和障碍。其中，一些问题和困难是国内发展阶段演进带来的规律性客观变化与体制机制长期矛盾共同作用的必然结果，而在"世界之变、时代之变、历史之变"交织的大变局下，诸多外部不确定因素叠加加剧了中国工业高质量发展面临的挑战，放大了抵御风险、化解矛盾的难度和压力。空前复杂的国际环境要求我们必须在历史前进的客观规律中把握世界发展的大潮流大逻辑，要深刻领会习近平总书记就推进新型工业化做出的重要指示："积极主动适应和引领新一轮科技革命和产业变革，把高质量发展的要求贯穿新型工业化全过程，把建设制造强国同发展数字经济、产业信息化等有机结合，为中国式现代化构筑强大物质技术基础。"[1]

展望未来，中国迈向高收入国家的发展轨迹与新型工业化创新实践、现代化产业体系建设必将同步同道，互为支撑，安危与共。因此，要坚持用发展的思维看待问题、用进取的办法解决问题、用开放的视野开拓创新。必须完整、准确、全面贯彻新发展理念，在新技术、新模式、新赛道的支撑下实现对中国工业的体系性拓展与再造，

---

[1] 把高质量发展的要求贯穿新型工业化全过程 为中国式现代化构筑强大物质技术基础. 人民日报［N］. 2023-09-24（4）.

推动工业整体素质全方位提升,从而凭借更加完整、韧性强劲的产业体系,更具活力的创新生态和中国独特的制度优势,冲破重大风险历史交会的艰难险阻,以不断发展壮大的新质生产力助力现代化产业体系构建,筑牢中国式现代化的宏伟基业,为世界工业化进程和人类工业文明发展贡献开创性、引领性、包容性、可持续的中国范本。

后 记

"中国社会科学院工业经济研究所未来产业研究组"（以下简称"未来产业研究组"）成立于 2016 年，是由工业经济研究所一批长期从事产业经济学研究、以探求未来产业发展范式为志业的同人自发成立的开放式研究团队。在当时，未来产业对于绝大多数人而言，是相当新鲜又陌生的概念，而如今，未来产业作为新一轮科技革命和产业变革的先导产业，已成为大国深度布局、竞相投入、激烈竞争的焦点领域。中国无疑是全球未来产业竞争格局中最重要的参与者，未来产业被写入了各级政府的规划文本，更是学术研究的热点。

回溯工业革命以来经济增长的主线，科学技术的重大突破与新兴产业的形成发展是重塑经济结构和治理体系的决定性力量，新兴产业逐渐成熟并转向规模化扩张不仅会推动产业体系演进，还将改变国际力量对比和世界格局，这正是未来产业被赋予的关键角色和正在发挥的作用。过去近十年间，未来产业研究组的同事们敏锐地把握住了全球产业智能化、高端化、绿色化、融合化的技术路线、发展脉络和时代特征，先后与中信出版社合作策划撰写了《影响未来的新科技新产业》《中国新基建：未来布局与行动路线》两部反响颇佳的著作，相继推出了有关前沿科技创新和未来产业发展具有前瞻性、开创性的一批重量级研究成果和咨政报告，也因此收获了铢积寸累的学术影响力和社会影响力。

本书是未来产业研究组推出的第三部集体研究成果。三轮分别间隔四年的写作，不仅使我们对未来产业的"前世今生"形成了基于专业积累的系统性研判，对于科技创新作为现代化产业体系建设和新质生产力培育发展的核心要素，也有了更深刻的认识和更坚定的挚信。同时，我们清晰地观察到，十年的时间已经让未来产业群出现了明显分化。一方面，以 AI 为代表、与数据要素和数字技术密切相关的产业及其细分领域急剧扩张，日益成熟，其作为通用技术和主导产业的角色不断巩固强化；另一方面，还有一些被寄予厚望、涉及生命密码和宇宙奥秘的领域，短期内却难以实现革命性突破或展现出可预期的商业化前景。更令人深思的是那些一度备受各路资本热捧、吸引了政府和学界关注，却在短短两三年之间便吹破了的大小"泡泡"。其中既有昙花一现的明星创业团队和科技型企业，也有被反复炒作却仍停留在 PPT 演示中让人眼花缭乱的概念、赛道及商业模式。实际上，这种分化的局面以及由此造成的要素错配可以视为未来产业自身演进规律的必然结果，在创新性和引领性的特质之外，孕育并支撑未来产业发展的颠覆性技术，其本身具有的"破坏性"有可能会放大"世界之变、历史之变、时代之变"交织叠加的变局下价值实现的难度和产业体系重构的风险，也进一步凸显面对诸多外部不确定性，坚持创新驱动、加快现代化产业体系建设、更好地满足生产力发展和生产方式变革的现实紧迫性。

建设现代化产业体系是高质量发展的必然要求，但也要看到，受人口规模、资源禀赋、收入差距等因素的影响，中国产业体系表现出极大的多样性、包容性和复杂性，在相当长时期内，各种档次的产品、服务和商业业态在中国都能找到消费群体，都具有市场容量和发展空间，这决定了作为新质生产力的重要载体，现代化产业体系建设必将是一个目标多元化、长期渐进的过程。本书从"完整性、先进性、安全性"的原则出发，以科技创新为引领，以推进新型工业化为发展路径，尝试揭示以新能源、新能源汽车为代表的中国产业竞争新优势的构成及其来源，深度分析生物制造、商业航天、低空经济等战略性新兴产业发展的重要进展，探讨人工智能、量子信息、未来网络、新一代能源产业、生命科学等未来产业新赛道的主导技术和发展范式，并对运用数智技术、绿色技术推动传统产业数转、增智、扩绿的典型案例及影响因素做出经验研究。考虑到本书内容多、写作任务偏紧，在未来产业研究组初创团队和核心组员的基础上，我们吸收了新作者加入，壮大了研究力量。各章的作者分别为，第一篇：第一章方晓霞、李晓华、杨丹辉。第二篇：第二章孙天阳，第三章李童，第四章李晓华，第五章方晓霞。第三篇：第六章黄娅娜，第七章邓洲，第八章胡雨朦。第四篇：第九章吴海军，第十章渠慎宁，第十一章张艳芳，第十二章王钰雯，第十三章尚博闻。第五篇：第十四章杨丹辉。书稿完成后，由杨丹辉完成全书统稿的工作。统稿人对部分章节的标题和内容做出了补充调整，本书的文责由作者自负。

迄今未来产业研究组的三部书稿都是与中信出版社的寇艺明女士合作完成的。寇女士在选题策划方面总能做到"靠前站位"，与团队的研究主旨十分契合，她专业的编辑工作对于提升出版质量、扩大成果影响力大有裨益。同时我们也要感谢中国社会科学院工业经济研究所的领导一直以来对未来产业研究组的支持以及对我们探索多样化科研组织形式的引导和鼓励。

面对未知世界，抉择不仅是机遇，更是一种能力。然而，普通人对潜移默化的改变往往钝于感知，面对沧桑巨变，又不具备逆风溯水、弄潮于时代洪流的先见和勇毅。企业亦是一样，纵是新赛道已然铺设，敢于不破不立的企业总是寥寥可数，多数企业似乎只要能够抓住产业变革的"尾巴"便可安身立命，而科学探索则是越迫近"无尽前沿"，创新和发现就会变得"既贵又难"。即便如此，我们也必须坚持与时代同行，义无反顾地从学习、模仿、摘取"低垂果实"的路径，切换到原始创新这条"阻且长"的道路，将科技创新牢牢内生于充满活力、韧性强劲的中国现代化产业体系之中，为后发国家实现跨越式发展、建成现代化国家贡献世界性、历史性的理论典范和实践样板。

杨丹辉

2024 年 9 月于北京